貿易的取捨

STRAIGHT TALK ON TRADE

IDEAS FOR A SANE WORLD ECONOMY

邁向更好的全球化，
我們如何重塑
世界經濟新秩序？

丹尼・羅德里克——著
許瑞宋——譯

DANI RODRIK

Winner of the 2019 George S. Eccles Prize
for Excellence in Economic

One of Financial Times (FT.com)
Best Books of 2017: Economics

One of Bloomberg' s Best Books of 2017

名家好評

「這本緊湊精闢的著作滿載學識，不落俗套。丹尼・羅德里克像經濟學家那樣分析政策，像哲學家那樣分析經濟。結果他針對民族自決，公平與自由貿易，以及市場、政府和個人認同在維持穩定民族國家方面的豐富相互作用，提出了一系列令人信服的新鮮深刻見解。羅德里克主張檢討和調整搖搖欲墜的全球化大計，其觀點會使每一名讀者既欣喜又惱怒。」

——大衛・奧托（David Autor），麻省理工學院教授

「本書提出了一個明確和易懂的議程，目的是令全球化為民主服務而非損害民主，而它也避開了現今政客推銷的民粹式補救方案。」

——法蘭西斯・福山（Francis Fukuyama），當代政治學大家、史丹佛大學教授

「所有經濟學家都應該看這本書，以體會他們的理論模型如何往往比他們的政策建議豐富。所有非經濟學家也應該看這本書，以體會經濟學對解答有關成長和不平等的最重大問題多有幫助。本書雖短，但題材之廣令人驚嘆，從已開發國家講到開發中國家，從過去講到現在，從經濟學講到政治學。丹尼．羅德里克不拘一格的方法和建議支持他堅定樂觀的信念：經濟觀念可以助人塑造命運，也理應如此。」

——傑森．佛曼（Jason Furman），哈佛大學甘迺迪政府學院教授；美國總統經濟顧問委員會前主席

「丹尼．羅德里克是經濟和發展方面當今最原創的思想家之一。他在本書中解釋了為何世人對多邊體系如此不滿，並提出或許可以保存該體系優點的有趣建議。對民粹式民族主義和現今工業社會中普遍焦慮的根源有興趣的人，都應該看這本書。」

——拉古拉姆．拉詹（Raghuram Rajan），芝加哥大學教授

「在現今主流經濟學界中，有一小群專家致力解釋全球化遇到的反彈。丹尼．羅德里克是

至少提早十年對這種反彈發出警告的極少數人之一，當時世人還沉迷於全球化狂熱。本書是了解這種世情變化的絕佳指南，作者提出了明智的建議，告訴我們若想保存全球化許多不可否認的好處，就要懂得不愛全球化。」

——阿文德．蘇巴曼尼恩（Arvind Subramanian），印度政府首席經濟顧問獻給我的孩子Deniz、Odile和Delphine：

你們每天鞏固我的信念，

使我繼續相信世界將變得更美好。

目次

《貿易的取捨》導讀

沈榮欽　加拿大約克大學管理學系副教授

湯瑪斯・佛利曼（Thomas Friedman）在知名作品《世界是平的》，將全球化描繪為由於通訊技術等新科技興起，全球價值鏈的生產模式使得距離變得無關緊要。但事實上不僅全球化的程度遠不及多數人的想像，距離的重要性也從未消失，甚至比過去更為重要。世界上大多數的貿易發生在東亞、北美與歐盟之間，即使在這三個區域之中，區域內的貿易也遠遠超過區域間的貿易，區域化而非全球化才是對國際貿易更加精準的描述；而且真正參與國際經貿的跨國企業數目也十分有限，在聯合國追蹤的四萬五千家跨國企業中，前五百大企業就占八〇%的外國直接投資（＊）。丹尼・羅德里克也在本書中引用大量證據顯示，儘管運輸和通訊費用降低，以及自由貿易協定盛行，但是雙邊貿易量隨著兩國之間的距離而顯著遞減，而且距離因素在今天甚至比十九世紀末更加重要，從一九六〇年代起顯著增強，此後居高不下。

正因為對全球化充斥大量的誤解，所以羅德里克結合多年的研究成果，以簡單直率的語言撰寫本書，破除全球化迷思，勾勒出更精確的面貌。全球化既非一般人根據亞當・斯密與李嘉圖「比較利益學說」簡化後所認知的版本，也不是如弗利曼所描繪無遠弗屆的生產與行銷模式所推平的世界。不過本書所要處理的問題，並非詳列實現自由貿易的比較利益所需要的假設（這他已經在《經濟學好厲害》中處理過了），也不是要對全球化提供一個理解框架（這他也在《全球化矛盾》中處理過了）。本書雖然有個謙遜的標題《貿易的取捨》，但事實上羅德里克的寫作企圖遠比題目所暗示的更為宏大：他處理經濟成長與制度發展、全球化與主權、民主化與經濟成長、國內政策與全球治理之間的各種矛盾，企圖結合經濟學與政治學（偶爾甚至觸及社會學），全面探討在各種衝突與矛盾下，全球化秩序如何成為可能與其中的政策涵意。

儘管本書處理的議題如此寬廣，熟悉羅德里克的讀者當不意外，固然他的本行是國際經濟學，但是他同時也是經濟成長與制度理論的大師，本書可以說是他畢生學術思想的菁華摘要。儘管如此，羅德里克並不打算寫一本嚴格遵守學術規格的專業書籍，要求每一句話都必須立基於既有的實證證據才能立論；相反的，他希望能夠結合現有各種證據與理論的大膽推理，坦率地說出應該如何建立全球化秩序的觀點。

這並不意味著羅德里克喪失理論的嚴謹性，事實上，本書許多觀點出自他過去專業的學術研究，因此讀者經常可以發現許多精彩與啟發性十足的論述。例如羅德里克模仿孟岱爾三元悖論（Mundellian Trilemma）的形式提出世界經濟的三元悖論：全球化、民主與國家主權不得同時得兼，必須三選二，以此來說明歐盟所面臨的困境。再比如在討論後進國家的經濟成長策略時，他不僅強調格先克隆（Alexander Gerschenkron）的銳見：落後國家需要不同於先進國家的經濟發展策略，更反覆強調支持市場的制度並非只有一種，而以日本、台灣、中國等國的發展為例，說明為何國際組織強調的典範做法（best practices）鮮少成功，反而是各國發展出適合當地獨特的制度，更有可能達成經濟成長，雖然選擇性的產業政策、延緩的貿易自由化與資本管制等政策，並不符合傳統的經濟自由化發展論述，卻是東亞國家驚人經濟成就的關鍵。相對的，當代低收入國家因為製造業自動化，使得他們比日台韓中等東亞國家，更早耗盡工業化的機會，使得經濟成長更形困難，也使得民主化更加棘手。細心的讀者也許會發現以上某些論點，羅德里克已經在先前的著作（如《一個經濟，許多配方》（One Economics, Many Recipes）、《經濟學好厲害》與《全球化矛盾》）中提出過，但是本書的特色在於，羅德里克以更宏觀的視野，不僅處理了全球化與經濟成長策略，更將之結合政治體制與民主化，提出理解全球政治經濟的整體框架，並從現有的案例中探究可行的政策。

這也使得羅德里克與其他學者的觀點有所差異。例如《國家為何失敗》作者艾塞默魯和羅賓森認為善意的改革往往失敗或產生意想不到的後果，是因為與既得利益者發生衝突；但是羅德里克認為改革的發生並不需要推翻既得利益者，而是因為利益團體採取新策略追求利益，或是利益被重新定義。更重要的是，如同本書英文書名《Straight Talk on Trade》的寓意，羅德里克固然反對川普對中國的貿易戰，但是他同樣反對自由貿易基本教義派的主張。傳統的自由貿易派忽略分配問題，使得他們無視世界已經全球化過了頭，川普的貿易戰或許並非明智之舉，但是他所反映由「超全球化」所帶來的傷害卻十分真確，例如中國加入世界貿易組織對美國帶來「巨大的調整成本與分配後果」，受到中國貿易直接影響的城市，不僅製造業工作機會流失、工資受到壓縮與失業率增加，而且平均每人每年收入減少五百四十九美元，而聯邦因此增加的支出，僅能補助每人五十八美元。西方國家因此造成不平等加劇、中產階級陷入困境，加上解除管制造成金融危機，使得自由主義模式的信譽嚴重受損，民粹主義隨之興起。不過羅德里克並不滿足於批評，本書的另一大特色在於他具體提出對於全球化秩序的政策建議，結合經濟知識與政治過程，對已開發國家與開發中國家分別提出總體經濟政策、貿易政策、產業政策、創新政策乃至社會政策等各種原則性建議，並處理地方政治與全球治理之間的矛盾。

羅德里克的中道立場也許會使其同時遭受傳統自由貿易主義者與重商主義者的批評，而且不僅全球主義者不會贊成他的「超全球化」論述，現實主義者也會認為他忽略了國家體制競爭的效果，以及無能為美中對抗提出一套可行的方案。雖然很明顯的，羅德里克不會同意以上的批評，但是即使批評者也不得不同意，羅德里克以理論與實證為基礎的思想、極富啟發且一致性的論述，都是我們這個時代最具原創性的想法之一，值得所有擁護者與反對者嚴肅以對。

* Alan Rugman, 2001, The End of Globalization: Why Global Strategy Is a Myth & How to Profit from the Realities of Regional Markets, New York: AMACOM.

序

川普驚人地當選美國總統，經濟學家對此是否有責任？經濟學家可能希望自己真的有力量決定選舉結果。不過，即使他們並未導致（或阻止）川普崛起，有一件事是確定的：經濟學家多年來若能較忠實地堅守經濟學的教誨，而不是站在全球化的啦啦隊那邊，他們對公眾辯論可能會有比較大，也比較正面的影響。

將近二十年前，我的著作《全球化是否已經走過頭？》（*Has Globalization Gone Too Far?*）付梓時，我接觸一名著名經濟學家，問他能否美言兩句，作為書封底部的宣傳資料。我在該書中指出，如果沒有較為協調的政府反應，過度的全球化將加深社會分歧、加劇分配問題，並損害本地社會協議（social bargains）——這些見解此後已成為主流觀念。

那名經濟學家猶豫不決。他並非真的不同意我的任何觀點，而是擔心我這本書將「為野蠻人提供彈藥」：保護主義者將緊緊抓住這本書提到的全球化缺點，掩護他們狹隘自私的議程。

我現在還是會從經濟學同儕那裡得到這種反應。例如演講之後可能會有經濟學者遲疑地舉手問道：你不擔心你的論點會被濫用，變成你指責的煽動家和民粹派的有力武器嗎？

我們的論點總是有可能在公眾辯論中被對手劫持。但我一直不明白為什麼許多經濟學家認為這意味著我們應該將我們有關貿易的觀點扭向某個特定方向。這種想法似乎暗中假定野蠻人僅存在於貿易辯論中其中一方：不滿世界貿易組織規則和貿易協定的人顯然是可怕的保護主義者，而支持者則總是站在天使那邊。

但事實上，許多熱烈支持貿易的人同樣是受他們狹隘自私的議程驅動。追求更嚴格專利規則的藥廠、爭取外國市場全面開放的銀行、尋求利用特別仲裁法庭的跨國公司，並不比保護主義者更重視公共利益。因此，如果經濟學家略為調整自身論點，他們實際上是在兩群自利者（「野蠻人」）中選擇偏袒某一群。

經濟學家應該支持貿易並避免太著眼於細節，這早已成為經濟學家參與公共事務的一條潛規則。這已經造成一種奇怪的情況。經濟學家使用的標準貿易模型往往產生顯著的分配效應：「貿易得益」的另一面是特定的生產者或勞工群體所得受損。而經濟學家也早就知道，市場失靈（包括勞動市場運轉不順、信貸市場缺陷、知識或環境外部性、壟斷）可能妨礙人們獲取貿易利益。

他們也已經知道，貿易協定跨越國界影響本地法規（例如收緊專利規則，或國際間調和健康與安全要求），但這些協定的經濟效益根本相當含糊。

儘管如此，每次出現貿易協定，經濟學家總是機械式重申比較優勢和自由貿易的神奇之處。他們一直致力淡化分配問題，雖然我們如今已經清楚看到相關問題，例如《北美自由貿易協定》（North American Free Trade Agreement, NAFTA）或中國加入世界貿易組織產生的分配效應，對美國最受直接影響的社群相當重要。經濟學家高估了貿易協定的總效益，儘管至少從一九九〇年代以來，這種效益堪稱微薄。他們贊同將現今貿易協定描述為「自由貿易協定」的宣傳，雖然如果亞當斯密和大衛．李嘉圖看到這些協定的詳細內容，例如《跨太平洋夥伴協定》（Trans-Pacific Partnership, TPP）有關智慧財產或投資的規定，恐怕要從墳墓裡跳起來。

這種不願誠實處理貿易議題的態度，已經令經濟學家在公眾心目中喪失了信譽。更糟的是，這賦予對手彈藥攻擊貿易。因為經濟學家未能說明貿易的全貌，提供所有必要的提醒和警告，有心人比較容易將各種不良影響歸咎於貿易——雖然這種指責往往是錯誤的。

例如儘管貿易導致不平等加劇，它只是促成這種廣泛趨勢的其中一個因素——而且相對於科技，貿易的影響很可能比較輕微。經濟學家如果向來比較坦率地面對貿易的負面影響，他們或許可以享有較高的信譽，在有關貿易的辯論中充當誠實的中間人。

同樣道理，如果經濟學家向來願意承認，從勞工權利不受保護的國家進口商品，會造成分配正義方面的嚴重問題，公眾或許就能比較知情地討論社會傾銷（social dumping）。我們或許就能分辨窮國低薪反映生產力低下或勞工權利真的受侵犯的情況，而與後者無關的多數貿易或許就能避開「不公平貿易」的指控。

此外，如果經濟學家願意重視批評者有關貨幣操縱、貿易失衡和職位流失的警告，而非堅持使用假定不存在失業和其他總體經濟問題的理論模型，他們或許就有更好的條件去駁斥有關貿易協議導致失業的誇張指控。

簡而言之，如果經濟學家將研討會中的警告、不確定性和懷疑公諸於眾，他們或許就能更好地守護世界經濟。不幸的是，經濟學家捍衛貿易的熱誠已經造成反效果。如果煽動家有關貿易的荒謬言論如今得到重視，而且這些人還真的取得權力，學術界的貿易啦啦隊至少應負部分責任。

本書希望端正視聽，不但澄清有關貿易的真相，也釐清另外幾個領域的問題，因為經濟學家本來可以就這些問題展開比較平衡和有原則的討論。在有關金融全球化、歐元區或經濟發展策略的政策討論中，經濟學界出現了同樣的失敗現象，而貿易是這些領域的一個核心環節，而且很大程度上反映了這些領域發生的一切。

本書結合我近年有關全球化、成長、民主、政治和經濟學本身面向大眾和非專業性的著述。本書的材料來自多方面，包括我為Project Syndicate撰寫的每月連載專欄，以及若干或長或短的其他文章。多數文章僅略為修訂，更新資料並與本書其他部分聯繫起來，並增添一些參考和佐證資料。在某些地方，我重新編排材料以提供較為順暢的敘事。本書後面列出了全部資料來源。

本書展示我們可以如何建立一種比較誠實的敘事論述世界經濟——這種敘事可以幫助我們為最終將遇到的反彈做好準備，甚至是降低出現反彈的可能性。本書也提出一些前進的構想，希望有助創造運作得更好的國家經濟和較為健康的全球化。

1 在全球化與國家之間

全球貿易體制在美國從來都不是很受歡迎。無論是世界貿易組織（WTO）還是眾多區域貿易協定，例如《北美自由貿易協定》（NAFTA）和《跨太平洋夥伴協定》（TPP），都並未獲得公眾大力支持。不過，反對意見雖然有廣泛的基礎，但通常是分散的。

正因如此，政策制定者得以從第二次世界大戰結束以來，締結了一系列的貿易協定。世界主要經濟體當年一直處於貿易談判狀態，結果簽定了兩大全球多邊協定：關稅暨貿易總協定（GATT）以及創立WTO的條約。此外，各國還簽定了超過五百項雙邊與區域貿易協定，絕大多數發生在一九九五年WTO取代GATT之後。

現今情況不同之處，在於國際貿易已成為政治辯論的核心議題。在最近一次美國大選中，總統參選人桑德斯（Bernie Sanders）和川普（Donald Trump）均以反對貿易協定作為主要競選政綱。而從其他參選人的語氣看來，在當時的政治氣候下，公開支持全球化形同政治自殺。川普最終勝出，至少可部分歸功於他在貿易問題上的強硬立場，以及他承諾重新談判他認為其他國家藉機占美國便宜的貿易協定。

川普和其他民粹主義者有關貿易的言論或許過分，但沒什麼人仍否認問題背後的民怨是真實的。全球化並沒有嘉惠所有人。來自中國、墨西哥和其他地方的低成本進口商品，嚴重打擊美國許多勞動家庭。[1] 大贏家是可以把握市場擴大的機會謀利的金融業者和高技術專業人士。雖然全球化並非導致先進經濟體不平等加劇的唯一力量，甚至不是最重要的力量，但它確實是個關鍵因素。與此同時，經濟學家一直未能發現最近的貿易協定帶給整個經濟體巨大的好處。[2]

貿易在政治上別具意義，是因為它常常引發科技──另一個不平等的主要促成因素──不會產生的公平問題。如果我失去工作是因為競爭對手創新並推出更好的產品，我沒有什麼理由抱怨。但如果對手打敗我是因為他將工作外包給海外公司，而那些公司做一些在我們這裡違法的事，例如阻止工人組織起來與雇主集體談判，我深感不滿或許就有正當的理由。人們在意的通常不是不平等本身。真正有問題的是不公平的不平等，例如被迫在不同的基本規則下競爭。[3]

二〇一六年美國總統競選期間，桑德斯大力主張重新談判貿易協定，以便更好地反映勞動大眾的利益。但這種主張立即遇到反對：反對者表示，貿易協定停滯或逆轉必將傷害世上最窮的那些人，因為這損害他們靠出口導向成長脫貧的機會。大受歡迎、通常沉著的新聞網站Vox.com有篇文章的標題是：「如果你是其他國家的窮人，這是桑德斯說過最可怕的話。」[4]

但是，對先進國家的社會和公平問題較為敏感的貿易規則，本質上與窮國的經濟成長並無衝突。全球化的鼓吹者將問題說成是堅持既有貿易安排與全球窮人持續貧困之間的極端抉擇，這顯著傷害了全球化。進步人士不必要地強迫自己面對一種令人不快的取捨。

有關貿易如何嘉惠開發中經濟體的標準敘述，忽略了相關國家經驗的一個關鍵特點。成功利用全球化的國家，例如中國和越南，應用了一種促進出口的混合策略和各種違反現行貿易規則的政策。補貼、自製率規定、投資法規，沒錯，還有常見的進口壁壘，對創造較高價值的新產業至為重要。[5]僅仰賴自由貿易的國家（我立即想到墨西哥）則萎靡不振。[6]

這正是為什麼收緊規則的貿易協定，例如像TPP原本設想的那樣，對開發中國家來說其實喜憂參半。如果中國在一九八〇和一九九〇年代受WTO那種規則約束，它將無法奉行該國驚人成功的工業化策略。在TPP之下，越南某程度上可以確保繼續進入美國市場（美國方面的現行貿易壁壘本來就已經相當低），但也將因此受限制補貼的規定、專利規則和投資法規約束。

此外，歷史記錄中完全沒有證據顯示，先進經濟體的壁壘必須非常低或甚至沒有壁壘，窮國才能大大受惠於全球化。事實上，迄今最成功的出口導向成長經驗，也就是日本、韓國、台灣和中國的經歷，全都發生在美國和歐洲的進口關稅處於中等水準、高於現行水準的時候。

因此，對擔心富有國家的不平等和其他國家的貧困問題的進步人士來說，好消息是我們其實可以同時改善這兩個問題。但要做到這一點，我們必須大大改變我們處理貿易協定的方式。

這當中的利害極為重大。管理不善的全球化正產生深遠的影響——這不僅發生在美國，也發生在其他已開發國家（尤其是歐洲）和全球多數工人所在的中低收入國家。適當平衡經濟開放和政策空間管理極為重要。

歐洲岌岌可危

經濟深度融合對治理和民主造成的困難，在歐洲至為明顯。歐洲的單一市場和單一貨幣是一個獨特的實驗，測試的是我在我上一本著作中所稱的「超全球化」（hyperglobalization）。[7] 這個實驗已經製造出經濟廣泛統合與政治有限統合之間的一道鴻溝，而這是民主國家史上未見的。

金融危機爆發、歐洲融合實驗的脆弱性暴露無遺之後，外部失衡嚴重、體質較弱的歐洲經濟體必須找到快速脫困的方法。歐洲體制和國際貨幣基金組織（IMF）主張的方法是結構改革：沒錯，撙節會造成傷害，但厲行結構改革——勞動、產品和服務市場自由化——將使痛苦變得可承受，可助病人恢復健康。但如我在本書稍後解釋，這打從一開始就是虛假的希望。

無可否認，歐元危機已經對歐洲的政治民主造成重大傷害。人們對歐洲融合大計的信心受損，中間派政黨勢力衰落，極端主義政黨（尤其是極右派）是主要受益者。較受忽視但至少同樣重要的是，這場危機也傷害了歐元區以外國家的民主前景。可悲的事實是，歐洲已經不再像以往那樣，是其他國家閃亮的民主燈塔。既然歐盟沒有能力阻止成員國匈牙利明確地走向威權，我們也就無法指望它在周邊國家促進和鞏固民主。我們可以輕易看到這在土耳其造成的後果：失去「歐洲支柱」方便艾爾段（Recep Tayyip Erdogan）一再擴權。而阿拉伯之春之所以舉步維艱，也與此不無關聯。

經濟政策誤入歧途的後果在希臘至為嚴重。希臘政治展現出國家受深度融合三難困局打擊的全部症狀。這個三難困局是指超全球化、民主和國家主權不可同時兼得，最多只能三選二。[8] 因為希臘不想放棄三者任何一個（歐元區其他成員國也是這樣），結果它無法享受任何一個的好處。希臘以一系列的新方案爭取到一些時間，但至今尚未脫困。撙節措施和結構改革最終能否使希臘經濟恢復健康，仍有待觀察。

歷史經驗顯示，對此持疑是有道理的。在一個民主國家，金融市場和外國債權人的要求與本地勞工、養老金領取人和中產階級的要求衝突時，通常是本地人掌握最終發言權。

如果覺得希臘最終全面違約的經濟後果還不夠可怕，別忘了還有可能嚴重得多的政治後果。歐元區在亂成一團的情況下解體，將對歐洲統合計畫造成不可彌補的傷害，而該計畫是二戰之後歐洲政治穩定的核心支柱。屆時陷入動盪的不僅是負債沉重的歐洲邊陲國家，還有設計歐洲統合計畫的核心國家如法國和德國。

噩夢情境將是政治極端主義取得一九三〇年代那種勝利。法西斯主義、納粹主義和共產主義都源自對全球化的反彈，這種反彈從十九世紀末就已開始，而助長風潮的是弱勢群體的焦慮——他們覺得自己受不斷擴大的市場力量和世界主義菁英威脅，許多權利遭剝奪。

自由貿易和金本位制度當年要求各國貶低國內優先要務，例如社會改革、國族建構和文化復興。經濟危機與國際合作失敗不但損害全球化，也打擊維護既有秩序的菁英階層。如我的哈佛同事費登（Jeff Frieden）在其著作中指出，這為兩種截然不同的極端主義鋪平了道路。面對公平與經濟統合之間的抉擇，共產主義者選擇了激進的社會改革和經濟自給自足。面對振興國族與全球主義之間的抉擇，法西斯主義者、納粹主義者和國族主義者選擇了建構國族。[9]

好在法西斯主義、共產主義和其他形式的獨裁如今已不再流行。但經濟統合與在地政治之間類似的緊張關係，則已經醞釀了很久。歐洲單一市場成形的速度遠快於歐洲政治共同體；經濟統合大幅領先政治統合。

結果是經濟安全、社會穩定和文化認同受損愈來愈令人憂心，但主流政治管道無法處理這些問題。歐洲各國的政治結構變得過度受限，無法提供有效的救濟，而歐盟的制度則仍太虛弱，無法獲得民眾的忠誠支持。

中間派失敗，得益最大的是極右派。在法國，國民陣線在瑪琳．雷朋（Marine Le Pen）領導下恢復生氣，已成為一股主要政治力量，在二〇一七年總統選舉中甚至有機會勝出。在德國、丹麥、奧地利、義大利、芬蘭與荷蘭，右翼民粹政黨利用民眾對歐元體制的怨恨，顯著提高了自身的選民支持率，有些甚至在本國政治制度裡成為造王者。

反彈並非局限於歐元區成員國。在斯堪的納維亞，有新納粹主義血統的瑞典民主黨聲勢超過瑞典社會民主黨，二〇一七年初甚至在全國調查中衝上民意支持率第一位。當然，在英國，民眾對布魯塞爾的反感和對國族自主的渴望已經導致脫歐公投過關，儘管經濟學家警告脫歐將造成可怕的後果。

極右派政治運動向來利用反移民民意。不過，希臘、愛爾蘭和葡萄牙等國家的紓困案，以及歐元的棘手問題，已經賦予極右派新彈藥。一連串的事件看來顯然證實他們對歐元的懷疑是對的。被問到是否會單方面退出歐元區時，瑪琳・雷朋自信地回答：「幾個月後，我當上總統時，歐元區很可能將不復存在。」

一如一九三〇年代的情況，國際合作失敗令政界中間派更無能力有效回應國內選民的經濟、社會和文化需求。因為歐洲統合計畫和歐元區議題主宰了相關辯論，隨著歐元區陷入困境，這些菁英的正當性受到更嚴重的打擊。

歐洲政界中間派堅持的「更加歐洲」（more Europe）策略一方面步伐太快，無法舒緩地方的焦慮，另一方面又不夠快，無法創造一個真正的全歐政治共同體。他們困在一條不穩定和飽受各種緊張狀況困擾的中間道路上太久了。因為堅持一種已證實不可行的歐洲願景，歐洲中間派菁英已經危及歐洲統合這個構想本身。

歐洲危機的短期和長遠出路不難粗略勾勒出來，而我稍後將加以討論。說到底，歐洲面臨的抉擇一如既往：它必須建立政治聯盟，否則就要鬆開經濟聯盟。但因為危機管理不當，我們現在很難想像這種最終結果可以如何友好地達致，同時避免對成員國造成顯著的經濟和政治傷害。

開發中國家的變化

過去二十年是開發中國家的好時光。在美國和歐洲受金融危機、撙節政策和民粹反彈困擾之際，以中國和印度為首的開發中經濟體創造出史上空前的經濟成長率和脫貧率。此外，拉丁美洲、撒哈拉以南非洲地區和南亞一度像東亞那樣，享有良好的經濟成長。但即使在新興市場熱潮如日中天時，我們仍可看到兩朵烏雲。

第一，現在這批低收入經濟體能否複製造就歐美和東亞經濟迅速發展的工業化道路？第二，它們能否發展出當今先進經濟體在上個世紀確立的現代自由民主制度？我認為這兩個問題的答案可能都是否定的。

在政治方面，令人關注的是建立和維持自由民主體制需要非常特別的先決條件。問題的關鍵在於自由民主體制的受益者在數量和資源上往往均不具優勢，情況與選舉民主（electoral democracy）或獨裁體制不同。如今連先進國家都難以達到自由民主的標準，或許我們不應對此感到意外。一個國家如果沒有長期和深厚的自由傳統，其自然傾向就是陷入威權主義。這對國家的政治和經濟發展均有負面影響。

經濟成長困難使民主方面的挑戰更棘手。我們這年代最重要的經濟現象之一，是我稱為

「過早去工業化」（premature deindustrialization）的過程。[10] 因為製造業的自動化趨勢，也因為全球化，低收入國家遠比它們的東亞先行者更早耗盡工業化機會。如果傳統上製造業不是強大的成長引擎，這不會是一種悲劇（原因如我稍後所述）。

事後看來，多數新興市場顯然沒有一致的成長故事。與中國、越南、韓國、台灣和若干其他製造業奇蹟不同的是，近年這批成長表現出色的國家並未建立許多現代的出口導向產業。深入觀察，你會發現，它們的高成長率並非源自生產轉型（productive transformation），而是靠內需驅動，而助長內需的是暫時的大宗商品榮景和不可持續的公共與（更常見的）民間借貸。沒錯，新興市場不乏世界級企業，而中產階層擴大也毋庸置疑，但在這些經濟體，只有很小比例的勞工受雇於生產力良好的企業，餘者受聘於生產力低下的非正規企業。

自由民主體制在開發中經濟體是否注定失敗，抑或我們可以賦予它與現今先進經濟體不同的形式，藉此拯救它？如果工業化已失去動力，開發中國家還可以選擇什麼類型的成長模式？過早去工業化對勞動市場和社會包容（social inclusion）有何影響？為克服這些新穎的未來挑戰，開發中國家將需要富創意的新策略，善用民間和公共部門的綜合力量。

貿易基本教義不合時宜

我們這年代的「關鍵挑戰之一」，「是維持一個開放和不斷擴大的國際貿易體系。」不幸的是，世界貿易體系的「自由主義原則如今受到愈來愈多攻擊。」「保護主義愈來愈盛行。」「這個體系崩潰的危險很大，也可能恐怖地重演一九三〇年代的解體悲劇。」

如果你認為上面這些話是摘自財經媒體近年對全球化遭遇反彈表達憂慮的文章，那是情有可原的。但事實上，它們是從三十六年前，也就是一九八一年的文章摘出來的。[11]

當年的問題是先進國家陷入停滯性通膨。而當時逐漸控制全球市場、令人畏懼的貿易怪物是日本而非中國。美國和歐洲的反應是設立貿易壁壘，並對日本的汽車和鋼鐵施加「自願出口限制」。有關「新保護主義」蔓延的議論非常流行。

隨後發生的事證明這種對貿易體制的悲觀看法是錯誤的。全球貿易並未萎縮，而是在一九九〇和二〇〇〇年代快速成長，受世界貿易組織成立、雙邊和區域貿易與投資協定激增，以及中國崛起激勵。全球化進入了新時代——事實上是變得比較像超全球化。

事後看來，一九八〇年代的「新保護主義」並非與過去徹底決裂。一如政治學家魯格（John Ruggie）寫道，它像致力維持體制多過破壞體制。當時的進口「防衛措施」和「自願」

出口限制是臨時擬訂的，但它們是因應新貿易關係造成的分配和調整挑戰的必要反應。[12]當時高喊「狼來了」的經濟學家和貿易專家錯了：各國政府如果接納他們的意見，不理會選民的要求，可能會使情況變得更糟。當代人眼中有害的保護主義其實是一種疏導怨氣、避免政治壓力過度積累的手段。

觀察家對全球化如今遇到的反彈是否一樣過度緊張？國際貨幣基金組織（ＩＭＦ）之類的機構最近便警告，經濟成長緩慢和民粹主義可能導致保護主義爆發。ＩＭＦ首席經濟學家奧斯菲（Maurice Obstfeld）表示：「捍衛貿易統合的前景至為重要。」[13]不過，至今沒什麼跡象顯示各國政府正斷然捨棄開放的經濟體制。川普總統未來或許會嚴重破壞貿易，但至今他是口水多過行動。globaltradealert.org這個網站維護一個記錄保護主義措施的資料庫，宣稱保護主義正蔓延的人常以它為資料來源。點擊它的保護主義措施互動地圖，你會看到紅色圓圈如煙花綻放，遍佈世界各地。情況看來十分危急，直到你點擊自由化措施地圖，發現綠色圓圈的數量其實也差不多。

這一次不同之處，在於民粹主義政治勢力看來強大得多，而且遠比以前接近贏得選舉——某程度上這是回應自一九八〇年代以來全球化的進一步深化。就在不久之前，我們無法想像英國將脫離歐盟，或美國將出現這樣一位共和黨籍總統：他向選民承諾，美國將退出一些已談好的貿易協定、建造邊境圍牆防堵墨西哥移民，並且懲罰遷往海外的公司。民族國家看來有意重新振作起來。

但一九八〇年代的教訓告訴我們，只要有助維持適度開放的世界經濟，超全球化有所逆轉未必是壞事。特別重要的是，我們必須重視自由民主體制的要求甚於國際貿易和投資的需求。這種「再平衡」調整將為開放的全球經濟留下充裕的空間；事實上，它將使開放的全球經濟得以存在並維持下去。

川普這樣的民粹主義者之所以危險，不在於他在貿易方面有什麼具體計畫，而是在於他有意採用的排外和反自由的施政綱領，此外也在於以下事實：他的經濟政策無法提供一個連貫的願景，使我們看到美國和開放的世界經濟可以如何一起繁榮。

在先進經濟體，主流政黨如今的關鍵挑戰就是想出這樣一個願景，並擬出一種敘事，搶走民粹主義者的風頭。我們不應要求這些中間偏右和中間偏左政黨不惜代價拯救超全球化。如果它們採用非正統政策以爭取政治支持，貿易倡導者應予以諒解。

我們應該重視的是這些問題：它們的政策是出於對公平和社會包容的渴望，還是出於排外和種族主義衝動？它們是希望增強還是削弱法治與民主審議？它們是致力拯救開放的世界經濟（雖然基本規則將會改變）還是試圖破壞它？

二〇一六年的民粹反彈幾乎肯定將終結過去幾十年積極締結貿易協定的努力。雖然開發中國家可以尋求達成規模較小的貿易協定，檯面上的兩大區域協定——《跨太平洋夥伴協定》（TPP）和《跨大西洋貿易與投資夥伴協定》（Transatlantic Trade and Investment Partnership, TTIP）——在川普當選美國總統之後，已立即注定失敗。

但我們不應為此感到悲哀。我們應展開坦率和有原則的討論，研究如何將全球化和發展置於某個新的基礎上，顧及我們新的政治和科技現實，將自由民主體制的要求放在首要位置。

掌握好平衡

超全球化的問題，不僅在於它是個容易引起反彈的白日夢——畢竟我們目前仍然只能靠民族國家提供市場仰賴的監理和合法化安排。更深層的問題，在於我們的菁英和技術官僚對超全球化的癡迷，使國家更難在本國實現正當的經濟和社會目標，包括經濟繁榮、金融穩定和社會包容。

現今真正重要的問題是：我們應該在貿易和金融方面尋求多大程度的全球化？在這個運輸和通訊革命顯然已經終結了地理距離的時代，民族國家還有存在的理由嗎？國家必須向國際機構讓出多少主權？貿易協定的真正作用是什麼？我們可以如何改善它們？全球化何時損害民主？作為公民和國家，我們對其他國家的人有何義務？我們如何最好地履行這些責任？

這些問題全都要求我們在國家與全球治理之間恢復一種明智、合理的平衡。我們需要一種多元的世界經濟秩序：民族國家在這種秩序下保住足夠的自主權，可以制定自己的社會契約，並擬定配合自身需求的經濟策略。我將指出，將世界經濟視為一種「全球公域」（global commons）的傳統觀念是非常誤導的——在這種觀念下，所有人都必須合作，否則經濟將崩潰。如果我們的經濟政策失敗，主要是因為國內而非國際層面的原因。各國在經濟方面造福全球最好的方式，就是管好自身的經濟體系。

在必須有某種全球公共財的領域，例如處理氣候變遷問題，全球治理仍至關緊要。此外，全球規則有時可以藉由加強民主審議和決策，幫助改善國內經濟政策。不過，我將指出，強化民主的全球協議看起來與強化全球化的協議非常不同——後一種協議是我們這年代的標誌。

我們從位處我們的政治與經濟體系核心，但數十年來飽受攻擊的實體講起：它就是民族國家。

2 民族國家的角色

二〇一六年十月，英國首相梅伊貶低全球公民身分（global citizenship）這概念，許多人為之震驚。梅伊說：「如果你認為自己是世界公民，你其實是烏有鄉公民。」

梅伊此言引來財經媒體和自由派評論者的嘲笑，也引起許多人的恐懼。一名分析師教訓她：「現在最有用的公民身分，不是僅關注伯克郡某地區福祉的公民身分，而是為整個地球的福祉努力的公民身分。」《經濟學人》雜誌將此事稱為「反自由」的轉變。一名學者指責梅伊否定啟蒙價值觀，並警告，梅伊的演講中有「一九三三年的回響」。[1]

我知道「全球公民」是怎樣的：我自己就是完美的例子。我出生於甲國，在乙國生活，同時持有這兩個國家的護照。我寫文章討論全球經濟，而我的工作使我前往許多遙遠的地方。我在其他國家旅行的時間，比我留在宣稱我是其公民的甲乙兩國的時間都多。我在工作上往來密切的同事，多數也是出生於外國。我貪婪地閱讀國際新聞，而我訂閱的本地報紙卻往往沒打開來看。運動方面，我完全不知道本地球隊表現如何，但我是大西洋彼岸某支足球隊的忠實球迷。

但是，梅伊那句話引起許多人的共鳴。它含有一項基本事實，而漠視這個事實很大程度上說明了我們——世界的金融、政治和技術官僚菁英——如何疏遠了自己的同胞，並失去他們的信任。

經濟學家和政界主流傾向認為這種反彈是令人遺憾的挫折，而煽風點火者是民粹排外的政客——他們成功利用了那些覺得自己被全球主義菁英拋離和遺棄的人之怨氣。但是，如今全球主義確實正在退潮，而民族國家則已經證明了它旺盛的生命力。

之前多年間，有關民族國家意義衰滅的學界共識壓倒了其他觀點。所有熱潮都圍繞著全球治理——看似不可逆的經濟全球化浪潮和世界感性（cosmopolitan sensibilities）興起，需要國際規則和制度來支持。

全球治理成了當代菁英的口頭禪。他們認為隨著技術創新和市場自由化使得商品、服務、資本和資訊跨境流動激增，世界各國的聯繫變得非常緊密，任何一個國家都已沒有能力單靠自己解決經濟問題。我們需要全球規則、全球協議和全球制度。時至今日，這種觀點仍是非常普遍的共識，以致質疑它有如主張太陽繞著地球轉。

為了解這種局面如何形成，我們來好好看看反民族國家的學術論據，以及在治理上支持全球主義的理由。

受到攻擊的民族國家

民族國家被徹底視為與二十一世紀的現實衝突的古老建構。對民族國家的攻擊超越傳統政治分歧，是可以團結經濟自由主義者與社會主義者的極少數東西之一。托洛斯基一九三四年問道：「我們可以如何在充分保護居民文化發展自由的情況下，確保歐洲經濟統一？」答案是擺脫民族國家：「這問題的解決方法，可以靠將生產力從民族國家加諸其上的束縛中完全解放出來達致。」[2] 想想歐元區當前的困境，我們會覺得托洛斯基的答案意外地現代。多數新古典經濟學者會支持這觀點。

現在許多道德哲學家也加入自由主義經濟學家的行列，認為國界已失去意義——這種觀點如果不是描述性的，那肯定是規範性的。彼得．辛格（Peter Singer）便這麼說：

如果我們替自己辯解必須以部落或國族為對象，我們的道德規範就很可能是部落式或國族主義式的。但是，如果通訊革命已經創造出全球受眾，我們或許必須向全世界證明我們的行為是正當的。此一變化為一種新倫理創造了物質基礎，而這種倫理將以過去所有倫理不曾做到（雖然有人說了很多動聽的話）的方式，造福這個星球上所有人。[3]

沈恩（Amartya Sen）則這麼說：

將國家（主要是民族國家）之間的政治分歧視為具有某種根本意義，視為倫理和政治哲學上具根本意義的分歧，而非僅是有待處理的實際束縛，這種意識多少含有一種思想上的專制。[4]

沈恩和辛格將國界視為一種障礙——一種實務上的障礙，而隨著世界經由商業往來和通訊進步而變得更密切互連，它是可以克服也應該克服的。

與此同時，經濟學家嘲笑民族國家，因為它們製造出許多交易成本，阻礙全球經濟更充分統合。這不但是因為各國政府在其邊境課徵進口關稅、執行資本管制、實施簽證和其他限制，阻礙商品、資金和人員全球流通。更根本的原因是，世界分為許多不同的主權國家，管轄權因此四分五裂，製造出大量交易成本。貨幣、法律制度和監理方式上的差異，如今是全球經濟統一的主要障礙。隨著各國減少公然的貿易壁壘，這種交易成本的重要性已經上升。進口關稅如今僅占總交易成本極小的比例。安德森（James Anderson）與范溫庫（Eric van Wincoop）估計，對先進國家來說，這種費用在從價（ad valorem）基礎上高達一七〇%，比進口關稅本身高一個數量級。[5]

對經濟學家來說，這形同在人行道上掉下不只一張一百元美鈔。他們認為，如果能消除管轄權四分五裂的情況，世界經濟將從貿易中獲得巨大得益，類似戰後時期多邊關稅自由化產生的作用。因此，全球貿易議程愈來愈致力於調和監理制度——從衛生、植物檢疫標準到金融法規都是調和的目標。這也是為什麼歐洲國家覺得必須採用單一貨幣，以實現共同市場的夢想。經濟統合要求壓制民族國家發行本國貨幣、設定不同的規則和採用不同法律標準的能力。

民族國家的活力依舊

早就有人預言民族國家將滅亡。政治學家霍夫曼（Stanley Hoffman）一九六六年就寫道：

「民族國家的命運是每一名世界秩序研究者眼前的關鍵問題。」[6]維農（Raymond Vernon）一九七一的經典文章標題是〈主權受困〉（Sovereignty at Bay）。[7]這兩位學者最終都對民族國家將死的預言潑冷水，但他們的語氣反映當時非常盛行的一種觀點。人們普遍認為某種更大規模的發展正壓倒民族國家，無論那是（霍夫曼關注的）歐盟還是（維農探討的）跨國企業。

但民族國家就是拒絕凋亡。民族國家已證明自己格外強韌，而且仍然是全球所得分配的主要決定因素、市場支撐制度的首要所在地，以及個人情感和聯繫的主要寄託處。我們來看幾項事實。

為了測試學生對全球不平等決定因素的直覺，我在學期的第一天問他們願意在窮國當富人還是在富國當窮人。我告訴他們只考慮自己的消費水準，而富人和窮人分別是指居於一國所得分配的最高和最低五％。此外，富國是指人均所得居全球最高五％的國家，窮國則是指人均所得居全球最低五％的國家。在此情況下，多數學生通常表示，他們情願在窮國當有錢人。

但這種選擇其實大錯特錯。根據我剛才的定義，富國的窮人比窮國的有錢人富裕接近五倍。[8]這些學生之所以作出錯誤的選擇，是因為他們以為窮國的有錢人都是那種開寶馬汽車、住在設有門禁的豪宅的超級有錢人，但那種人其實僅占窮國人口極小的比例——顯著小於我要求他們著眼的頂層五％。頂層五％的整體平均所得，與極少數超級有錢人其實相差很遠。

我那些學生因此發現世界經濟一個頗能說明問題的特徵：我們的經濟狀況如何，主要取決於我們出生於哪裡（哪一個國家），其次才是我們在當地的所得分配中位居何處。又或者換個比較嚴謹但也比較準確的說法：全球不平等主要是國家之間而非國家內部的不平等。[9]不是說全球化已經令國界失去意義嗎？

第二，我們來看國族認同（national identity）的作用。我們不難想像，在跨國密切關係和在地關係的拉扯下，人們對民族國家的感情可能變得比較薄弱。但事實看來不是這樣。國族認同至今仍有旺盛的生命力，甚至在世上某些令人意外角落也不例外。而且即使在二〇〇八年全球金融危機爆發、引發民粹反彈之前，情況就已經是這樣。

為了觀察國族認同持續旺盛的生命力，我們來看世界價值觀調查（World Values Survey），其八萬名受訪者分佈於五十七個國家（http://www.worldvaluessurvey.org/）。受訪者被問一系列的問題，從中可以看到他們對地方、國族和全球的感情是強是弱。我測量國族感情強度的方法，是計算對「我視自己為〔某國家、民族〕的公民」表示「同意」或「非常同意」的受訪者百分比。我測量全球感情的強度，則是計算對「我視自己為世界公民」表示「同意」或「非常同意」的受訪者百分比。然後，這兩個百分比都減去對「我視自己為本地社群成員」表示「同意」或「非常同意」的受訪者百分比，作為一種正規化（normalization）處理。

換句話說，我測量的是相對於地方認同的國族和全球認同。我使用二〇〇四至二〇〇八年那一輪調查，因為它是在歐美爆發金融危機之前做的，因此結果不會被經濟衰退的影響擾亂。

圖2.1顯示整個全球樣本的結果，以及美國、歐盟、印度和中國的個別結果。結果突出之處，不在於國族認同遠比「世界公民」認同強烈——這一點是可預料的。真正令人意外的結果，是國族認同比地方社群認同更吸引人——這呈現在正規化國族認同的正數百分比上。這種傾向是全球皆然，而且是美國和印度最強烈——很多人可能以為，在這兩個幅員遼闊的國家，地方認同應該比國族認同強烈。

我為之震驚的結果還有歐洲人對歐盟感情如此淡薄。事實上，圖2.1顯示，對歐洲人來說，歐盟公民身分與世界公民身分似乎同樣疏遠，儘管歐洲統合和制度建設已經進行了數十年。

自二〇〇八年以來，世人的全球認同變得更淡薄，這應該不令人意外。尤其值得注意的是，世界公民認同在某些歐洲國家顯著變弱：德國從−18%跌至−29%，西班牙從−12%跌至−22%。（這是比較二〇一〇至二〇一四年與二〇〇四至二〇〇八年的調查結果。）

可能會有人抗議這種調查模糊了不同群體之間的差異。我們會預期，觀點和感情變得全球化、不再寄託感情於國族的，主要是年輕、有技術和受過良好教育的人。如圖2.2顯示，不同群

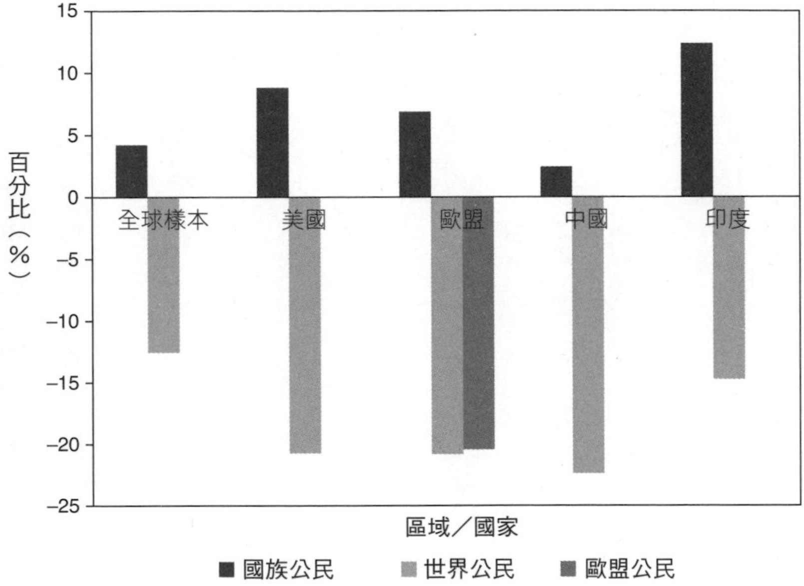

圖2.1　國族、全球和歐盟公民身分認同（相對於地方社群認同）。對「我視自己為〔某國家、民族〕的公民」和「我視自己為世界公民」表示「同意」或「非常同意」的受訪者百分比，減去對「我視自己為本地社群成員」表示「同意」或「非常同意」的受訪者百分比。

資料來源：D. Rodrik, "Who Needs the Nation State?" *Economic Geography*, 89(1), January 2013: 1–19.

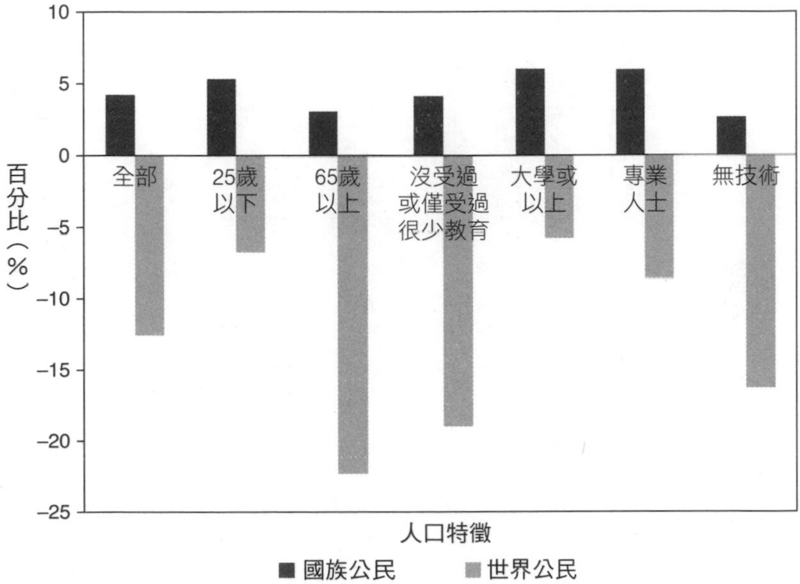

圖2.2　人口特徵的影響。對「我視自己為〔某國家、民族〕的公民」和「我視自己為世界公民」表示「同意」或「非常同意」的受訪者百分比，減去對「我視自己為本地社群成員」表示「同意」或「非常同意」的受訪者百分比。

資料來源：D. Rodrik, "Who Needs the Nation State?" *Economic Geography*, 89(1), January 2013: 1–19.

體之間確實有差異，方向一如預期。但差異沒有某些人所想的那麼大，而且並不改變大局。即使在年輕人（二十五歲以下）、受過大學教育和專業人士中，國族認同仍強於地方認同，拋離全球認同的幅度就更大了。

最後，如果對民族國家是否仍有意義還有懷疑，也應該會因為二〇〇八年全球金融危機爆發後的經驗而改變想法。為了避免經濟崩潰而不得不介入的是本國的政策制定者：拯救銀行、挹注流動資金、制定財政刺激方案、提供失業救濟金的是各國的政府。一如英國央行總裁金恩（Mervyn King）令人難忘的那句話所言：銀行「生時全球，死歸本國」（global in life and national in death）。

國際貨幣基金組織（IMF）和新近升級的二十國集團（G20）不過是空談俱樂部。在歐元區，決定危機如何發展的是從柏林到雅典、各成員國首都所做的決定，而不是布魯塞爾（或歐洲議會所在地史特拉斯堡）的行動。而所有的錯誤最終是由各國政府承擔責任——難得做對什麼事，也是歸功於各國政府。

支持民族國家的規範性理由

在歷史上，民族國家與經濟、社會和政治進步密切相關。民族國家抑制內部相殘的暴力，將團結的網絡擴大至本地社群之外，促進大眾市場發展和工業化，使我們得以調動人力和財務資源，並促進代議政治制度的傳播。[10] 現今的「失敗國家」，通常難逃內戰和經濟沒落。穩定和繁榮的國家之居民，很容易忽視建立民族國家對克服這些困難的作用。民族國家在時代思潮中失寵，有一部分是其成就造成的。

但考慮到全球化革命，民族國家作為一種領土受限的政治實體，是否已經真的變得有礙我們達成有益的經濟和社會目標？抑或民族國家對達成這些目標仍是不可或缺？換句話說，除了指出民族國家仍然存在、並未凋亡，我們是否可以有理有據地替民族國家辯護？

首先，我想澄清一下我的用詞。民族國家使人聯想到民族主義，但我的討論偏重「國家」那一部分，而不是「民族」或「民族主義」。我尤其關注的，是國家作為特定空間之內的管轄實體。站在這個角度，我視民族為國家產生的結果，而不是反過來。如法國大革命理論家之一西耶斯（Abbé Sieyès）所言：「什麼是民族？生活在一套共同的法律之下、由同一個立法機關代表的群體，就是一個民族。」[11] 我並不關注有關何謂一個民族、是否每個民族都應該有自己的國家，或世上應該有多少個國家之類的爭論。

我想做的是建立一種實質論據，說明為什麼強健的民族國家其實是有益的，尤其是有利於世界經濟。我想證明世上有許多不同的民族國家，實際上可以增加而非減損價值。我從這一點說起：市場需要規則，全球市場需要全球層面的規則。在真正無國界的全球經濟體中，經濟活動完全脫離其國家基礎，我們因此必須建立制度跨國制定規則，以配合市場的全球規模和範圍。但即使這可以做到，也是不可取的。支撐市場的規則並非只有一種。因此，各種制度安排的實驗和競爭是有益的。此外，不同的社群對制度形式有不同的需求和偏好，而歷史和地理因素仍阻礙這些需求和偏好趨同。

因此，我接受民族國家乃全球經濟分裂的一個根源。我的觀點是：試圖超越民族國家將產生不良後果，既不能使世界經濟變得比較健康，也不能賦予我們更好的規則。

我的觀點可以作為對典型的全球主義敘事（圖2.3上半部分）的一種反駁。在這種敘事中，運輸和通訊技術革命促進經濟全球化，突破世界各地不同群體之間的社會和文化壁壘，促成一種全球社群，進而使我們得以建立一個全球政治共同體，造就全球治理，支持和進一步強化經濟統合。

我的替代敘事（圖2.3下半部分）則強調另一種不同的動力，它維繫一個政治上分裂、經濟

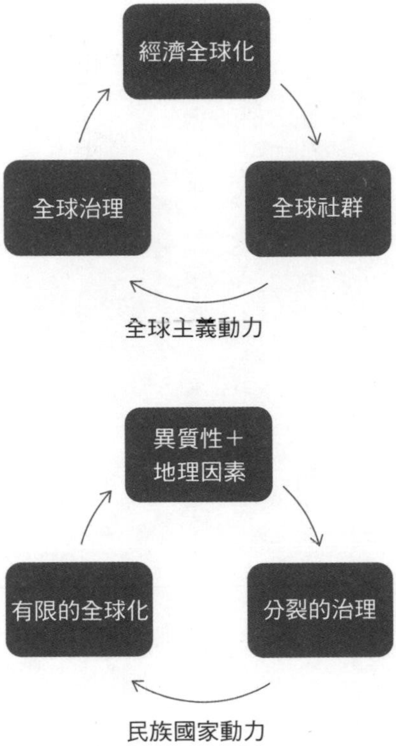

圖2.3　全球與民族國家的兩種增強動力

Source: D. Rodrik, "Who Needs the Nation State?" *Economic Geography*, 89(1), January 2013: 1–19.

上僅有限全球化的世界。在這種動態中，偏好不同、制度的非獨一性加上地理因素，使得世界需要制度上的多樣性。制度多樣性阻止經濟充分全球化。不完整的經濟統合進而增強異質性和距離的作用。如果這種動態下的力量夠強勁（我將指出事實正是這樣），依第一種動態下的規則行事只會使我們麻煩不斷。

追求超全球化注定徒勞

市場仰賴非市場制度，因為市場並不是自我創造、自我監理、自我穩定或自我正當化的。任何超越鄰居之間簡單交換的活動都需要許多條件配合，包括運輸、通訊和物流方面的投資；執行合約、提供資訊和防止作弊的安排；穩定和可靠的交易媒介；以及使分配結果符合社會規範的安排。運作良好、可持續的市場受廣泛的一系列制度支持，這些制度提供監理、再分配、貨幣和財政穩定，以及衝突管理之類的關鍵功能。

這些制度功能迄今主要是靠民族國家提供。在整個戰後時期，這不但並未阻礙全球市場的發展，還在許多方面產生了促進作用。世界經濟直到一九七〇年代是由布列敦森林體制（Bretton Woods system）主導，而該體制的指導理念是國家需要政策空間來管理自身的經濟和保護社會契約——不僅是先進國家，新獨立的國家也是這樣。限制國家之間資金流動的資本管制，被視為全球金融體系的固有要素。貿易自由化局限於工業製品和工業國；從低成本國家進口紡織品和成衣在受影響的產業和地區造成失業、進而威脅社會協議時，當局就設立特別的制度管理這些活動。

但是，貿易和投資活動在這種情況下大幅成長，很大程度上是因為布列敦森林體制造就健康的國內政策環境。事實上，經濟全球化非常倚賴主要的貿易和金融中心維護的規則。如安格紐（John Agnew）強調，國家貨幣體系、中央銀行和金融監理安排是金融全球化的基石。[12]在貿易方面，維持貿易體系開放主要是靠各國國內的政治協議，而非關貿總協定（GATT）的規則。

民族國家是全球化的促成者，但也是全球化深化的最終障礙。結合全球化與健康的國內政體，有賴妥善管理這種緊張關係。過度偏向全球化，一如一九二〇年代那樣，我們將損害支撐市場的制度。過度偏向保護國家，一如一九三〇年代那樣，我們將犧牲國際貿易的利益。

從一九八〇年代起，流行的意識形態決定性轉向支持自由市場和反對政府介入。這在國際上的結果是各方力量全力追求我所稱的「超全球化」[13]——也就是努力消除妨礙貿易和資本流動的所有交易成本。世界貿易組織是這種努力在貿易方面的最高成就。貿易規則如今已延伸應用在服務業、農業、補貼、智慧財產權、衛生和植物檢疫標準，以及以前被視為國內政策的其他領域。在金融方面，資本自由流動變成常態而非例外情況，監理機關則致力調和全球金融法規和標準。歐盟多數成員國更進一步：先是縮減彼此貨幣之間的匯率波動，最後還採用了單一共同貨幣。

結果是各國國內治理機制遭削弱，而與此同時，全球治理機制則仍然殘缺。這種新進路的缺點很快就彰顯出來。其中一種失敗源自將制定規則的活動推到超國家（supranational）領域，使政治辯論和控制機制鞭長莫及。這種失敗呈現在針對民主赤字、正當性不足、失去發言權、無法問責等問題的持續抗議上。這種抗議與世界貿易組織和歐盟制度如影隨形。

在國內仍可制定規則之處，則出現了另一類型的失敗。與發展程度不同、制度安排差異很大的國家貿易量不斷增加，結果是許多國家國內的不平等程度和經濟不安全感惡化。後果更嚴重的是：因為全球層面欠缺馴服各國國內金融的制度（最後放款人、存款保險、破產法律、財政穩定機制），全球金融系統成為動盪的源頭，不時爆發大規模的危機。光靠國內政策，根本不足以處理極端經濟和金融開放造成的問題。

結果自然出現這種情況：在新體制下表現最出色的，正是那些能冷靜看待自由貿易和資本自由流動的國家。中國創造了史上最令人讚嘆的脫貧和經濟成長結果，它當然是其他國家經濟開放的主要受惠者。中國本身則奉行一種非常審慎的策略，結合廣泛的產業政策與選擇性、延遲的進口自由化和資本管制措施。中國實際上是按照布列敦森林規則而非超全球化規則參與全球化這個遊戲。

全球治理是否可行或可取？

如今人們已普遍明白，全球化的弊病源自一種失衡狀況：市場本質上是全球的，規範市場的規則卻主要是國內的。根據邏輯，這種失衡只能靠以下兩種方法的其中一種糾正：擴展治理至民族國家以外，又或者限制市場的覆蓋範圍。在菁英圈子，只有第一個選項獲得重視。

全球治理對不同的人有不同的意義。在負責制定政策的官場，它是指新的政府間論壇，例如G20和金融穩定論壇。對某些分析師來說，它意味著出現跨國監理機關網絡，負責制定從衛生到資本適足標準之類的共同規則。[14]對其他分析師來說，它是「私營治理」（private governance）體制，例如公平貿易和企業社會責任。[15]但也有人想像發展一種取決於「在地辯論，藉由全球比較了解情況，在某種公共理性空間裡運作」、負責任的全球行政程序。[16]對許多行動者來說，它意味著國際非政府組織掌握更大的權力。

不言而喻的是，這些新生的全球治理形式至今仍然虛弱。但真正的問題是它們是否可以發展壯大至足以支撐超全球化，並促成真正的全球認同。我認為答案是否定的。我分四步提出我的理由：（一）支撐市場的制度並非只有一種；（二）不同的社群對制度形式有不同的需求和偏好；（三）地理距離阻礙這些需求和偏好趨同；（四）各種制度形式的實驗和彼此競爭是有益的。

支撐市場的制度並非只有一種

指出支撐市場的制度有何功能是相對簡單的事。如我稍早提到，這些制度創造、規範和穩定市場，並使市場正當化。但指明這些制度應該採用什麼形式則完全是另一回事。我們沒有理由認為這些功能只能以特定方式提供，或認為可行的方式相當有限。換句話說，制度功能並非僅對應某種獨一無二的制度形式。

所有先進社會都採用以私有制為主的某種市場經濟體制。但是，歷史上美國、日本和歐洲各國是在顯著不同的制度安排下發展起來。這些差異彰顯在勞動市場、公司治理、社會福利制度和監理方式的不同安排上。這些國家在不同的規則下創造出數量相當的財富，對我們是個重要的提醒：經濟成功並非只有一種藍圖。沒錯，市場、誘因、產權、穩定性和可預測性都很重要，但它們並不要求某種標準方案。

經濟表現波動不定，即使先進國家也不例外，制度方面一時的熱潮因此相當常見。最近數十年，歐洲的社會民主體制、日式產業政策、美國的公司治理和融資模式，以及中國的國家資本體制都曾經相當熱門，直到它們表現轉差，變得比較不受注意。儘管世界銀行和經濟合作暨發展組織（OECD）之類的國際機構致力建立「典範做法」（best practices），模仿制度的努力極少成功。

原因之一是整個體制裡各項要素通常相輔相成，局部的改革因此注定失敗。例如在欠缺勞動培訓計畫和安全網不足的情況下，解除勞動市場管制、方便企業解雇員工，很容易引起反彈。又例如在沒有強大的利害關係人傳統約束冒險行為的情況下，容許金融業者自我監理可能釀成災難。在他們的名著《資本主義的類型》（*Varieties of Capitalism*）中，霍爾（Peter Hall）和索斯凱斯（David Soskice）分辨出先進工業經濟體中兩大類不同體制，他們稱之為「自由市場經濟」和「協調型市場經濟」。[17] 如果我們將目光轉向亞洲，無疑可以找到更多模式。

更根本的原因在於制度設計固有的可塑性。一如昂格（Roberto Unger）強調，我們沒有理由認為目前世上所見的制度差異已經窮盡所有可能。[18]我們期望的制度功能——調和私人誘因與社會最佳值（social optimality）、達致總體穩定、實現社會正義——可用無數種方式產生，唯一的限制是我們的想像力。認為世上有一套典範做法的制度是一種錯誤的觀念。

這並不是說制度安排上的差異不會產生實質後果。制度具可塑性不代表制度總是能發揮應有的作用：世上有許多社會的制度顯然無法為生產、投資和創新提供足夠的誘因，遑論實現社會正義。但即使在相對成功的社會裡，不同的制度設定也往往對不同群體有不同的影響。例如相對於協調型市場經濟，自由市場經濟可以為社會裡創造力最強、最成功的成員提供更好的機會，但也往往造成較嚴重的不平等，並且使勞動階級產生更大的經濟不安全感。費里曼（Richard Freeman）就已經證明，規範較嚴格的勞動市場環境產生較小的所得差異，而且未必會製造出較高的失業率。[19]

我們可以在福利經濟學第二基本定理中找到有趣的相通之處。該定理指出，任何符合柏雷多效率（Pareto-efficient）的均衡狀態都可以是稟賦適當分配下某種競爭均衡的結果。制度安排實際上是決定一個社會使用資源的權利如何分配的規則，它們決定了最廣義的稟賦分配。每一種符合柏雷多效率的結果都可以靠一組不同的規則支撐。而反過來，每一組規則都有可能產生一種符合柏雷多效率的不同結果。（我說有可能是因為「不好的」規則顯然將產生不符合柏雷多效率的結果。）

我們還不清楚我們可以如何在符合柏雷多效率的多種結果中事先作出選擇。正是因為這種不確定性，制度之抉擇相當困難，最好留給政治社群本身處理。

異質性與多樣性

康德（Immanuel Kant）曾寫道，宗教和語言分裂了人類，阻止世界盡歸單一王國。[20] 但導致人類分裂的還有許多其他事物。如我在上一節談到，制度安排顯著影響福利分配和經濟、社會與政治生活的許多其他方面。在許多問題上，我們都無法達成共識，例如平等與機會、經濟安全與創新、穩定與活力、經濟結果與社會和文化價值之間的取捨，以及如何處理制度抉擇的許多其他後果。說到底，偏好不同是反對調和全球制度的主要理由。

想想金融市場該如何規範。我們必須做許多抉擇，例如商業銀行業務是否應該與投資銀行業務分隔？銀行的規模是否應該有限制？是否應該有存款保險？如果是，它應該涵蓋什麼？是否應該容許銀行從事自營交易？銀行應針對自己的交易揭露多少資訊？金融業公司高層的薪酬是否應該由董事會決定，不受法規約束？對資本和流動資金應該有什麼要求？是否應該規定所有金融衍生商品都在交易所買賣?信用評等機構應扮演什麼角色?

這當中的一個核心問題是金融創新與金融穩定之間的取捨。寬鬆的監理方式將造就最大程度的金融創新（開發新金融商品），但代價是金融危機和崩盤的風險上升。嚴格的監理方式可以減少危機的次數和減輕其代價，但代價可能是資金成本上升和許多人無法享受金融創新的好處。這種取捨並無單一理想方案。要求對創新與穩定的取捨有不同偏好的社群全部接受一個方案，或許可以得到降低金融交易成本的好處，但代價是許多社群被迫接受偏離本地偏好的安排。這正是金融監理目前面對的難題：銀行業者推動建立共同的全球規則，許多國家的立法機關和政策制定者則抗拒這種做法。

我們來看食品監理的一個例子。在一九九八年富爭議的一宗案件裡，世界貿易組織站在美國那一邊，裁定歐盟禁止使用某些生長激素飼養的食用牛違反了《食品安全檢驗及動植物防疫檢疫措施協定》（Agreement on Sanitary and Phytosanitary Standards, SPS）。有趣的是，歐盟的禁令並非僅針對進口牛肉，而是連本地出產的牛肉也適用。該禁令看來並無保護主義動機，而是在歐洲消費者團體敦促下制定的，因為這些團體擔心潛在的健康威脅。但是，世貿組織裁定該禁令違反ＳＰＳ有關政策必須基於「科學證據」的要求。（在二〇〇六年一宗類似案件裡，世貿組織也裁定歐盟對基因改造食品和種子的限制違規，理由同樣是歐盟的科學風險評估方式有問題。）

迄今確實沒什麼證據顯示生長激素對健康構成任何威脅。歐盟認為它是奉行「預防原則」，因此可以在科學上存在不確定性時採用比較審慎的做法，而世貿組織的規定並未明確涵蓋這個較廣泛的原則。預防原則顛倒了舉證責任。根據該原則，政策制定者應該思考的問題不是「是否有合理的證據顯示生長激素或基因改造食品可能損害健康？」，而是「我們是否合理地確定它們不會損害健康？」在科學知識尚不明確的許多領域，這兩個問題的答案可能都是否定的。採用預防原則是否合理，取決於當地人厭惡風險的程度，以及潛在的負面影響有多大和多不可逆。

一如歐盟執委會主張（但世貿組織不接受），在這種情況下，監理決定不能純粹以科學為基礎。政治決策綜合整個社會的風險偏好，此時必須起決定性作用。我們可以合理地預期不同的社會將做出不同的決定：有些（例如美國）會選擇低價，有些（例如歐盟）則選擇安全優先。

制度安排是否合適，也取決於國家的發展程度和歷史軌跡。格先克隆（Alexander Gerschenkron）曾提出他著名的觀點：落後國家需要不同於最早工業化國家的制度，例如需要大型的銀行和國家主導的投資。[21] 他的觀點很大程度上已證實正確。但即使在那些快速成長的開發中國家，制度安排也有顯著的差異。在某地證實有效的制度，在其他地方往往不可行。

我們來看最成功的一些開發中國家如何參與世界經濟。韓國和台灣在一九六〇和一九七〇年代均積極利用出口補貼鼓勵企業向外發展，但僅緩慢地開放進口。中國則設立經濟特區，容許當地的出口導向企業按照不同的規則運作——那些規則與國有企業和專注於國內市場的企業必須遵守的不同。智利奉行經濟學教科書倡導的標準模式，迅速減少進口壁壘，迫使本國企業在國內市場與外資公司直接競爭。智利模式如果應用在中國，將造成災難，因為它會導致國有企業數以百萬計的人失業，造成非常嚴重的社會後果。而中國模式用在智利也不會有那麼好的效果，因為智利是個不大容易吸引跨國企業進駐的小國。

艾雷希納（Alberto Alesina）與史波勞雷（Enrico Spolaore）曾探討偏好異質性如何與規模效益互動，內在地決定了國家的數目與規模。在他們的基本模型中，個人對國家提供的公共財（我的說法是制度安排）類型有不同的偏好。[22]公共財服務的人口越多，其單位成本越低。但另一方面，人口越多，覺得國家提供的公共財不合己意的人就越多。小國比較能夠回應公民的需求。司法管轄區（或民族國家）的理想數目，取決於公共財供給的規模效益與偏好差異代價之間的取捨。

艾雷希納與史波勞雷模型的重要洞見是：如果對制度安排的偏好存在顯著的異質性，因應市場規模優化安排（進而消除管轄權四分五裂的情況）就沒什麼道理。這個模型並沒有告訴我們，目前國家的數目是太多還是太少。但它確實暗示，世界政體分裂是我們為（至少原則上）比較能迎合在地偏好和需求的制度安排付出的代價。

距離未死：趨同受限

討論異質性時，我們必須考慮一個重要因素：區分社群的許多差異本質上是內生的。文化、宗教和語言某程度上是民族國家的副產品，這是貫穿民族主義文獻長河的一個古老主題。自勒南（Ernest Renan）以降，民族主義理論家就強調，文化差異並非天生，而是可以由國家政策塑造。教育尤其是塑造國族認同的主要工具。族群有某程度的外生性，但它界定身分認同的力量有多大也取決於民族國家的力量。一名土耳其居民若視自己為穆斯林，他可能是某個全球社群的一員，而一名「土耳其人」則主要是效忠土耳其這個國家。

區分社群的其他特徵，大致也是這樣。如果窮國因為收入低而有特別的制度需求，我們或許可以預期這些差異將隨著各國收入水準趨同而消失。如果各個社會對風險、穩定、公平的偏好各有不同，我們也應該可以預期這些差異將因為跨管轄區的溝通和經濟交流增加而縮窄。今天的差異可能擴大未來的差異。在人們擺脫地方羈絆的世界裡，人們也可能擺脫自身的地方特性和偏見。個體異質性可能繼續存在，但未必與地理空間相關。

以上論點有一定的道理，但另一方面，相當多證據顯示，儘管運輸和通訊費用降低，其他人為障礙也顯著減少，地理距離仍繼續產生顯著的在地化效應（localization effects）。這方面最受矚目的研究之一是迪斯迪亞（Anne-Celia Disdier）和海德（Keith Head）做的，他們研究了歷史上距離對國際貿易的影響。[23]雙邊貿易量隨著貿易夥伴之間的地理距離增加而縮減，是實證貿易文獻中的一個典型化事實（stylized fact）。典型的距離彈性約為−1.0，意味著距離每增加一〇%，貿易量萎縮一〇%。這是相當大的影響。背後的原因想必不只是運輸和通訊費用，還有貿易夥伴之間不夠熟悉和存在文化差異。（這種分析往往會特別剔除語言差異的影響。）

迪斯迪亞和海德做了一項統合分析，從一百〇三篇論文中蒐集了一千四百六十七項距離效應數據，涵蓋不同時間點的貿易流，無意中發現一個令人驚訝的結果：距離因素如今比十九世紀末更重要。距離效應看來是從一九六〇年代起顯著增強，此後居高不下（見圖2.4）。如果真有影響，全球化看來是增強了地理距離對經濟交流的負面作用。伯托隆（Matias Berthelon）和佛朗德（Caroline Freund）的研究確認了這個看似矛盾的現象：他們利用一致的貿易資料集，

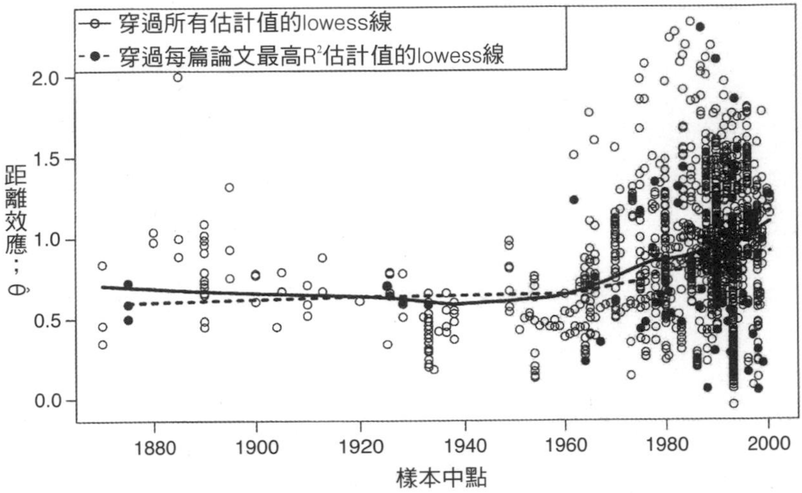

圖2.4　估計隨時間推移而變化的距離效應（θ̂）

資料來源：Disdier, A.-C., and Head, K. 2008. "The Puzzling Persistence of the Distance Effect on Bilateral Trade," *The Review of Economics and Statistics* 90(1): 37–48. 經MIT Press Journals許可。

發現距離彈性（的絕對值）在一九八五至一九八九年間和二〇〇一至二五〇〇年間從−1.7增至−1.9。他們證明這不是因為貿易成分改變（從低距離彈性商品轉向高距離彈性商品），而是因為「距離在將近四〇%的產業對貿易產生顯著且愈來愈強的影響」。[24]

我們暫且放下這個謎團，來看一種完全不同類型的證據。[25]一九九〇年代中，多倫多某郊區一個新住宅開發案經歷了一項有趣的實驗。這些新蓋的房子配備最新的寬頻電訊基礎設施，提供許多新的網際網路技術應用。在化名「網城」（Netville）的這個地方，居民可以使用高速網路、視訊電話、線上點唱機、線上健康服務、線上論壇，以及一系列的娛樂和教育應用程式。這些新技術賦予網城培養全球公民的理想環境。網城居民在許多方面擺脫了距離造成的障礙。他們可以像與鄰居往來那樣與世界各地任何人輕鬆交流，建立自己的全球聯繫，並加入網路空間裡的虛擬社群。預期他們將開始站在全球而非本地立場界定自己的身分認同和利益，看來是合理的。

但實際情況絕非如此。電訊商遇到的問題使網城某些住戶無法連上寬頻網路，研究者因此得以比較有寬頻網路和沒有的住戶，就連網的結果得出一些結論。結果顯示，連網的人不但沒有容許自己的在地聯繫受損，實際上還強化了他們既有的本地社會聯繫。相對於沒有連網的居民，他們認識更多鄰居，與鄰居更常交談，更常探訪鄰居，而且打本地電話的次數也多很多。

他們比較可能組織本地活動和動員社區居民處理共同的問題。他們利用他們的電腦網路促進一系列的社交活動，例如組織烤肉以至輔導本地學童功課。如一名居民表示，網城展現一種你不會在許多社區看到的親近感。本應促進全球參與和網絡的技術，結果反而強化了本地社會聯繫。

還有許多事例證明距離已死是錯覺。一項研究發現網際網路上強大的「引力」（gravity）作用：「即使剔除語言、收入、移民數量等因素的影響，美國人還是比較傾向造訪鄰近國家的網站。」[26]就音樂、遊戲和色情方面的數位產品而言，物理距離增加一〇%會降低美國人造訪網站的機率三三%——距離彈性（的絕對值）甚至高於商品貿易。

雖然運輸和通訊費用已顯著降低，全球貿易商品在哪裡生產往往取決於區域群聚效應。《紐約時報》最近研究為什麼蘋果的iPhone是在中國而非美國製造，答案原來與比較優勢沒什麼關係。中國已經發展出一個由供應商、工程師和專注的工人組成的巨大網絡，這個複合體的非正式名稱是「富士康城」，它為蘋果公司提供的好處是美國無法相比的。[27]

較廣泛而言，隨著商品、資本和科技的市場走向統合，所得與生產力並非總是呈現趨同的傾向。世界經濟的第一個全球化年代製造出國際間的巨大所得差異：工業化國家位居中心，專門提供主要大宗商品的落後地區處於邊緣。經濟趨同在戰後時期同樣是例外而非常態。經濟發展如今可能比以往任何時候都更取決於國內的情況。如果世界經濟產生一種同質化影響，它最多也只是一種局部作用，必須與許多其他反向力量競爭。

以鄰近為基礎的關係就是這樣一種反向力量。許多交易（甚至可能是多數交易）是基於關係而非教科書所講的那種匿名市場。地理距離保護關係。一如利默（Ed Leamer）所言：「地理——無論是物理、文化或資訊意義上的——限制競爭，因為它創造出彼此『相近』的賣家與買家之間具成本優勢的關係。」[28] 但關係也為地理創造出一種角色。一旦作出關係專屬投資（relationship-specific investments），地理就變得更重要。iPhone本來可以在任何地方生產，但一旦與在地供應商建立關係，就會產生鎖定效應（lock-in effects），使蘋果難以轉到其他地方生產。

科技進步對關係的重要性影響不明確。一方面是運輸和通訊費用降低削弱距離對市場關係的保護作用。這對建立跨國遠距關係可能有促進作用。但另一方面，複雜性和產品差異化增加，加上世界從福特式大規模生產轉向新的分散學習模式，則使局限於特定空間的關係相對之下更重要。新經濟的運作仰賴內隱知識（tacit knowledge）、信任及合作，而這些要素仍有賴個人聯繫。如摩根（Kevin Morgan）指出，空間上的廣度不等於「社會深度」。[29]

因為，即使管轄權並非四分五裂，市場區隔仍是經濟生活的一個自然特徵。經濟趨同和偏好同質化都不是全球化的必然結果。

實驗與競爭

最後，因為制度並無固定的理想形式，而且多元是常態而非例外，分裂的全球政體具有一個額外的優點：它造就各種制度形式的實驗、彼此競爭和互相學習。沒錯，反覆試驗各種社會規則、從錯誤中學習可能涉及高昂的代價。但是，國家之間多元的制度已經是現實生活中最接近體制實驗的東西了。奧伯（Josiah Ober）就曾討論西元前八〇〇至三〇〇年間希臘城邦之間的競爭如何促進公民身分、法律和民主方面的制度創新，維繫古希臘的相對繁榮。[30]

制度競爭也可能有其黑暗面。其一是十九世紀的達爾文式國際競爭概念：戰爭是我們達致進步和自我實現的鬥爭。[31]與此對應的現代概念同樣愚蠢，但沒那麼血腥：各國在經濟上互相競爭，全球貿易是一種零和遊戲。這兩個概念都是基於這個信念：競爭是為了引導我們走向一種完美的模式。但競爭有許多不同方式。在「壟斷性競爭」的經濟模型中，生產者不但在價格上競爭，也在產品類型上競爭——致力提供與對手有顯著差異的產品。[32]同樣道理，各國（或管轄區）可以藉由提供不同的制度「服務」（以我稍早討論的向度衡量異同）彼此競爭。

一直以來都有人擔心制度競爭引發沉淪式競爭（race to the bottom）。為了吸引流動的資源（資本、跨國企業、專業技術人才），各管轄區可能降低標準、放寬規則，徒勞地試圖打敗其他管轄區。這種論點同樣忽略了制度安排的多面向性質。比較嚴格的規定或標準往往是為了達成特定目標：它們可以在其他方面創造利益彌補損失。我們或許都希望開車時想開多快就多快，但沒什麼人想遷往對行車速度完全沒有限制的國家，因為那種地方發生致命交通意外的風險大得多。同樣道理，較高的勞動標準可能提高勞工的福祉和生產力，較嚴格的金融法規有助金融穩定，較重的稅可造就較好的公共服務——例如品質較佳的學校、基礎設施、公園和其他設施。制度競爭其實可以鼓勵奮發向上的競爭。

唯一有證據顯示出現了某種沉淪式競爭的領域是公司所得稅。自一九八〇年代初以來，世界各地顯著降低公司所得稅，國際間的稅務競爭在這當中發揮了重要作用。在一項針對經合組織國家的研究中，研究者發現，其他國家如果將它們的平均法定公司稅率降低一個百分點，本國將隨之降低稅率〇．七個百分點。[33] 這項研究顯示，國際稅務競爭僅發生在已經取消資本管制的國家之間。在仍有資本管制的國家之間，資本和盈利無法輕易地跨國轉移，當局並無降低公司稅率的壓力。因此，取消資本管制看來是促使各國降低公司稅率的一個因素。

另一方面，沒什麼證據顯示勞動與環境標準或金融法規方面出現了類似的沉淪式競爭。國家提供的服務（或公共財）本質上局限於特定的地理空間，這往往自然地抑制沉淪式競爭傾向。如果你想享用那些服務，你必須身處那個管轄區。不過，公司稅競爭也提醒我們：成本與效益未必總是剛好互相抵銷。雖然國際貿易並非本地採購的完美替代品，它確實使企業得以在低稅負管轄區服務高稅負市場。如果這種安排含有一種「團結」（solidarity）的動機，而且有明確的再分配作用（一如許多稅務例子），問題就變得特別嚴重。在這種情況下，設法防止「監理套利」（regulatory arbitrage）是可取的，即使這意味著必須收緊邊境管制。

全球公民做什麼？

講回本章開頭英國首相梅伊那句話。所謂「全球公民」究竟是什麼意思？《牛津英語詞典》將「公民」定義為「一個國家或聯邦法律上承認的臣民或國民」。因此，公民身分假定有一個已確立的政體——「一個國家或聯邦」，公民是該政體的成員。世界各國有這種政體，但整個世界則沒有。

全球公民身分的擁護者很快就承認，他們所講的公民不是字面那意思，只是採用其象徵意義。他們認為通訊技術革命和經濟全球化已經凝聚了不同國家的公民。世界已經縮小了，我們做事應考慮自身行動的全球涵義。此外，我們全都有多種身分，而它們互有重疊。全球公民身分並不排擠我們對地方或國家的責任，也不必這樣。

這些想法都很好。但全球公民實際上做什麼呢？

真正的公民身分涉及在一個共同的政治社群中與其他公民互動和商議。它意味著要求決策者承擔責任，而公民也要參與政治以塑造政策結果。在這過程中，我與公民同胞交流意見、互相詰問，商討何謂可取的目標和手段。

全球公民卻沒有類似的權利和義務。沒有人對他們負責，他們也不必向任何人證明自己正確。他們充其量是與其他國家的同道者組成社群。他們的「同胞」不是本國隨處可見的其他公民，而是其他國家自稱「全球公民」的人。

當然，全球公民可以嘗試利用他們本國的政治體系實踐他們的理想。但我們選出民意代表，是希望他們促進選民的利益。各國政府應該照顧本國人民的利益，這是正確的。但這並不排除這種可能：選民奉行開明自利原則，會考慮本國的行動對其他國家的影響。

但如果本國人民的福祉與外國人的利益發生衝突（這是常有的事），那怎麼辦？[34]所謂的世界主義菁英不正是因為在這種情況下漠視同胞的福祉而臭名昭著嗎？

全球公民擔心，如果各國政府都追求自身狹隘的利益，全球共同利益將受損。在真正涉及全球公域的問題上，例如氣候變遷或流行病，這種憂心是有道理的。但在多數經濟領域（賦稅、貿易政策、金融穩定、財政與貨幣管理），在全球層面堪稱明智的做法在國家的層面也是明智的。經濟學教導我們，國家應維持開放的經濟國界、堅持穩健的審慎監理、奉行充分就業政策，但不是因為這些做法有利於其他國家，而是因為它們有助做大本國的經濟大餅。

當然，這些領域確實全都會出現政策失靈的情況（例如保護主義）。但這種問題反映國內治理不濟，而不是欠缺世界主義精神。問題在於制定政策的菁英沒有能力說服國內選民選擇比較好的替代方案，又或者這些菁英不願意做一些必要的調整，確保政策真的可以嘉惠所有人。

在這種情況下（例如推動貿易協定時）躲在世界主義背後，遠不如在政策鬥爭中靠政策本身的優點勝出。這種做法也導致世界主義精神貶值，使我們在真正需要這種精神時（例如對抗全球暖化）失去憑藉。

有關我們（在地方、國家、全球層面上）各種身分認同之間的緊張關係，極少人能像哲學家阿皮亞（Kwame Anthony Appiah）闡述得那麼深刻。他撰文回應梅伊那句話，表示在「地球面臨種種挑戰、各國密切互聯」的這個時代，「我們比以往任何時候更迫切需要建立一種人類共同命運感（a sense of a shared human fate）。」[35] 我們很難不同意這觀點。

但世界主義者往往使人覺得他們就像杜思妥也夫斯基小說《卡拉馬佐夫兄弟》中那個角色：他發現自己越是愛整個人類，就越是不愛個別的人。全球公民必須小心避免他們崇高的目標變成他們對同胞不負責任的藉口。

我們必須活在充滿各種政治分歧的真實世界裡，而不是活在那個我們希望擁有的世界裡。造福全球的最好方式，是在真正重要的政治制度，也就是存在於國境之內的政治制度裡，善盡我們的責任。

誰需要民族國家？

有一項基本取捨左右了制度設計。一方面，關係和偏好的異質性要求治理照顧地方需求，另一方面，市場統合利益的規模和範圍要求提高治理的層次。走極端的角解（corner solution）極少是理想出路。折衷方案，也就是世界分裂為多元的政體，是我們力所能及的最佳結果。

因為未能內化這個簡單的教訓，我們走進一些死胡同。我們推動市場發展至市場治理結構無法支撐的程度。我們制定漠視各地需求與偏好差異的全球規則。我們貶低民族國家，但又未能改善其他層面的治理予以補償。這種失敗是全球化產生許多弊病而我們至今未能有效處理，以及我們的民主體制健康衰退的根本原因。

誰需要民族國家？我們全都需要。

3 歐盟的掙扎

歐元區是個史無前例的實驗：其成員國試圖建立統一的商品、服務和貨幣市場，但政治權力則留在成員國手上。也就是說，歐元區的市場將只有一個，但政體卻有許多個。

歷史上最相似的例子是金本位制度。在金本位制度下，貨幣的價值以固定的比率——所謂的金平價（gold parity）——與黃金掛鉤，國家的經濟政策實際上必須服從維持金平價和資本自由流動的要求。貨幣政策必須確保金平價不受威脅。因為不涉及反循環財政政策或福利國家體制的構想，這種安排導致的政策自主權損失沒什麼政治代價——也有可能這只是當時的表象。首先是英國一九三一年拋棄金本位，而該制度最終瓦解，恰恰是因為在國內失業嚴重的情況下，維持金平價所需要的高利率在政治上變得不可持續。

二戰之後在金本位廢墟上建立起來的制度安排，是有意設計來方便各國政府管理經濟的。

凱因斯對拯救資本主義的非凡貢獻，在於認清一個事實：資本主義需要國家層面的經濟管理。資本主義只能逐個國家有效運作，國家之間的經濟互動必須加以規範，以確保它們不會過度侵犯各國國內的社會與政治協議。

歐洲單一市場計畫斷然違背這種見解，歐洲單一貨幣更是如此。這種跳入險境的做法是否有說得通的道理？這問題值得探討。

我們之前在想什麼？

其中一個理論否定凱因斯學派的觀點，在政策領域重新確立「自我平衡市場」（self-equilibrating market）的神聖地位。最強烈支持該理論的或許是保守派經濟學家。根據這種世界觀，明顯的市場機能失常表現，例如金融與總體經濟劇烈的週期波動、嚴重的不平等和低成長，根本不是市場失靈的後果，而是政府干預太多造成的。只要能擺脫金融市場的道德風險、制度化的勞動市場、反循環財政政策、重稅和福利國家體制，這些問題全都將消失。

這種自由市場天堂論對任何層面的經濟治理都沒什麼用——無論是在國家還是歐洲的層面。根據這種理論，單一市場和共同貨幣將迫使各國政府扮演其適當的角色，也就是幾乎什麼都不做。建立跨國政治制度只會造成干擾，甚至產生顯著的禍害。

第二種理論是歐洲最終將發展出準聯邦政治體制，將成員國的民主制度跨國化。沒錯，單一市場和共同貨幣已經製造出市場統合而政治制度鞭長莫及的失衡問題，但這只是暫時的狀況。假以時日，制度缺口將獲得填補，歐洲將發展出覆蓋整個歐洲的政治空間。整個歐盟一體適用的不僅是銀行和金融業法規，連財政和社會政策也將是這樣。

這種願景假定歐盟中既有的社會模式將顯著趨同。賦稅、勞動市場和社會保險制度上的差異將必須縮窄。若非如此，這些制度將很難安置在一個共同的政治保護傘下，從大致上共用的財政資源中獲得資助。覺得自己與眾不同的英國人深明此理，因此總是追求狹隘的經濟聯盟，抗拒任何含有政治聯盟意味的政策。

這兩種理論，無論是極簡式的前者還是聯邦主義的後者，都不能太公開地宣揚。因為這麼做將招致洶湧的批評和反對。那個極簡式經濟模型的吸引力僅限於經濟學家小圈子。至於聯邦主義模式，則會遇到人們對歐盟政治前景意見紛紜的狀況，甚至連支持歐盟的菁英也大有分歧。這兩種對立但至少內部連貫的立場甚至無法在菁英圈子廣泛討論，我們因此應該認識到，兩者均無法切實解決歐元區的制度失衡問題。但因為欠缺公開的討論和辯論，它們不會被明確地否定。在此情況下，兩者繼續暗中起作用，使其支持者某程度上相信歐盟的制度安排是可持續的。

但是，歐元區的問題——經濟方面是通貨緊縮、失業和經濟停滯，政治方面是選民不滿和極端主義政黨崛起——如今不再容許這種含糊其辭。

結構改革難以兌現的承諾

歐洲當前的問題是如何重振經濟成長。在這問題上，德國和其他債權國堅持答案在於所謂的結構改革——它們堅持這一點太久了。

結構改革——準確點講是有關結構改革的議論——如今無所不在。受經濟停滯困擾的國家似乎都從「清談階級」和財力雄厚的跨國金融機構（如ＩＭＦ和歐洲央行）那裡得到同一個訊息：只做一半的措施是不夠的。

結構改革實際上已成為一個統稱，代表各種提升生產力和改善經濟供給面運作的各種政策。這些措施希望掃除阻礙勞動、商品和服務市場有效運作的因素，方便企業裁減多餘人手，打破企業和工會的壟斷力量，將國有資產私有化，減少管制和繁瑣的手續，取消牌照費和阻礙業者進入市場的其他費用，提高司法效率，維護產權，以及確保合約得以執行等等。事實上，結構改革的政策範圍不僅如此，例如往往還包括改變稅法和社會保障制度以求財政永續。

結構改革的總目標是提升勞動力和資本在經濟體中的分配效率，確保這些資源用得其所，對國民所得產生最大的貢獻。改革成功展現在生產力增強和民間投資增加上，當然也彰顯在經濟成長加速上。

近年結構改革的福音宣傳最熱烈之地，或許莫過於希臘。事實上，希臘的債權人非常明確地表示，大膽構想、切實執行的結構改革對經濟復甦和成長至關緊要——他們也使希臘人確信，如果不進行結構改革，希臘就不會得到紓困資金。

ＩＭＦ和歐洲的公共放款機構明白，他們指定的財政緊縮措施將損害希臘的所得和就業（雖然ＩＭＦ後來一項回顧研究顯示，他們顯著低估了希臘人必須承受的代價[1]）。但他們認為，希臘經濟亟需開放市場競爭，在拖延已久之後這麼做，希臘人將能在經濟上獲得補償。

債權人對希臘的具體要求，有些平淡無奇，有些則令希臘人痛苦不已。這些要求包括減少服務業（例如公證服務、藥房、計程車）的進入障礙；縮減勞工可集體談判的範圍；國有資產私有化；削減養老金；以及清理希臘以效率不彰著稱、堪稱腐敗的稅制（以上舉例順序沒有特別涵義）。當時一些評論者——包括ＩＭＦ首席經濟學家布蘭查德（Olivier Blanchard）——表示，考慮到「希臘在改革之前令人沮喪的生產力成長表現」，這些改革至關緊要。[2] 較為溫和的改革並不可行，因為無法大幅增強成長潛力，未來將導致希臘需要更大規模的債務減免。

局部失憶

但這些開出政策藥方的人似乎患了選擇性失憶。至少從一九八〇年代初以來，就已經有人主張以結構改革作為經濟成長緩慢（或停滯）的藥方。當時世界銀行堅持亞洲、非洲和中東的開發中國家必須推行全面的經濟自由化改革，才可以獲得「結構調整」貸款。在一九九〇年代，當局在拉丁美洲擴充這些政策並加以系統化，統稱為「華盛頓共識」。許多前社會主義經濟體在一九九〇年代開放經濟時，採用了類似政策，當中有些國家是自願的。

任何人認真審視一九八〇年代以來，拉丁美洲、後社會主義經濟體和亞洲國家大量的私有化、解除管制和自由化改革經驗，就不會對雅典被要求忍受的改革那麼樂觀。

那些經驗顯示，結構改革最多只能造就較長期的經濟成長。短期而言，這種改革的影響通常是負面的。一項研究綜合分析四十六篇有關後社會主義經濟體的論文，發現結構改革的影響整體而言相當分歧。改革影響的眾數估計（modal estimate）不具統計意義，也就是我們不可能有把握地得出影響是正面或負面的結論。[3]

例如在拉丁美洲，有些經濟體在改革之後表現出色（譬如智利），有些則表現黯淡（譬如墨西哥）。

這些結果乍看或許出人意表，但其實符合經濟學理論。經濟學家分析各國經濟成長所用的標準趨同框架，使我們沒什麼理由期望出現強勁的短期成長提升效應。結構改革的作用，是提升經濟體的長遠收入潛力。

在希臘，開放受管制的行業最終將造就生產力較強的公司淘汰效率不彰的業者。國營企業私有化將促成生產合理化（拜政治恩庇而受雇的冗員都將失去工作）。這些變化將需要多年時間在經濟體中產生作用。短期而言，它們可能產生負面影響，例如那些在企業私有化之後被裁走的工人無論生產力如何令人失望，因為他們失業而損失的產出也將導致國民所得減少。

經濟學家花了可觀的精力估計各經濟體的所得向其長期水準靠攏的速度。學術研究接近一致的結論是這種速度相當慢，每年約為二%。[4]也就是說，一個經濟體的實際所得與其潛力水準的差距通常是每年縮小二%。

這種估計有助我們評估結構改革可望產生的成長刺激作用。假設我們極度樂觀地假定結構改革將使希臘的所得潛力三年間倍增，屆時希臘人均國內生產毛額（GDP）的潛力水準將顯著超過歐盟的平均水準。應用上述的經濟學研究結果，結構改革未來三年平均每年僅將提高希臘經濟成長約一．三％。跟這個數字相比，別忘了希臘自二〇〇九年以來ＧＤＰ已經萎縮了二五％。

因此，如果結構改革至今在希臘未取得顯著成效，那未必是因為希臘政府懈怠。事實上，要指責連續數屆希臘政府對推行結構改革不夠熱心，而且出現重大失誤，是很容易的事，但這種指責基本上是錯誤的。希臘確實並未認真執行它答應執行的每一項措施，但考慮改革規模如此巨大，哪一個政府能每一件事都做到呢？儘管如此，二〇一〇至二〇一五年間，希臘在世界銀行的經商便利度排名上上升了將近四十名。[5] 該國的勞動市場「靈活」或自由化程度如今高於歐元區多數成員國。希臘的「失敗」源自結構改革的根本邏輯：改革的大部分效益姍姍來遲，並非出現在債權人（和失業的希臘人）最需要這些好處的時候。

經濟起飛？

這留給我們一個顯而易見的難題。東亞和許多其他地區有許多經濟忽然起飛的例子。如果結構改革對經濟成長的助益來得如此緩慢，我們怎麼解釋這些例子？如果這些經濟起飛成就不是傳統結構改革的結果，那它們是怎麼來的？

十年前，郝斯曼（Ricardo Hausmann）、普利切特（Lant Pritchett）和我發表了一篇文章，記錄了有關我們稱為「成長加速」表現的典型化基本事實。[6]我們將成長加速界定為人均經濟產出成長率提高兩個百分點或以上（我們找到的例子多數大幅超過這個門檻）。此外，成長率上升必須持續至少八年，而且加速後人均產出年成長率必須至少達到三．五％，才符合我們設定的成長加速標準。另外，為了排除經濟純粹因為衰退後復甦而出現的成長加速，我們要求加速後的所得水準高於加速前的高點。

我們驚訝地發現，這種成長加速經常發生。我們從一九五七至一九九二年這三十五年間找到超過八十個例子。這意味著任何一個國家十年間經歷成長加速的機率高達二五％。在我們的樣本包含的一百一十個國家中，六十個國家在一九五七至一九九二年間至少曾經歷一次成長加速。

更重要的是，我們發現，經濟學家認為對經濟成長有幫助的標準因素並不能有效預測成長加速。尤其值得注意的是，結構改革與經濟表現的轉折點並不密切相關。只有不到一五％的經濟自由化重要計畫產生成長加速，而只有一六％的成長加速發生前曾有經濟自由化改革。

有些成長加速顯然源自幸運的外部因素（例如國家主要出口商品的國際市場價格上升），又或者是與經濟政策並不直接有關的其他變化造成的（例如政治體制改變了）。但多數例子並無證據確鑿的原因。這促使我們思考在這些例子中，經濟前景為什麼忽然變得比較光明。

印度一九八〇年代初的成長加速可能是個典型例子。該國經濟成長率上升超過一倍：從一九五〇至一九八〇年間的一．七％升至一九八〇至二〇〇〇年間的三．八％，而轉折點顯然出現在一九八一至一九八二年。但印度要到一九九一年才開始推動認真的自由化改革——辛格（Manmohan Singh）大幅減少貿易壁壘，歡迎外資，展開私有化，並且開始廢除被嘲笑為「牌照統治」（license raj）的制度。換句話說，印度的成長加速比一九九一年的自由化改革早了整整十年。

蘇巴曼尼恩（Arvind Subramanian）和我的結論是：印度這次經濟成長加速的觸發因素，是印度聯邦政府一九八〇年改變對民間部門的態度。[7] 在此之前，執政國大黨幾乎只談社會主義和扶貧政策。英迪拉．甘地（Indira Gandhi）一九八〇年再度執政後調整政治立場，親近有組織的私營部門，拋棄她以前的言論。聯邦政府對商界的態度從滿懷敵意轉為友好支持。

注意，這是親商（pro-business）而非親市場（pro-market）的轉變，並無有力的自由化改革支持——這種改革十年後才發生。拉吉夫．甘地（Rajiv Gandhi）一九八四年上台後，英迪拉．甘地開展的轉變以比較明確的方式獲得鞏固。這看來就是釋放印度私部門「動物本能」（animal spirits，這是凱因斯的說法）的關鍵改變。

印度這個故事的教訓是：在受多重扭曲困擾的經濟體中，小小的改變可以產生巨大的作用。中國一九七八年之後的成長加速有力地證明了這一點。中國經濟起飛不是經濟整體改革或大舉自由化的結果，而是源自一些具體的改革：當局放寬集體務農規定，容許農民在完成國家生產任務之後，將多出來的農產品以不受政府控制的市場價格出售。隨後三十年間，中國在城市工業發展、貿易、外來投資和金融方面推行同一類型的選擇性和針對性改革，使中國奇蹟得以持續。

我們也可以看模里西斯的例子。該國一九七一年出現成長加速，是非洲在二十世紀僅有少數經濟成功案例之一。引發模里西斯成長加速的事件，看來是該國成立一個大致不受管制的出口加工區，結果成衣出口業蓬勃發展，而與此同時，該國多數經濟領域仍受嚴格管制和保護。

這些案例的共同點，是經濟起飛與針對性消除經濟成長的關鍵障礙有關，而不是與廣泛的自由化和經濟整體改革有關。印度、中國和模里西斯全都受惠於明智的成長策略，這些策略特別注重消除抑制成長的因素。將改革集中在成長報酬最大的領域，可以將早期效益極大化，並確保珍貴的政治資本和行政資源用在真正重要的戰役上。

最小的代價，最大的效益

在二〇〇五年一篇文章中，郝斯曼、貝拉斯科（Andres Velasco）和我嘗試辨明特定環境下的成長抑制因素。[8]例如一個經濟體的主要成長抑制因素若是難以取得資金，其症狀（利率偏高、國內投資對外資流入反應強烈之類）應該與主要問題在於民間投資利潤微薄的經濟體不同——後者的症狀是利率低迷和銀行體系中流動資金充裕之類。創業活動如果主要受市場失靈而非政府失靈阻礙，則該國在標準的信用指標如透明度或制度品質上或許排名甚高，但民間投資仍將疲弱。

聚焦於成長抑制因素有助我們明白為什麼針對性不強的措施——廣泛的結構改革——在最好的情況下也效果不佳，有時甚至適得其反。如果問題主要是融資困難，減少繁瑣的官僚手續和規定對促進民間經濟活動幾乎毫無作用。如果創業者普遍預期利潤微薄，改善融資效率並不能促進民間投資。成功的政策設計必須主要仰賴國內實驗和本地制度創新，絕不能太倚賴基於國際經驗的「典範做法」和藍圖。

回到希臘的例子，結構改革和財政緊縮進行之際，是什麼因素抑制經濟成長？在四分之一的勞工失業的情況下，重振經濟最快的方法是提高民間部門對勞動力的需求。此時供給面措施，例如傳統的結構改革，不會特別有效，因為抑制成長的因素是在經濟的總合需求而非供給方面。如果既有業者找不到顧客，解除政府對這些行業的管制並不能鼓勵新業者進場。改革勞動法規以方便企業開除員工並不能誘使企業增加投資和生產，只是方便它們裁減人手而已。長遠而言，這些措施或許可以促進經濟成長，但短期而言對經濟沒什麼幫助，甚至可能令情況變得更糟。

傳統的需求面措施如政府增加支出、減稅或本國貨幣貶值，因為希臘公債負擔沉重，而且是歐元區成員國而無法執行。工資普遍下跌原則上可以替代本幣貶值，令希臘的商品和服務在外國市場變得比較便宜。希臘的工資水準確實也大幅下跌了。但即使在這一點上，因為政府未能專注處理抑制成長的因素，希臘還是承受了沉重的代價。

尤其是結構改革中的不同措施對出口競爭力的影響互有衝突。例如在製造業，勞工減薪對競爭力的提振作用因為能源價格上升導致成本增加而被抵銷了——能源加價是國家財政緊縮和國營企業調整價格的結果。[9] 如果改革策略能顧及各種措施的輕重緩急，出口活動或許就能避免受這種負面影響打擊。

無法將本國貨幣貶值仍是希臘經濟復甦的一個嚴重障礙。但其他國家的經驗顯示，促進出口還有許多其他可用的手段，包括提供租稅誘因、建立經濟特區，以及推出針對性的基礎建設計畫。希臘及其債權人早應認識到，改善貿易財貨與服務（tradable goods and services）生產部門的營利能力是非常重要的優先要務；他們應該圍繞著這個首要任務重新組織改革計畫。

例如希臘政府可以設立一個與總理關係密切的機構，負責促進政府與出口導向計畫國內外潛在投資人的對話。這個機構應有權力和能力清除這過程中辨明的障礙，避免其建議一直擱置在有其他要務的政府部門。這些障礙往往是相關投資計畫遇到的非常具體的問題（例如土地規劃法規問題，以及欠缺勞工培訓方案之類），不大可能是廣泛的結構改革會具體處理的。這些問題需要一個政府機構專門負責辨識，而且有能力解決。一些觀察希臘經濟的人貶低促進出口的價值，認為希臘的貿易財貨與服務不夠多樣，因此不大可能對出口誘因有顯著反應。但其他國家的經驗清楚顯示，出口偏少和多樣性不足並非不可改變。即使出口僅限於若干傳統農產品，出口誘因可觀和可信的改革也可以引發有力的反應。台灣的貿易在一九六〇年代初起飛之前，也只是出口糖、米等少數商品。

希臘鄰國土耳其一九八〇年代初改革之前，該國菁英普遍對本國出口前景感到悲觀。當年的改革主要是提供出口補貼，而這些措施使土耳其出口對GDP的比率快速上升。在台灣、土耳其和若干其他國家，帶動出口表現的是新的出口商品而非傳統產品。在確實提供誘因之前，我們沒有簡單的方法預測那些新的出口商品將是什麼。但這種不確定性不應成為我們對新的熱門出口商品將出現不抱希望的理由。

何時承受代價

說到底，改革方式基本上只有兩種選擇。傳統結構改革議程有賴「大爆炸」（big bang）——改革措施愈多愈好，執行速度愈快愈好。在政治上，這種做法往往是利用經濟危機創造的機會之窗——改革派擔心經濟一旦回歸常態，改革機會就會消失。人們願意忍受大爆炸的代價（失業加重、復甦緩慢），是因為期望日後得到可觀的利益。如果有某種外部依靠可以防止改革因為短期代價加重而倒退，大爆炸改革比較有望取得最佳成效。

一九九〇年代初的波蘭堪稱大爆炸改革模範。在與西方隔離半個世紀之後，加入歐盟和成為「正常歐洲國家」的希望使波蘭得以堅持改革，儘管改革初期出現高失業和經濟嚴重失調的問題。

但在沒有外部依靠的情況下，嚴厲的改革就真的可能因為反彈強烈而夭折。一九八〇和一九九〇年代拉丁美洲的玻利維亞和委內瑞拉就是這樣。

第二種方式是按照一定的順序針對性處理抑制成長的因素，比較沒那麼雄心勃勃。這種改革方式的政治策略是：及早取得成果，可為改革（和改革者）爭取到未來需要的政治支持。如果改革能辨明和針對抑制成長的因素，早期的成長效益可以相當驚人。

中國是這種改革方式的模範，但韓國、台灣和印度也曾於不同時期採用這種做法。因為是局部改革，這種改革一直無法真正擺脫內部人士（也無法杜絕內部人士利用市場力量和政治關係獲取利益）。這些內部人士往往對繼續改革毫無興趣。因此，這種改革總有中途受阻，以致早期的成長效益無以為繼的風險。

希臘採用了大爆炸方式——與其說這是該國的選擇，不如說債權人令希臘別無選擇。如果說改革結果至今令人失望，其原因是一早就應該預料到的。希臘人顯然渴望留在歐元區（又或者說他們害怕脫離歐元區），但這是否足以支持希臘人熬過未來將經歷的折磨，我們且拭目以待。

廣泛的結構改革中長期而言或許非常可取，但對解決需求不足的短期問題幾乎毫無幫助。以旨在提升生產力的供給面改革處理這問題注定徒勞。真正有用的是老派的凱因斯主義：利用政策提振整個歐元區的需求，刺激債權國（尤其是德國）增加支出。

回到政治與民主問題

這種經濟誤診背後的另一個核心問題，是歐盟欠缺整體的民主問責制度。只要嚴厲政策的代價主要是由失業嚴重的負債國承受，德國選民就幾乎不可能改變心意、放棄財政緊縮的要求。因此，歐盟欠缺跨國政治制度導致經濟危機惡化，結果進一步破壞高失業國家的國內政治。歐盟並無機制可以迫使德國決策者將他們的決定對歐元區其他國家造成的代價內化。沒錯，即使站在維護德國自身經濟利益的立場，撙節政策仍是短視的。但事實仍是：承受後果的主要不是德國人。

較長期而言，德國人主張的結構改革確實大有道理——政治上和經濟上都是這樣。說到底，歐洲經濟聯盟要行得通，成員國在結構和制度（尤其是勞動市場制度）方面的差異確實必須縮窄。歐盟國家若想長期留在一個大家庭裡，彼此必須變得比較相似。

我們必須充分認識這種結構趨同為何必要。原因並非如許多經濟學家假定，世上有某種本質上優越的經濟社會模式。真正的原因是：統一的共同市場要有效運作，正當性至為重要。如果市場結果看來是反映結構差異（通俗的說法是如果欠缺公平的競爭環境），正當性將愈來愈難維持。如果我生意虧損是因為競爭對手節儉、勤勞或才智出眾，我可能會勉強接受現實。如果我生意虧損是因為另一個主權國家勞動標準較低、政府補貼較多或法規執行不力，我就很可能會認為問題在於體制本身。我或許願意在其他國家的人民陷入困境時伸出援手，但如果我這麼做看來是在支持那些人「不負責任」或「不恰當」的經濟政策，支持與我國不同的經濟和社會安排，我就可能不願意。

跨國團結某程度上或許可以減輕這種不公平的感覺，尤其是如果其他國家的受益人比較貧窮（因此比較值得受助）的話。但這種團結即使存在，也不大可能獨力承受巨大的制度差異對市場造成的負擔。

經濟聯盟中成員國制度必須趨同的主張，遠非僅限於財政和金融制度統合。不過，它對共同的制度最終應如何安排並無確定的答案。它無疑並未暗示歐盟其他國家應該向德國的社會模式靠攏。共同的制度應該如何設計，是個需要民主審議和民主決策的問題。

我們在這裡又再看到，歐盟需要整體的民主制度。制度融合的問題越是在負債國相對弱勢的情況下靠命令或脅迫處理，未來的危險越大。危險之一是有些國家將投入不合適的制度安排，然後最終摒棄這些制度。另一種可能是一旦情況回到相對正常的狀態，之前的安排就遇到強烈的反彈。還有一種危險是整個聯盟欠缺檢討和修正機制，因此陷入已不再合宜的制度安排，動彈不得。

短期和長期而言，欠缺跨國民主機制都會製造出惡性循環——我們如何擺脫當前的經濟危機？如何創造持久的歐盟整體制度安排？無法超越國家主權不但已經加重了希臘的危機，也加重了歐洲的整體危機。

主權、經濟聯盟與民主

真正的經濟聯盟受涵蓋整個聯盟的政治制度支撐。如果歐盟是真正的經濟聯盟，希臘和西班牙等國家的財政問題不會變得像現在這麼嚴重，令聯盟本身的生存也受威脅。在美國，佛羅里達州因為住了很多靠其他地方的福利給付生活的退休人士，該州對其他各州的經常帳赤字想必巨大，但沒有人會追蹤觀察這個數據。佛羅里達州政府如果破產，佛羅里達州的銀行將繼續正常運作，因為它們是受聯邦而非州政府管轄。佛羅里達州的銀行如果破產，該州財政不受影響，因為銀行監理最終是聯邦政府機構的責任。佛羅里達州勞工失業時，是從華府那裡獲得失業給付。佛羅里達州選民對經濟感到絕望時，不會在州首府暴動；他們會對他們在國會的代表施壓，要求聯邦政府改變政策。美國各州絕對沒有主權太多的問題。

限制主權行使權力並非必然不民主。政治學家談論「民主授權」——主權國家可能希望

（藉由國際承諾或授權給自主運作的機構）自我約束，以便達致更好的結果。國家將貨幣政策授權給獨立的中央銀行是這種運作的原型例子：為了維持物價穩定，國家將貨幣政策的日常管理隔離在政治運作之外。

但是，即使選擇性限制主權或許可以提升民主表現，沒有人可以保證市場統合涉及的所有限制都可以產生這種作用。在國內政治運作中，授權安排必然審慎，而且僅限於問題高度技術性、黨派分歧不大的若干領域。真正強化民主的全球化安排也尊重這些界限：限制主權行使權力必須符合民主授權原則，此外也可能奉行有助強化各國國內民主審議的若干程序規範（例如透明、問責、代表性和運用科學證據之類）。我在本書最後部分討論全球化的改革時，將回到這一點。

但歐洲不是奉行輔助原則（principle of subsidiarity）嗎？這原則不是將歐盟的權力限制在必須跨國處理的事務上，因此兼容地方自治和單一市場嗎？輔助原則本身完全沒問題。但最近這場危機已經使我們清楚看到，歐洲經濟統合留給國家主權的空間真的非常有限。問題已經不再是開放國界，容許商品、服務、資本和人員自由流動。單一貨幣和統一的金融市場也要求調和勞動市場規則、銀行和金融法規、破產程序，以及許多財政政策。歐元區的民族國家或許不會因此消失，但站在政治／政策的角度，它們基本上將空洞化，必須藉由擴大跨國政治空間加以彌補。

歐盟在危機爆發後迄今的制度改革（建立銀行業聯盟、收緊財政監督）遠遠未能滿足需要。這些改革集中在受危機直接影響的領域，這是可以理解的。但在許多方面，這些改革已經加深了歐盟的民主赤字。它們使涉及整個歐盟的安排變得更加技術官僚，更難問責，與歐洲選民更加疏遠。在歐洲議會這個歐洲獨有的政治空間裡，反歐盟團體的勢力實際上有所壯大，部分原因正是民主赤字擴大了。

歐洲的困境

一如美國的例子顯示，交出主權但不放棄民主是有可能的——佛羅里達、德州、加州和其他各州正是如此。但要結合市場統合與民主，就必須創造具代表性和可問責的超國家政治制度。否則隨著經濟統合限制各國表達其政策偏好，而區域或全球層面又沒有擴大民主空間加以補償，民主與全球化之間的衝突將變得尖銳。歐洲在這方面已經陷入困境。

這正是我所稱的世界經濟的政治三難：全球化、民主和國家主權不可同時兼得，必須三選二。這困難在歐洲至為清楚。如果歐洲的領袖想維持民主，他們必須在建立政治聯盟或容許經濟聯盟瓦解之間作一選擇。他們必須明確聲明放棄經濟主權，又或者積極運用經濟主權造福本國公民。如果選擇前者，他們必須向自己的選民坦誠說明一切，並在高於民族國家的層面建立民主空間。如果選擇後者，那就必須放棄貨幣聯盟，以便能夠運用國家的貨幣和財政政策成就較長期的復甦。

有些人提議以折衷方案拯救歐元區的民主——在國家層面留一點民主，在歐盟的層面增加一點民主。他們忽略了經濟聯盟的極端性質。這種折衷方案用在有限的或受管理的經濟相互依賴關係上或許可行；但如果個別國家實際上交出全部的經濟管理權力（建立經濟、金融和貨幣聯盟就必須這樣），這種折衷方案就無法滿足需要。

此一抉擇拖延越久，最終必須付出的經濟和政治代價就越大。

歷史與鴕鳥心態

一直以來，歐洲政界人士本能地否認必須做這種取捨。法國國會二〇一二年辯論歐洲的新財政條約時，該國社會黨政府強烈否認核准該條約將損害法國主權。總理艾侯（Jean-Marc Ayrault）堅稱，該條約「完全不限制公共支出水準，財政主權仍在法蘭西共和國議會手上。」

在艾侯努力安撫他滿懷疑慮的同僚（包括許多本黨人士）之際，歐盟競爭委員會專員阿爾穆尼亞（Joaquin Almunia）在布魯塞爾向他的社會民主派夥伴發出了類似訊息。他表示，若想成功，歐洲必須證明那些認為全球化與國家主權有衝突的人錯了。

要創造一個真正的歐洲政治空間，先決條件之一是將主權轉移給超國家實體。沒有人喜歡讓出國家主權，左派和右派從政者都不喜歡。但是，歐元區要生存下去，有賴大幅限制成員國的主權。歐洲的領袖否認這個顯而易見的事實，是在誤導他們的選民，拖延民主政治全歐化，並使歐洲最終必須承受的政治和經濟代價變得更高昂。

我們來看希臘二〇一五年七月的公投：希臘選民斷然拒絕外國債權人（歐洲央行、IMF、以德國為首的其他歐元區國家的政府）的要求，不願執行進一步的撙節措施。無論這個決定在經濟上是否明智，希臘人民發出了響亮和明確的聲音：我們受夠了！

許多人視此次公投結果為民主明確的勝利——當時希臘總理齊普拉斯（Alexis Tsipras）及其支持者正是這麼說。但希臘人所稱的民主，在同樣民主的許多其他國家卻被視為不負責任的單邊主義。歐元區其他國家沒什麼人同情希臘人的立場——如果這些國家也舉行公投，結果無疑將是民眾壓倒性支持繼續強迫希臘奉行撙節政策。

此外，不同情希臘的並非只是債權大國（如德國）的人民。在歐元區相對貧窮的成員國，憤憤不平是特別普遍的情緒。你在斯洛伐克、愛沙尼亞或立陶宛街頭隨便找個人問，得到的反應很可能就像這名拉脫維亞養老金領取者所言：「我們已經受到教訓──為什麼希臘人不能吸取同一教訓？」

或許歐洲人不夠了解希臘人承受的苦難和撙節政策對這個國家的損害。確實，如果掌握更充分的資訊，許多歐洲人可能會改變立場。但民主運作仰賴的輿論力量極少在理想的情況下形成。事實上，希臘公投本身就是一個好例子：原始的感情和憤慨輕易壓倒了有關經濟成本與利益的理性盤算。

必須記住的是：在希臘這個例子中，債權人並非一群寡頭掌權者或富有的私營銀行業者，而是歐元區其他國家、必須向本國選民民主問責的政府。（這些國家的政府借錢給希臘以便本國銀行業者的放款可以獲得償還，這麼做對不對是值得討論的另一個問題。）與其說這是希臘人民與銀行業者之間的衝突，不如說這是歐洲民主國家之間的衝突。

希臘人在公投中拒絕債權人的要求，是重新確認了他們的民主。但此事還有更進一步的涵義：希臘人實際上也是向世人宣稱，希臘的民主比歐元區其他國家的民主更重要。換句話說，希臘人是藉此維護他們的國家主權──他們作為一個國家，決定自身經濟、社會和政治道路的權利。如果希臘此次公投是某種勝利，那就是國家主權的勝利。

這正是此事對歐洲如此不祥的原因。歐盟是建立在國家主權長期而言將逐漸消失的預期上，歐元區更是如此。當局極少表明這一點，畢竟沒什麼人想放棄主權。但隨著經濟統一縮窄每一個成員國的運作空間，當局希望各國減少採取行動。希臘公投或許是最終確認了這只是一種妄想。

熟知經濟史者都知道這種緊張關係早年的一個經典案例：英國一九三一年放棄金本位制度。英國一九二五年犯了大錯，恢復金本位卻讓匯價嚴重損害經濟競爭力，導致英國隨後幾年受通貨緊縮和失業率上升困擾。煤、鋼鐵和造船業大受打擊，勞資衝突變得十分激烈。即使失業率升至二〇％，英國央行仍必須維持高利率以免黃金大量外流。最後，與日俱增的壓力促使英國於一九三一年九月放棄金本位。

這不是金本位制度下第一次出現這種情況：國家為了維護金融誠信，被迫犧牲實體經濟。這一次不同之處，在於英國已成為比較民主的社會：勞動階級已經藉由工會組織起來，獲得投票權的民眾自第一次世界大戰結束以來增加了三倍，大眾媒體報導一般人的經濟困境，社會主義運動伺機而動。雖然央行官員和他們的政治主人有自己的本能，但他們也明白，他們已不再能夠對經濟衰退和失業的嚴重後果無動於衷。

更重要的是，投資人也明白這一點。金融市場一旦開始質疑政府維持固定匯率的承諾是否可信，市場就成為一股威脅穩定的力量。匯率可能守不住的任何跡象都將促使投資人和儲蓄者採取行動，將資金撤離英國，進而促成英鎊崩盤。

一九九〇年代末阿根廷也發生類似的事。阿根廷一九九一年之後的經濟策略支柱是《兌換法》，該法律將阿根廷披索兌美元的匯率設定為一比一，並禁止限制資本流動。根據阿根廷經濟部長卡瓦洛（Domingo Cavallo）的設想，《兌換法》既是駕馭經濟的工具，也是經濟成長的引擎。該策略起初運作良好，帶給阿根廷亟需的物價穩定。但一九九〇年代還未結束，阿根廷就噩夢重演，而且情況惡劣。

亞洲金融危機和巴西貨幣一九九九年初貶值，使得阿根廷披索匯價看來顯著偏高。愈來愈多人懷疑阿根廷償還外債的能力，市場信心崩潰，阿根廷的信用評等很快就跌至低於某些非洲國家。

阿根廷難逃一劫，最終不是因為該國領袖政治意志不足，而是他們沒有能力將愈來愈嚴苛的政策強加在本國選民身上。事實上，阿根廷政府願意為了不失信於外國債權人，毀棄與國內各方（公務員、養老金領取人、省政府、銀行存戶）的契約。但投資人愈來愈懷疑阿根廷國會、各省和一般民眾會否忍受撙節政策以便國家能繼續償還外債。隨著阿根廷各地爆發大規模的抗議，投資人的擔心證實是正確的。二〇〇二年初，阿根廷廢止《兌換法》，披索貶值。

但有時困境也有別種結局。例如若干年後，拉脫維亞發現，它遇到與阿根廷相似的經濟困難。拉脫維亞二〇〇四年加入歐盟之後，在大舉對外舉債和國內出現房地產泡沫的情況下，經濟快速成長。該國出現了巨大的經常帳赤字，外債負擔也增至與希臘相若的水準。可以預見的是，二〇〇八年全球金融危機和資本流動忽然逆轉，使拉脫維亞經濟陷入可怕的困境。隨著放款和房價崩跌，拉脫維亞失業率上升至二〇%，二〇〇九年GDP萎縮一八%。二〇〇九年一月，該國爆發蘇聯解體以來最嚴重的騷亂。

一如當年的阿根廷，拉脫維亞採用固定匯率（該國貨幣二〇〇五年起與歐元掛鉤），並容許資本自由流動。但與阿根廷不同的是，拉脫維亞政界熬過了難關，並未將本國貨幣貶值，也未引進資本管制。

拉脫維亞的政治成本與利益考量之所以不同於阿根廷，與之前波蘭的情況類似：因為有望達成加入歐元區這個最終目標，拉脫維亞決策當局排除了可能危害這個目標的所有選項。這使得他們的行動更加可信，儘管他們必須承受巨大的經濟和政治代價。

雖然有拉脫維亞的例子，民主國家發現，經濟和貨幣統合使它們別無選擇時，財政緊縮的苦藥實在難以下嚥。全球化與國內政治發生衝突時，精明的投資人會押注地主隊勝出。對國家主權的壓制只能到此為止。

馬克宏能成功嗎？

馬克宏在二〇一七年五月的法國總統選舉中擊敗瑪琳．雷朋，是所有支持開放、自由民主社會和反對排外仇外的人迫切需要的好消息。但是，反右翼民粹主義的鬥爭遠未取得勝利，歐洲的前景仍不明朗。

雷朋在總統選舉第二輪投票中得票超過三分之一，雖然除了她自己的國民陣線，支持她的政黨只有杜邦艾尼昂（Nicolas Dupont-Aignan）的小黨法蘭西崛起黨。此外，此次選舉投票率低於以往的總統選舉，意味著很多選民不滿到不願意投票。如果馬克宏在其五年任期內執政失敗，雷朋將大舉捲土重來，而排外民粹主義勢力在歐洲和其他地方將變得更強大。

作為一名候選人，馬克宏不屬於某個傳統政黨在當前這個反建制年代是有利條件。但作為總統，這卻是馬克宏必須克服的重大劣勢。他的共和前進黨是全新的政黨。他必須在二〇一七年六月的國民議會選舉之後，從零開始建立議會多數力量。

馬克宏的經濟理念不容易定性。在總統競選期間，他常被指責缺乏具體內容。對左派和極右派來說，馬克宏是新自由主義者，其主張與辜負了歐洲、使它陷入當前政治僵局的主流撙節政策沒什麼差別。法國經濟學家皮凱提（Thomas Piketty）就指馬克宏代表「昨日的歐洲」。[10]

皮凱提支持社會黨總統候選人阿蒙（Benoit Hamon）。

馬克宏的許多經濟計畫確實有新自由主義的味道。他矢言將把公司所得稅率從三三・五%降至二五%，砍掉十二萬個公務員職位，維持政府財政赤字在歐盟規定的上限之內（GDP的三%），並提高勞動市場的彈性（這是讓企業更容易炒掉員工的委婉說法）。但他也承諾維持養老金給付，而他偏好的社會模式看來是北歐式彈性安全（flexicurity），結合高水準的經濟保障和基於市場的誘因。[11]

這些措施對創造就業都幫助不大，短期內肯定沒什麼作用，但創造就業是攸關馬克宏總統任期成敗的關鍵挑戰。就業是法國選民最關心的問題，創造就業將是新政府的首要任務。自從歐元區危機爆發以來，法國失業率居高不下，達到一〇%——二十五歲以下人口失業率更是接近二五%。如我們所見，傳統的結構改革對就業的影響是微弱和模糊的，尤其是在需求低迷的時候。基本上沒有可靠的證據顯示，勞動市場自由化可以促進就業——除非法國經濟的總合需求同時獲得顯著的激勵。

馬克宏經濟計畫的其他部分正是在這裡派上用場。他已經提出一個為期五年、耗資五百億歐元（五百四十六億美元）的刺激方案，內容包括投資在基礎建設和綠色科技上，以及擴大失業者培訓計畫。該方案本身不夠進取，其金額僅為法國年度GDP的二%多一點，可能無法顯著促進法國整體就業。

馬克宏比較有雄心的構想，是向建立歐元區財政聯盟邁出一大步，建立一個共同的財政部，並任命單一財政部長。他認為這將造就永久的財政移轉，使歐元區較強的國家得以補助那些被歐元區的共同貨幣政策損害的國家。歐元區的預算將由成員國的稅收提供資金。獨立的歐元區議會將負責政治監督和問責。這種財政統一安排將使法國之類的國家得以在不違反財政規定的情況下增加基礎建設支出，促進就業。

以更深層的政治統合為靠山，建立財政聯盟，具有重大意義。它代表一條連貫的道路，可以使歐元區擺脫當前的困境。但是，馬克宏毫不掩飾的歐洲主義政策並非只是政治或原則的問題。它們也攸關馬克宏經濟計畫的成敗。如果沒有更大的財政彈性或來自歐元區其他國家的財政移轉，法國不大可能很快解決其就業難題。因此，馬克宏的總統任期能否成功，很大程度上取決歐洲各國能否有效合作。

由此就講到德國。梅克爾對法國總統選舉結果的初步反應並不令人鼓舞。她祝賀「背負數千萬法國人希望」的馬克宏，但也表示，不會考慮改變歐元區的財政規則。[12]即使梅克爾——或未來由社會民主黨的舒爾茲（Martin Schulz）領導的德國政府——願意配合馬克宏的改革意向，德國選民是否支持仍是問題。德國政界之前將歐元區危機說成是一種道德故事（一邊是節儉和勤勞的德國人，另一邊是揮霍和奸詐的負債者），而不是成員國相互依賴產生的問題，未來要說服德國選民支持任何形式的歐元區共同財政安排，都將相當棘手。

馬克宏非常清楚他在德國那邊面對的困難。他預料到德國的反應，因此反駁道：「你不能說：『我支持強大的歐洲和全球化，但誓死反對建立財政移轉聯盟。』」他認為那種立場將導致分裂和反動的政治：「如果沒有財政移轉，邊陲將無法向核心靠攏。這會製造分裂，使極端主義者得勢。」[13]

法國雖然不是歐洲的邊陲國家（至少目前還不是），但馬克宏向德國發出的訊息是清晰的：你們必須幫助我，我們攜手建立一個真正的聯盟——經濟上、財政上、最終政治上的聯盟，否則我們將在極端主義勢力的攻擊下崩潰。

馬克宏幾乎一定是對的。（第三種可能是如我所言，刻意縮減經濟統合的程度。）希望歐洲維持單一市場和健康民主制度的人，必須期望馬克宏當選法國總統之後，德國人將改變心意。

歐盟前景如何？

二〇一七年三月，歐盟慶祝締結《羅馬條約》六十週年；該條約建立了歐洲經濟共同體，為歐盟奠下基礎。確實很值得慶祝：經歷了多個世紀的戰爭、動盪和大規模的殺戮之後，歐洲如今是和平民主的地方。在當前這個不平等的年代，歐洲國家的所得差距是世上最低的。此外，歐盟已經成功引導十一個前社會主義國家轉型，將它們納入了歐盟的版圖。

但這些成就已成過去。如今歐盟深陷存在危機（existential crisis），前途非常不確定。症狀隨處可見：英國脫歐，希臘和西班牙青年失業率高得可怕，義大利陷入債台高築和經濟停滯的困境，民粹主義運動興起，多個國家出現針對移民和歐元的反彈。它們全都指向一個方向：歐洲的制度需要重大改革。

歐洲各國的民主制度若想恢復健康，經濟統合與政治統合就不能一直脫節。政治統合必須追上經濟統合，否則經濟統合的程度就必須收縮。歐盟只要繼續迴避這個抉擇，就無法擺脫功能失調的狀態。

面對這個艱難的問題，歐盟成員國很可能將作出經濟與政治統合程度各有不同的選擇。這意味著歐洲必須發展出適當的制度安排，彈性地兼顧這些差異。

打從一開始，歐盟就建立在一種「功能主義」理論上。該理論假定，經濟統合之後，政治統合也將水到渠成。歐洲經濟共同體的締造者、曾任法國總理的舒曼（Robert Schuman）一九五〇年表示：「歐洲共同體不會一蹴而就，或根據單一計畫建設。我們將仰賴一些具體的成就先創造出實質團結（de facto solidarity），在此基礎上建立共同體。」此論認為先建立經濟合作的機制，將可為較廣泛的政治體制奠定基礎。

這種做法起初運作良好。它使經濟統合得以持續領先政治統合一步，但又不至於領先太多。一九八〇年代之後，歐盟向前跳了一大步，躍進一種前景不明的混沌狀態。它決定採用單一市場方案，統一歐洲各國的經濟，削弱妨礙商品、服務、人員和資本自由流動的成員國政策。歐元統一歐盟部分成員國的貨幣，是這種政策合理的延伸。這是歐洲範圍內的超全球化。

如本章開頭提到，有關歐盟這種做法為何可行，有兩種不同的思路。許多經濟學家和技術官僚認為歐洲各國政府對經濟的干預已變得過度，深度的經濟統合和單一貨幣將約束過度活躍的政府。站在這個角度，歐洲統合過程中經濟與政治進度失衡是一種特色而非缺陷。另一方面，許多務實的政界人士確實承認，這種失衡可能造成問題，但他們假定功能主義最終將及時發揮作用。只要有充裕的時間，支撐單一市場所需要的準聯邦政治體制將會發展出來。

歐洲主要大國在這過程中發揮了它們的作用。法國人認為將經濟權力轉移給布魯塞爾的官僚，將能增強法國在全球舞台上的國力和威望。德國人跟隨法國人，藉此換取法國支持德國統一。

但其實有另一種選擇：歐洲可以建立一種社會模式，容許它隨著經濟統合發展。在此情況下，必須統合的不僅是市場，還有社會政策、勞動市場制度和財政安排。歐洲社會模式的多樣性，加上擬定共同規則之困難，將自然限制歐洲統合的速度和範圍。這不但不是一種缺點，還可以產生正面作用，糾正歐洲統合的速度和範圍。我們或許將因此得到比較小的歐盟，但各成員國將更深度統合。又或者歐盟的成員國將一如現在這麼多，但經濟統合的程度低得多。

雖然馬克宏提出了他的主張，但如今在歐盟內部考慮財政和政治統合可能為時已晚。我撰寫本章時，支持民族國家交出權力的歐洲人不到五分之一。[14]

樂觀者可能會說，這與其說是歐洲人厭惡布魯塞爾或史特拉斯堡本身，不如說是因為在公眾心目中，「更加歐洲」（more Europe）意味著技術官僚專注於維持單一市場，欠缺吸引人的替代模式。或許新的領袖或政治組織將能勾勒出這種模式，使人對改革之後的歐洲融合大計感到興奮。

另一方面，悲觀者則希望，在柏林和巴黎權力走廊某些幽深的角落，經濟學家與律師正在準備秘密的後備方案，以便在歐洲經濟聯盟必須馬上收縮時派上用場。

4 工作、工業化與民主

不久之前，經濟分析師對開發中國家的經濟成長前景非常樂觀。在這些分析師看來，美國和歐洲未來充其量只能維持疲軟的經濟成長，新興市場則將延續全球金融危機爆發前十年的強勁表現，因此將成為全球經濟的引擎。

例如花旗集團的經濟分析師就提出大膽的結論：世界經濟廣泛持續成長的條件空前有利；在亞洲和非洲開發中國家帶領下，全球經濟產出將保持快速成長到二〇五〇年。會計師事務所暨顧問公司普華永道（PwC）預測，中國、印度和奈及利亞人均GDP將持續快速成長，到二十一世紀中葉都可以保持每年四．五％以上的成長率。麥肯錫公司替長期以來與經濟失敗同義的非洲去除污名，稱之為「雄獅前進」之地。

但如今這種樂觀言論已經消失，取而代之的是對經濟學家所稱的「大放緩」（the great

slowdown）之憂慮。中國和印度經濟成長已經放緩，巴西和土耳其深陷政治危機。拉丁美洲國家的成長表現是多年來最弱的。人們不再樂觀，變得滿懷疑慮。

當然，正如以過去十年的強勁成長推斷未來經濟也將如此並不恰當，我們對短期的波動也不應過度解讀。不過，我們有很強的理由相信，在未來數十年，經濟快速成長將是例外而非常態。

為明白此中原因，我們必須了解「成長奇蹟」是如何產生的。那些國家的經濟持續快速成長，並非像上一章提到的一些國家那樣，只是在有限的時間裡加速成長。除了受惠於豐富天然資源的少數小國，這些成功的經濟體得以快速成長，全都有賴迅速工業化。如果世人對所謂的東亞經濟秘訣有共識，那就是日本、韓國、新加坡、台灣和（當然不能漏掉的）中國全都非常擅長將在農村投身於非正式經濟的本國勞動力轉移到有組織的製造業。早年經濟成功趕上世界先進水準的國家，例如美國或德國，也是這樣。

製造業使落後國家能迅速追趕先進國家，因為複製採用外國生產技術相對容易，即使受制於多種不利因素的窮國也是這樣。我的研究顯示，無論政策、制度或地理條件如何，製造業往往能以每年約三%的速度，縮窄所在國家與技術先進國家的差距。[1] 因此，那些能將農民變成工廠工人的國家可以獲得巨大的成長紅利。

有些現代服務活動確實也能縮窄生產力差距。不過，多數高生產力的服務需要廣泛的技術和制度能力，而這些條件在開發中經濟體僅能逐漸發展出來。一個窮國不難在許多製造業領域與瑞典競爭，但要在制度上趕上瑞典，則需要好幾十年，甚至是多個世紀。

印度就示範了在發展的早期階段仰賴服務業而非工業的局限。該國在資訊科技服務方面（例如軟體和客服中心）已經建立了非凡的實力，但多數印度勞工欠缺投身這些行業所需要的技能和教育。在東亞，非技術勞工被安排到城市的工廠工作，收入比他們在農村所賺的多幾倍。在印度，他們留在農村，或投入營建業和小型服務業——在這些行業裡，他們的生產力不會大幅提升。結構轉型因為國內對非傳統產品的需求成長緩慢而受限。

兩個墨西哥，兩種生產力

麥肯錫全球研究院（MGI）的研究者最近深入探討墨西哥落後的經濟表現，發現了驚人的事實：大型與小型企業的生產力成長表現，差距出人意表地巨大。一九九九至二〇〇九年間，在員工人數達五百或更多的大公司，勞動生產力以每年五·八％的可觀速度成長。相對之下，在只有十名或更少員工的小公司，勞動生產力以每年六·五％的速度下跌。[2]

此外，在這段期間，這些小企業所占的勞動人口比例從原本已經相當高的三九％升至四二％。麥肯錫將這種截然兩分的現象稱為「兩個墨西哥」。考慮到兩者之間的鴻溝，難怪墨西哥整體經濟表現如此不濟。雖然大型企業藉由投資在科技和技能上而快速進步，生產力低下的小企業拖累了墨西哥經濟。

這種現象似乎異常，但正變得愈來愈普遍。環顧開發中國家，你會看到在許多國家，領先與落後的經濟部門之間出現令人困惑的鴻溝。

生產力異質性（productive heterogeneity）——或發展經濟學家以前所稱的經濟雙元性（economic dualism）——向來是低收入社會的一個核心特徵。令人困擾的新問題是：在開發中經濟體，生產力低下的部分往往不是在縮小，反而是正在擴大。

經濟發展通常是這麼一回事：工人和農民從傳統的低生產力部門（例如農業和小型服務業）轉投現代工廠工作和服務業。在這過程中，兩件事發生了。首先，經濟的整體生產力上升，因為更多勞工受雇於現代產業。第二，經濟中傳統與現代兩部分之間的生產力差距縮窄，經濟雙元性逐漸減弱。因為務農技術進步和務農人口減少，農業生產力在此過程中也進步了。

這是歐洲邊陲國家（如西班牙和葡萄牙）戰後發展的典型形態。韓國、台灣和中國也正是藉由這種方式，創造出亞洲經濟成長「奇蹟」——中國是當中最突出的例子。

這些高成長時期毫無例外的共同點是快速工業化。連那些主要仰賴國內市場的國家，例如一九八〇年代之前的巴西、墨西哥和土耳其，也是靠擴展現代製造業驅動經濟成長。真正重要的是結構變化，而非國際貿易本身。如今情況大不一樣。雖然年輕人仍從農村湧入城市，他們多數並非去了工廠，而是投入低生產力的非正式服務工作。

事實上，結構變化已變得愈來愈反常：從製造業轉向服務業，從可貿易的活動轉向不可貿易的活動，從有組織的部門轉向非正式部門，從現代公司轉向傳統企業，從中型和大型公司轉向小型企業。這些結構變化形態如今正顯著拖慢拉丁美洲、非洲和許多亞洲國家的經濟成長。

這可能是令人不安的影響即將發生的一個跡象。為了明白這些結構變化的新趨勢預示什麼，我們來看以往社會通常如何工業化，然後去工業化。

工作簡史

起初人類的工作主要是務農和畜牧。生活艱難、嚴酷，生命短暫。酋長、地主或政府強加的稅捐和其他要求相當繁重。許多人是農奴或奴隸，被剝奪了自主權和尊嚴。除了幸運的少數人，貧窮和不公是家常便飯。

然後人類迎來工業革命：首先是英國，接著是西歐和北美。男男女女從農村湧入城鎮，以滿足工廠不斷增加的勞動力需求。棉紡織、鋼鐵和運輸方面的新技術造就勞動生產力穩定成長。但在最初數十年裡，勞工本身幾乎都沒有享受到這些好處。他們在令人窒息的環境下長時間工作，住在極度擁擠的房子裡，收入也幾乎沒有成長。某些指標（例如工人的平均身高）顯示，大眾的生活水準甚至可能倒退了一段時間。

最後，資本體制經歷了自我改造，它創造的好處開始較廣泛地分享出去。某程度上這是因為隨著農村的剩餘勞動力枯竭，工資自然開始上升。但同樣重要的是，工人自我組織起來爭取他們的權利。他們的要求之所以有迫切性，不但是因為他們非常不滿，還因為現代工業生產環境使菁英階級較難採用分而治之的慣技。工廠工作集中在主要城市裡，有利於勞工彼此協調、大規模動員和採取勇武行動。

因為擔心爆發革命，工業家選擇妥協。勞動階級爭取到包括選舉權在內的政治權利。結果民主馴服了資本主義。隨著國家規定或勞資協商出來的安排縮短工作時間，提高安全標準，並提供休假、家庭、醫療和其他福利，工作條件改善了。教育和培訓方面的公共投資提供了勞工的生產力，也賦予他們更大的選擇自由。勞工分享到的企業盈餘比例上升了。工廠工作不曾變得愉悅，但至少藍領工作可以使人過上中產生活，享有中產的所有消費可能，並可選擇各種中產生活方式。

技術進步推進了工業資本主義，但最終將損害它。製造業勞動生產力的成長速度遠快於其他經濟領域。這意味著假以時日，製造相同數量的鋼鐵、汽車和電子產品需要的勞動力大大減少。二戰之後某個時候起，製造業雇用的勞工占總就業人口的比例在所有先進工業國全都開始穩定下跌。勞工轉投服務業，例如教育、醫療、娛樂和公共行政。後工業經濟因此誕生。

有些人的工作變得比較愉快。對那些有技術、資本和才智在後工業時代大展身手的人來說，服務業提供了無窮的機會。銀行家、顧問和工程師的收入比藍領工人高得多。同樣重要的是，辦公室工作容許的自由和個人自主空間是工廠工作從來無法提供的。工作時間或許比較長（比工廠工作長），但服務業專業人士對他們的日常生活和工作場所決定享有的控制權大得多。教師、護士和服務生的薪酬不是很好，但他們至少可以擺脫工廠單調乏味的機械化苦工。

另一方面，對技術較低的工人來說，服務業工作意味著失去工業資本主義經談判得到的利益。轉型至服務型經濟往往意味著工會勢力、工作保障和薪酬平等原則衰落，勞工的議價能力和就業保障因此嚴重受損。

因此，後工業經濟製造出一道新的鴻溝：一邊是在服務業找到穩定、高薪和高滿足感工作的人，另一邊是只能從事短暫、低薪和無法令人滿足的工作的人。這兩類工作的比例和後工業轉型產生的不平等程度取決於兩個因素。首先，勞工的整體教育和技術水準越高，他們的工資大致上越高。第二，在製造業以外，服務業勞動市場制度化的程度越高，服務業工作的整體品質越高。因此，不平等、排斥和雙元性在技能分佈不均的國家變得比較顯著，許多服務業接近教科書描述的沒有人味和不受約束的市場典型。美國目前仍是這種模式的典型例子——在這個國家，許多勞工為了滿足生活所需，被迫做多份工作。

以上所述，主要是西方先進國家的故事。在西方國家以外，若干地方也經歷了類似的演變。最重要的例子是日本、韓國和台灣。三者皆經歷了顯著的工業化，然後又經歷去工業化。它們如今與其他先進國家有一個共同特徵：彼此都是後工業經濟體，工作的性質取決於服務業中生產力與勞動市場運作方式的互動。高生產力加上勞動市場中對勞工的各種保障，可以產生很多好工作。低生產力加上原子化的勞動市場，則會製造出很多爛工作。

將這種經驗直接應用在經濟落後的國家，是很誘人的事。全球多數勞工正是生活在這些中低收入國家。它們應採用的發展策略似乎很明顯：促成迅速的工業化，以便經濟成長。投入資源建立良好的制度和人力資本，以便擁有高生產力的勞工，確保沒有人被拋在後頭。去工業化自然發生時，不要抗拒。國家該做的是確保規範服務業的法律和監理框架為雇員提供足夠的保障。

這種說法大致上沒錯。但我們必須思考兩個問題：仿效當今先進國家的歷史經驗有多可取？這種做法有多可行？以下逐一回答。

開發中國家是否應該仿效歷史模式？

在歷史上，工業化的早期階段極少能改善多數工人的生活條件。工業化開始之後，民眾必須等相當一段時間，才能普遍分享到工業化的好處。最近數十年靠製造業成功打進世界市場的許多低收入國家，也經歷了這種過程。這引發了有關出口國血汗工廠的辯論。勞工維權人士認為，出口獲利是以剝削工人為基礎——這些工人往往是女性，在危險的環境下長時間工作，但收入很低。雇用童工是特別敏感的爭論焦點。

以經濟學家為主的另一方則表示，所謂的血汗工廠其實只是經濟發展路上的一塊踏腳石，為最終的人類發展奠下基礎。雖然看起來很不體面，血汗工廠還是好過多數工人的其他出路，例如靠務農糊口、朝不保夕，或是在城市做更差的其他工作。此外，低薪和惡劣的工作環境反映工人生產力低下。而且現今的先進國家不正是靠這種方式致富的嗎？

這場辯論引出的問題是：相對於歷史經驗，我們是否可以在更早的發展階段保障勞工的權益？良好的勞動標準是否只能在發展了經濟之後再逐漸建立？類似的問題是：政治民主是否必須以經濟發展為先決條件？

後一問題的答案有助我們回答第一個問題。在歷史上，民主是走在工業革命和收入成長之後。但我們沒有理由認為國家不能在早得多的發展階段建立民主制度。政治參與和爭論本身有價值，也有工具意義：實證研究已經證實，民主政府的表現可能優於威權政府，而且比較能夠穩定最高層。

印度和模里西斯就是好例子：這兩個低收入國家都是很早就建立了出色的民主制度。兩國規模相差很大，但都是多族群國家，誕生於族群暴力衝突中。民主制度在兩國獨立初期緩和了社會衝突，造就政治穩定。模里西斯獨立後數年，經濟便開始快速成長。印度經濟成長一直落後，但從一九八〇年代起表現相當好（近年甚至超越了中國）。

同樣道理，低收入國家沒有理由為了工業發展和出口表現，就得剝奪工人的基本勞動權利。這些權利包括結社自由和集體談判、合理安全的工作環境、不被歧視、工時不超過合理的上限，以及不被任意解雇。一如民主，這是體面社會的基本要求。保障這些權利的一階作用是勞資雙方的議價關係變得平等，而不是總生產成本上升。而即使成本受影響，負面影響也可以因為勞工士氣改善、動機增強和員工流動率降低而輕易抵銷。

最低工資則有所不同，因為它會直接推高勞動成本。最低工資如果與市場結清（market-clearing）水準相差不大，可能不會顯著損害整體就業，而且還可以某程度上改善勞動條件。遠高於市場結清水準的最低工資就不是這樣：它可能導致許多求職者因為工資太高而失去就業機會。不幸的是，勞動市場雙元化，也就是相對少數的「局內人」保護他們因為國家規定而享有的優厚待遇、犧牲多數的「局外人」，是世界各地許多經濟體的普遍現象。這種情況既阻礙人類發展，也不利於成長前景。

結論是基本勞動權利，例如國際勞工組織核心公約所載的那些，並不妨礙經濟發展。我們不必等到經濟起飛和鞏固之後才來維護這些權利。在這問題上，我們不必以歷史經驗為指引。

開發中國家是否能夠仿效歷史模式？

如前所述，因為幾個重要的原因，製造業可以促進窮國的經濟發展。首先，許多製造業往往會產生一種積極的生產力動態。窮國在某個「容易的」製造業（例如成衣）建立立足點，就大有希望促成生產力穩定成長，假以時日將能投入比較複雜的其他產業。第二，製造業是可貿易的行業。也就是說，成功的製造業幾乎可以無限擴張，因為業者可以拓展國際市場，不容易遇到需求受限的問題。第三，製造業吸收非技術勞工的能力極佳，而這種勞動力是低收入國家最充裕的資源。成衣、鞋履、玩具和電子產品的組裝製造不需要很多技術，農民因此可以輕易成為裝配線上的工人。

正是因為這些原因，工業化在歷史上是經濟迅速成長的主要引擎。生產力進步、出口擴張和勞動力吸收創造出一種良性循環，推動經濟快速發展，直到國家與世界先進水準的距離縮窄，技術進步的需求大幅提高。

以上同樣是以往的情況。傳統觀念認為現今的非洲、亞洲和拉丁美洲低收入國家若想創造迅速和持久的經濟成長，就必須做類似的事。

但這種期望可能將會落空。現今的世界與以往非常不同。全球化和技術進步的力量結合起來，已經改變了製造業工作的性質，以致後來者很難（或甚至是不可能）仿效亞洲四小龍和在此之前歐美國家的工業化經驗。

來看一些相關事實。自一九六〇年代以來，剔除標準的所得與人口決定因素之影響，開發中國家工業就業人口與產出（在整個經濟體中所占的比例）每隔十年都下跌。工業化高峰水準愈來愈低，而且工業化達到高峰時的人均所得遠低於工業化先行國家。這意味著許多（甚至是多數）開發中國家未曾真正工業化就逐漸變成服務型經濟體——我將這種現象稱為「過早去工業化」。早期的工業化國家可以使三〇%或更多的勞動人口投入製造業，最近這輪工業化國家則遠遠落後。巴西的製造業就業人口比例最高僅為一六%，墨西哥則是二〇%。在印度，製造業就業人口比例達到一三%之後，就開始回落。[3]

拉丁美洲看來受到最嚴重的打擊。但撒哈拉以南非洲地區顯然也出現了令人擔心的類似趨勢，該地區國家的工業化基礎普遍非常差。看來得以逃過過早去工業化命運的，只有相對少數的亞洲國家和製造出口國。先進國家本身已經經歷了顯著的就業去工業化。但按固定價格計算的製造業產出在先進國家保持相對良好的狀態——因為有關去工業化的討論多數集中在名義而非實質價值上，這一點往往被忽略了。

這些趨勢背後的原因，與技術和貿易有關。全球製造業技術快速進步，已經壓低了工業製品相對於服務的價格，使後進開發中國家比較不想進入製造業。與此同時，製造業的資本和技能密集程度已大幅提高，它吸收來自農業和非正式經濟部門的勞動力之能力因此大為削弱。貿易方面，來自中國和其他成功出口國的競爭，加上對本國產業的保護減少，意味著如今幾乎沒什麼窮國有機會發展簡單的製造業滿足本地消費需求。進口替代的空間被擠掉了。

東亞新興經濟體不無可能成為最後一批按歷史模式經歷工業化的國家。果真如此，這對經濟成長是壞事，原因如前所述。這對社會公平也是壞事。在開發中國家，優勢與弱勢群體的收入和工作條件差距無比大——前者是金融業者和管理階層，後者是非正式經濟活動如小買賣和家務工作的參與者。在建立可觀的人力資本和制度能力之前太早過渡至服務型經濟，大大加重了如今也正困擾先進經濟體的不平等和勞動市場中的排斥問題。

未來的工作發展道路

不過，過早去工業化會否其實是好事？我稍早提到，從事服務業有一些好處，例如個人可以享有較多的自主和自由。史考特（James C. Scott）注意到，美國很高比例的工業工人寧願開商店或餐館，又或者去農場工作。「這些夢想的共同主題是擺脫嚴密的監督，在工作上享有自主權；對他們來說，這些好處足以彌補這些小生意的漫長工時和風險有餘。」史考特指出，相對之下，在工廠，「裝配線經過微調，幾乎完全消滅了工人的自主空間。」[4] 或許開發中國家的工人可以走捷徑，避開製造業的苦工？

或許是，但這種未來可以如何建構則完全不清楚。一個社會的生產力必須非常高，多數勞動者才可以經營自己的事業（例如當店主、獨立專業人士或藝術家），設定自己的就業條件並賺到足夠的收入過體面的生活。高生產力使社會對這些服務有足夠的需求，進而使那些自雇者賺到相當高的收入。問題在於服務業歷來的生產力成長遠不如製造業：一家餐廳需要的服務生人數與一個世紀前相同。因此，國家有賴工業化為其他經濟部門提供高收入和充沛的需求。

因此，可以確定的是，就工作和人類發展的未來而言，政策制定者將面臨一種全新的挑戰。經濟成長未來將必須更仰賴服務業的生產力成長。這意味著在亞洲和其他地區快速成長的初期，非常有效地促進出口導向工業化的局部和行業性做法，將必須以對人力資本和制度的大規模全面投資取代，又或者至少以後者輔助前者。如果製造業是經濟的引擎，出口獎勵、經濟特區或優待外國投資人之類的選擇性改革可能非常有效。畢竟只要有若干出口業成功，而它們面向需求近乎無限的世界市場，就足以帶動本國經濟成長。但如果經濟成長必須（主要）仰賴不可貿易的服務，選擇性的措施就不可行。改革必須更全面，以同時促進所有服務業生產力成長為目標。

許多人知道，馬克思曾設想這樣一種社會：人們「今天和明天做不同的事，可以早上打獵、下午捕魚、傍晚養牛、晚餐之後發表評論，但不必真的成為獵人、漁民、牧人或評論家。」但實現這種設想的前提是經濟生產力充分發展。迄今為止，工業資本主義基本上是成就這種發展的唯一道路。工廠工作並不愉悅，而且會製造出重大社會矛盾（如馬克思強調），但它成就了生產力發展。

如今此一道路看來比較不可取和不可行。我們必須開創新道路。新模式的大致輪廓不難勾勒出來。它將以服務業為基礎，更重視軟性基礎（學習和制度能力），比較不仰賴累積實物資本（製造業的廠房和設備）。但除此之外，很多事情仍不明確。

經濟與政治制度

一段時間以來，人們普遍認為，超乎零散政策改革的制度在經濟發展過程中至為重要。經濟學家特別關注兩類制度：保護財產權的制度，以及確保合約得以執行的制度。雖然這一點並非總是明確，但經濟學家通常對制度抱持著普世皆同的觀念，假定在某種環境下運作良好的制度可以移植到其他環境中。隨著時間的推移，這種世上有「典範做法」的觀念主導了國際組織如世界銀行、IMF和經合組織的實務和政策工作。「華盛頓共識」提出了詳細明確的指示，而輔助它的是有關如何減少貪腐、改善監理和司法制度，以及廣泛加強治理的的開放式建議。

我在二〇〇〇年發表的一篇文章中指出，有關制度改革的主流技術官僚觀點忽略了一個重點：制度設計具有可塑性和情境特殊性（context specificity）。[5]

你可以坐飛機去一個不曾去過的國家，然後大力鼓吹這些不可能有錯的原則：「維持通膨率在相當低和穩定的水準」，「確保企業家感到安全，而且可以保住他們的投資報酬」，諸如此類。如果一個國家並非奉行這種原則，誰會想在那裡投資呢？我們可以同意，支持經濟成長的制度必須發揮某些普遍的功能，例如維護總體經濟穩定，確保投資人不必擔心財產被沒收之類。這些功能之所以是普遍的，在於我們難以想像市場經濟體可以在缺乏這種保障的情況下發展。

但這些功能並未告訴我們，必要的制度應採用什麼形式。東亞國家的經驗就已充分證明，一些偏離典範做法的異常制度形式也能產生市場誘因。如果有某種安排可以為投資人提供有效和實質的控制權，甚至連私有產權也似乎可以免除（中國的鄉鎮企業就是一個例子）。制度功能並沒有對應的獨特制度形式。[6]

我也主張民主是一種後設制度（metainstitution），容許每一個社會以適合自身情況的方式選擇和塑造自己的制度。中國當然不是民主國家，但它在制度設計方面的實驗性做法確保改革在當地有效，而且不會產生大規模的再分配，模仿了民主審議和決策的某些基本運作方式。我也提供了一些跨國證據支持以下論點：民主制度確實能促成優質經濟成長，提供較高的可預測性、穩定性、韌性和更好的分配結果。[7]

我發表那篇文章時，世上的民主國家正迅速增加。根據一項統計，目前全球的民主國家比專制國家更多——這在人類史上是空前的。[8]這是值得慶祝的事。但對世界各地的新民主國家來說，情況並不樂觀。

民主的失敗

在一九九七年一篇富先見之明的文章中，札卡瑞亞（Fareed Zakaria）談到「民主選舉產生的政權……經常無視憲法對其權力的限制，剝奪公民的基本權利和自由」。觀察者開始注意到，算是有自由選舉的國家（雖然自由的程度有差別）多數並不遵循西方的路線。如今政治專家比較可能談論「民主的衰退」而非民主的進步。[9]札卡瑞亞將那些國家稱為「不自由的民主國家」。[10]

札卡瑞亞等人注意到，選舉民主體制（electoral democracy）不同於自由民主體制（liberal democracy）。瑪坎德（Sharun Mukand）和我藉由區分三類權利，明確指出兩者的差異。[11]財產權是保護資產持有人和投資人不被國家或其他群體沒收財產的權利。政治權利保障自由和公平的選舉競爭，容許勝選者決定政策（但受其他權利限制）。公民權利確保法律面前人人平等，也就是在公共財如司法、保安、教育和醫療之取得方面不受歧視。政治與公民權利可能互相滲透，難以區分，但兩者並不相同。例如根據自由之家（Freedom House）的原始評分，國家提供政治權利（按照此處的定義）遠比國家提供公民權利普遍。

區分政治與公民權利使我們得以闡明選舉與自由民主體制的差別。選舉民主體制提供財產權和政治權利。自由民主體制則還提供公民權利。我們可以利用圖4.1的2×2矩陣，據此將國家分類。（我們的分類是基於自由之家未公開的原始評分，詳情參見我們原本的文章。）

提供公民權利但不提供政治權利的國家，也就是我們所稱的「自由專制國家」，極其罕見。十九世紀初未普及選舉權的英國是歷史上的重要例子。摩納哥公國可能是當代唯一的例子。

經濟發展文獻藉由強調「法治」的重要性，某程度上承認保障公民權利相當重要。但是，經濟學家和其他人談論法治時，往往混淆了我們最好能加以區分兩種情況。一種情況是窮國在法律行政和執行上的弱點，可能使針對侵犯人權和濫用權力的司法救濟變得無

		政治權利	
		無	有
公民權利	無	不自由專制體制	選舉民主體制（阿根廷、克羅埃西亞、烏克蘭……）
	有	自由專制體制（摩納哥）	自由民主體制（加拿大、智利、韓國、烏拉圭……）

圖4.1　政治體制分類

效。另一種情況是代表多數人的執政聯盟可能故意歧視族群、宗教或意識形態上的少數群體，以便鞏固權力，或是將公共財不成比例地轉移給支持者。印度的法治排名相當低，部分原因在於該國的法院需要很長時間才能作出裁決，而不是因為法律制度對某個種姓或宗教的成員展現出明確的偏見。在土耳其，只要是與政府對立者（無論他們是世俗主義者、自由主義者或庫德族行動派）在爭執中站錯邊，法治就失靈。效率不彰與刻意偏袒相當不同。前者可以藉由改善能力和提升官僚效能來改善。後者則是司法機器刻意運作的一部分。侵犯人權的第二種情況比較陰險，也可能造成更大的破壞。刻意侵犯特定少數群體或反對派的權利，成為希望持續掌權的政府的一種標準作業。這種行為也加深社會中身分認同和意識形態方面的分歧，使建立自由民主體制變得更困難。

在歷史上，自由民主體制從來都來之不易。美國或許是現今世上最古老的民主國家，但儘管它百般假裝，在一九六〇年代的民權鬥爭取得成果之前，我們很難說美國是完全自由的國家。除了英國這個重要的例外，多數西歐國家在第二次世界大戰之前不時回到各種形式的專制政體。一九四五年之後西歐國家重新建立自由民主體制絕非必然，很大程度上可能是因為戰前的法西斯政權惡名昭彰。日本在亞洲也是出人意表的成功例子。我們不必將這些先進後工業社會的政治體制理想化，也可以承認開發中國家很難仿效它們的榜樣。反自由主義的誘惑在東歐和東南歐的後社會主義國家都顯而易見。匈牙利雖然是歐盟成員國，但正大步邁向一種典型的不自由民主體制。在第三波民主化浪潮中和之後民主化的絕大多數國家是選舉民主國家，而非自由民主國家。

為什麼自由民主國家如此罕見？

為理解自由民主國家為何如此罕見，我們應該來看一下國家是在什麼情況下從專制體制轉型至民主體制。政治學和政治經濟學有關民主轉型的大量文獻通常集中關注兩種過程。[12] 第一種與菁英階層內部的分裂和討價還價有關。菁英階層如果分裂而且難以協調，民主就可能作為一種分享權力的制度出現。第二種過程與菁英和非菁英之間的鬥爭有關。菁英如果無法再控制非菁英，就可能選擇給予非菁英投票權，以免面臨政治陷入動盪和爆發大規模叛亂的風險。

這種轉型產生的民主制度不大可能是自由的。這是因為自由民主體制（而非選舉民主體制）的主要受惠者是被剝奪了公民權的少數群體，而他們在那兩種情況下都沒什麼權力。菁英階層最重視的是保護自己的財產權。非菁英中占主導地位的群體——我們且稱之為「多數群體」——想要選舉權，以便他們選擇自己喜歡的政策。族群、宗教或意識形態上的少數群體可以因為政治體制保障他們不被歧視而受惠最多，但他們極少可以在談判桌上占得席位。民主化的邏輯產生了選舉而非自由民主體制。真正的問題並非為何自由民主國家如此罕見，而是為什麼世上會有自由民主國家。

有數種情況可以使局勢有利於產生自由民主體制。首先，可能會有原因使菁英階層除了財產權，還想擁有公民權利。例如在英國光榮革命中戰勝國王的地主和富商，就希望在宗教和經濟領域都保護自己免被國王侵害。他們擔心詹姆斯二世強迫他們信奉天主教，同樣擔心王室利用苛捐雜稅沒收他們的財產。因此，在英國，財產權與公民權密不可分。假以時日，英國的自由主義者不怎麼區分這兩類權利，假定它們是不可分割的。例如馬歇爾（T. H. Marshall）的著名文章〈公民權與社會階級〉（Citizenship and Social Class）就將財產權歸入公民權利中。[13]

南非的情況非常不同，但自由規範在該國有點難以置信的持續存在，看來也是因為一種類似的情況。南非一九九四年經歷民主轉型時，少數群體控制的政府希望在保護白人的財產權之餘，也保護他們的公民權利。[14]一如在光榮革命中，菁英階層與少數群體分享「身分標誌」，使他們容易成為歧視的目標，因此也使他們特別重視保護自己的公民權利。（可悲的是，南非的自由規範已衰退了若干年。根據我們的自由民主指數，南非自二〇〇九年起已不再是自由民主國家。）

通往自由民主的第二條道路，是社會相對同質，在身分認同上沒有顯著的分歧。在這種情況下，多數群體沒有明確的少數群體可以歧視。自由民主與選舉民主實際上變得難以區分。日本和韓國或許是這種模式的好例子。

最後，如果沒有明確的多數群體，也沒有明確的群體有望無限期掌權，國家也有可能維持自由民主體制。在此情況下，重複賽局的誘因或許可以維繫一種溫和寬容的體制：每一個群體都尊重其他群體的權利，因為他們擔心自己有天可能成為少數群體。

因為若干原因，這種狀態是脆弱的。即使社會被交叉的多重界線割裂，成功的政治領袖仍可建立和維繫多數執政聯盟。即使執政聯盟的性質隨著時間的推移而改變，這些領袖也不大關心聯盟以外群體的權利。土耳其的艾爾段就是一個好例子。此外，政治領袖也可能高估自己掌權的時間。在此情況下，他們想不到自己可能很快就需要現今反對派的善意。

已開發和開發中國家均受這些問題困擾。至少在二戰之前，歐洲大陸的自由民主體制之所以脆弱，部分原因在於基於宗教、族群或語言的認同分歧與基於收入和階級的隸屬關係競爭。法西斯主義者和納粹分子之所以成功，是因為他們可以基於建構出來的認同論述，怪罪和排斥「他者」（外國人、猶太人、吉普賽人和「世界主義者」），建立勢力夠大的執政聯盟。但在許多方面，開發中國家如今面對的挑戰大得多。

落後國家的政治劣勢

在西方，自由主義的發展和傳播先於選舉權擴大。英國在十九世紀初就已牢牢確立了制約行政權、法治、宗教寬容和言論自由等原則。民主是後來的事物，而自由主義者本身對民主的好處頗有懷疑。古典自由主義最著名的理論家彌爾（John Stuart Mill）認為民主需要社會成熟至某程度，而當年英國也才達到這種程度不久（其他社會如俄羅斯或印度則還不夠成熟）。彌爾與托克維爾均擔心選舉可能產生「群眾的暴政」。如佛賽特（Edmund Fawcett）解釋，在第一次世界大戰之前的數十年裡，自由主義者勉強與民主和平相處。他們支持擴大選舉權，希望可以換取民眾力量接受「自由主義限制人民意志的權威」。[15]

開發中國家的情況截然不同。自由主義者極少在開發中國家占上風，而經歷去殖民的國家在民主到來之前，根本沒有自由主義傳統可言。（印度可能是例外——這是拜英國人對印度菁英階層的影響所賜。）

此外，工業化的力量在西方促進民主體制，但如本章稍早所述，這種力量如今在開發中國家弱得多。工業化對民主之所以重要，是因為它釋放社會力量，動搖貴族統治舊秩序。但這也意味著菁英與非菁英之間的衝突，主要將圍繞著與工資、勞工權利、賦稅和福利有關的民生議題。這些衝突是自由民主體制可以處理的。結果是政府規範勞動市場和促成福利國家體制。隨著時間的推移，這些制度創新改變了資本主義的性質，但它們並未嚴重威脅各種自由主義常規。

在開發中國家，大規模的政治動員通常發生在非常不同的情況下。這種動員是去殖或民族解放戰爭的產物，社會的主要分歧不是基於經濟利益的階級分歧，而是身分認同上的分歧。政治以國族建構為中心，群眾動員起來對付或明或暗的「他者」——可能殖民者、鄰國，或某個似乎阻礙獨立建國的族群。

站在政治的角度，認同分歧並非天生或獨立的，而是可以深化或操縱，促成基於族群、語言或宗教的政治動員。歷史上的緊張關係和文化多樣性為聰明的政客提供了原料，使他們得以在選舉中塑造多數勢力。這種右翼民粹主義與基於收入和階級分歧的左翼民粹主義有一個重要差異。左翼民粹主義者承諾推行提高收入或促進再分配的政策，克服促使他們採取積極行動的收入和階級分歧。另一方面，右翼民粹主義者則仰賴認同分歧的持續存在以至深化來維持他們的權力。因此，不同於左翼民粹主義，右翼民粹主義直接阻礙自由民主體制的出現。

認同政治有時可以產生穩定的安排（往往是暫時的）：在沒有明確多數群體的情況下，每一個種族或語言群體都能維護自己的權利。一九七五年之前，黎巴嫩的協和式民主

（consociational democracy）就是典型的例子。[16] 但是，一旦主要的政治分歧是基於身分認同，政治平衡就變得十分脆弱，可能因為人口結構的變化或投機政客的操弄而輕易動搖（身處約旦的巴勒斯坦人湧入黎巴嫩，而且隨後爆發內戰之後，黎巴嫩的情況正是如此）。

當然，開發中國家必然仍是貧窮的，而它們或許也將經歷現今的富有國家在十九世紀和二十世紀初經歷的結構轉變。它們當中成功工業化的國家，也確實成了自由民主國家。以韓國和台灣為例，工業化創造出規模相當大的勞工階級，而該階級在國家民主化的過程中發揮了重要作用。模里西斯的例子更令人讚嘆：該國族群分裂，但仍可維持自由民主體制。一如瑞士的例子，重大的身分認同分歧看來並非通往自由民主的路上不可克服的障礙。不過，工業化——尤其是創造一場重大的勞工運動——看來對打開自由主義政治的空間和抑制認同政治非常重要。

獨裁的代價

民主退化顯然會損害人權和公民自由，也會損害經濟表現，雖然後一種代價比較不明顯。一國的政治與經濟前景的關係，是社會科學中最基本和學者最用功研究的課題之一。哪一種模式比較有利於經濟成長：強而有力的掌權者引導經濟發展，不受政治競爭壓力影響；還是多元的利益集團互相競爭，培養對新思想和新政治參與者的開放態度？東亞的例子（韓國、台灣和中國）看來暗示，答案是前者。但若是這樣，我們要如何解釋富裕國家幾乎全都是民主國家（全靠天然資源致富的國家除外）？政治開放是否應該先於經濟成長，而非經濟成長之後才開放政治？

如果看系統性歷史證據而非個別案例，我們會發現，威權主義對促進經濟成長沒什麼作用。經濟得以快速成長的每一個威權國家背後，都有好幾個經濟失敗的威權國家。每一個像新加坡李光耀這樣的領袖背後，都有許多像剛果蒙博托（Mobutu Sese Seko）這樣的人。在長期經濟成長和另外幾個重要方面，民主的表現都優於獨裁。以經濟週期的起伏衡量，民主體制可以造就穩定得多的經濟。此外，民主體制也比較有能力調整適應外部經濟衝擊（例如貿易條件惡化或資本流入忽然中斷）。民主體制促成對國民健康和教育（或人力資本）的更多投資，也能創造比較公平的社會。

相對之下，威權國家最終將製造出一如其政治體制那麼脆弱的經濟體。它們曾經展現的經濟力量有賴個別領袖的能力，或有利但短暫的情勢。它們無法期望自己在經濟上持續創新，或是取得領導全球的經濟地位。

乍看之下，中國似乎是個例外。自一九七〇年代末毛澤東的災難性實驗結束以來，中國表現極好，創造了速度空前的經濟成長。雖然地方層面某些決策已經民主化，中國共產黨仍牢牢控制國家政治，而中國人的人權也頻頻受侵犯。雖然中國經濟快速成長，但該國目前仍是相對貧窮的國家。中國未來的經濟發展，頗大程度上取決於該國政治體系能否開放競爭，一如它開放經濟那樣。如果沒有這種轉型，中國缺乏表達和組織異見的制度化機制，最終將產生超乎政權鎮壓能力的衝突。屆時政治穩定和經濟成長均將受損。

不過，中國和俄羅斯仍都是強大的經濟體。它們的例子可能影響其他國家的領袖，使他們以為自己可以追求經濟崛起，同時在國內收緊對反對派的控制。

例如在近年之前，土耳其——中東地區崛起中的經濟大國——看來勢將成為區內唯一的穆斯林民主國家。在他的第一個總理任期內，艾爾段放寬了對少數族裔庫德人的一些限制，並且推動改革，使土耳其的法律制度向歐洲標準靠攏。

但自二〇〇〇年代末以來，艾爾段及其盟友發起一場幾乎不加掩飾的運動，威嚇反對派，同時鞏固政府對媒體和公共機構的控制。起初他們捏造煽動恐怖活動和策劃政變的罪名，監禁了數以百計的軍官、學者和新聞工作者。艾爾段與前盟友——葛蘭（Fethullah Gulen）的追隨者——分道揚鑣之後，獵巫行動就轉為以這些前盟友為目標，尤其是在二〇一六年七月的政變失敗之後。超過十萬名公共部門的員工遭開除，而土耳其也成為囚禁最多新聞工作者的國家。土耳其快速淪為威權國家，嚴重損害該國的經濟前景。這將腐蝕土耳其的政策制定品質，同時損害該國追求世界經濟地位的努力。

外部觀察者和金融市場並非總是能好好理解這種政治動向。土耳其政局顯然轉壞很久之後，該國仍得到許多西方專家和新興市場分析師的讚賞。

巴西的經歷提供了一個截然不同的例子。巴西的貨幣自二〇一四年中以來重挫，情況遠比其他新興市場貨幣嚴重，主要受巴西爆出重大貪腐醜聞影響。巴西檢察機關揭露了一個牽連甚廣的收取回扣計畫，國營石油公司巴西石油（Petrobras）位居中心，涉及公司高層、國會議員和國家官員。因此，金融市場為之震動看來是很自然的事。

但是，自從貪腐醜聞曝光以來，我們看到的是巴西法律與民主制度的非凡力量，而非其弱點。負責該案的檢察官和法官能夠履行職責，雖然羅賽芙（Dilma Rousseff）政府本能地企圖破壞調查。而種種跡象顯示，調查遵循正當的司法程序，並未被用來促進反對派的政治議程。在司法部門以外，包括聯邦警察和財政部在內的許多機構也參與其中，協調工作。一些重要的商人和政客入獄，包括執政工黨前司庫。

理論上金融市場應該是向前看而非向後看。其他新興經濟體的貪腐問題並不比巴西輕微，而如果我們能好好比較巴西與這些新興市場的經歷，巴西的地位應可提高。

回到土耳其，那裡的貪腐觸及更高層，而且比巴西更普遍。外洩的電話通話顯示，艾爾段及其家族和數名政府部長直接涉入嚴重的貪腐，利用與伊朗的貿易和營建案牟取厚利。政府採購長期被用來圖利政客和他們的商界友人，在土耳其是公開的秘密。但如今坐牢的是調查艾爾段貪腐嫌疑的警官。支持調查的媒體已被政府勒令停業和接管。艾爾段表示，那些警官是葛蘭的追隨者，他們的調查是出於政治動機，是為了趕艾爾段下台。兩者很可能都是真的，但都不是政府可以公然違法壓制貪腐指控的理由。

土耳其的制度正陷入困境，而這將使復甦變得非常困難。另一方面，巴西的政治制度將變得更強大，儘管該國短期內付出了更大的經濟代價。

經濟發展能否造就良好的政治？

如果我們換個方向看經濟與政治的關係，那又如何？

二〇一〇年，就在阿拉伯之春爆發前夕，聯合國發表了它第二十年的《人類發展報告》（Human Develepment Report）。最令人意外的，可能是中東和北非穆斯林國家的出色表現。

例如衡量之前四十年人類發展指數的進步程度，突尼西亞在一百三十五個國家中高居第六位，表現優於馬來西亞、香港、墨西哥和印度。埃及也不是落後很多，排在第十四位。

人類發展指數衡量一國在經濟成長、國民健康和教育方面的成就。埃及和突尼西亞在成長方面表現不錯（尤其是後者），但它們真正出色之處，是在那些較廣泛的指標上。突尼西亞人均預期壽命達到七十四歲，高於比該國富裕一倍的匈牙利和愛沙尼亞。埃及六九%的兒童在學，與富裕得多的馬來西亞相若。這些國家顯然可以提供不錯的社會服務，也可以將經濟成長的好處廣泛分配給國民。

但這一切最終似乎都不重要。借用霍華德·貝爾（Howard Beale）的話，突尼西亞和埃及的人民對他們的政府極度憤怒，而且到了不願再忍受的地步。如果突尼西亞的班阿里或埃及的穆巴拉克期望可以利用經濟利益換取政治支持，他們一定非常失望。

二〇一〇年是阿拉伯世界多事的一年，其教訓之一是經濟好不代表政治也一定好，兩者可以分道揚鑣相當久。沒錯，世上的富裕國家幾乎都是民主國家。但在數十年的時間裡，民主政治既非經濟發展的必要條件，也不是充分條件。

雖然突尼西亞、埃及和許多其他中東國家在經濟上大有進步，但至二〇一〇年，它們仍是威權國家，由權貴小圈子統治，貪腐、侍從主義和裙帶關係盛行。這些國家在政治自由和貪腐程度方面的世界排名，與它們在發展指標上的排名形成鮮明對比。自由之家的報告指出，在茉莉花革命爆發前的突尼西亞，「當局繼續騷擾、逮捕和監禁新聞工作者與部落客、人權活動人士和政治反對派。」[17]國際透明組織（Transparency International）二〇〇九年的調查顯示，埃及政府的清廉程度在一百八十個國家中居第一百一十一位。當然，政治好也不代表經濟一定好：印度自一九四七年獨立以來就是民主國家，但該國要到一九八〇年代初，才開始擺脫它非常低的「印度成長率」。

第二個教訓是：經濟快速成長本身無法換來政治穩定，除非當局也容許政治制度同樣快速地發展和成熟。事實上，經濟成長本身會產生社會和經濟動員，而這是政治不穩定的一個重要根源。

如已故政治學家杭廷頓（Samuel Huntington）逾四十年前指出：「社會和經濟方面的變化——都市化、識字率提高、教育改善、工業化、大眾媒體擴張——導致政治意識擴張，政治要求大增，政治參與擴大。」[18]如今加上推特和臉書之類的社群媒體，經濟快速變化引發的動盪力量可能變得勢不可擋。社會動員與政治制度素質之間的缺口擴大時，這種力量至為強勁。政治一國的政治制度如果成熟，制度將結合調節、回應和代表等手段，回應來自底層的要求。政治制度如果不夠成熟，則會將民眾的要求拒之門外，期望那些要求自行消失，或是經濟進步消弭各種不滿。

但中東的事件充分證明第二種模式十分脆弱。突尼斯和開羅的抗爭者並不是抗議欠缺經濟機會或社會服務不佳。他們聯合起來，是反對一個他們認為孤立、專制和腐敗的政治體制，反對一個不容許他們有足夠發言權的體制。

有能力處理這些壓力的政治體制，不一定是西方意義上的民主體制。我們可以想像世上有一些政治制度可以靈敏地回應民眾的要求，但並非透過自由的選舉和政黨之間的競爭來運作。有些人會指出，阿曼和新加坡就是國家經歷快速的經濟變化但仍可維持威權政體的例子。或許是。但長期而言，真正能證明自身效能的政治體制，只有西方那種民主制度。

說到這裡，我們要講回中國。在埃及民眾抗爭的高峰期，中國人在網路上搜尋埃及或開羅，無法得到任何結果。中國政府顯然不希望本國人民了解埃及的抗爭並產生錯誤的想法。在一九八九年天安門廣場運動仍歷歷在目的情況下，中國領導層亟欲防止事件重演。

當然，中國不是突尼西亞或埃及。中國政府已試驗過地方民主，並努力打擊貪腐。儘管如此，過去十年抗爭仍蔓延。二〇〇五年，中國發生了八萬七千宗政府所稱的「突發群體事件」。中國政府此後不再公佈相關統計，這可能意味著此後情況惡化了。中國的異議者不顧危險挑戰共產黨的權威。中國領導層賭的是生活水準和就業機會迅速改善，將能使社會和政治壓力保持受控。這正是為什麼北京如此渴望維持相當高的經濟成長率，不惜刺激信貸以促進公共和民間投資。

但阿拉伯之春向中國和世界各地其他威權國家發出了一個重要訊息：不要指望經濟進步可以換得權力永續。

正統自由政治的替代品？

本章討論的事態發展，尤其是過早去工業化的事實，意味著開發中國家將很難建立自由民主體制。我們能否找到通往自由民主體制的其他途徑，既不仰賴大規模的工業化，也不必先經歷自由主義的洗禮？或許現今的開發中國家仍可實現自由民主，雖然它們必將走一條不同的路。

容我以經濟改革作類比。格先克隆（Alexander Gerschenkron）有個歷久彌新的見解：經濟發展的後來者必須仰賴的制度，與工業化先行國家證實有效的制度相當不同。開發中國家已一再證實，事實正是如此。經濟成長奇蹟並非發生在政策制定者盲目模仿西方國家政策和制度安排的地方，而是發生在決策當局精心制定符合自身情況安排的地方。中國是這方面的高手，但韓國、台灣和模里西斯其實也是這樣——它們早年都採用了非正統發展策略。如我們迄今一再看到，市場經濟容許各式各樣的制度可能性。

政治改革是否也有類似的可能？如果不採用西式制度（例如獨立的司法系統或政教分離），是否也有可能達到類似自由民主的結果（法律面前人人平等）？

我們來看黎巴嫩在一九七五年爆發內戰之前的體制。該體制一九四三年依該國穆斯林與基督徒社群之間的協定建立，在某些方面看來與自由體制截然相反。該體制並非無視宗教差異，而是明確地按宗教派別分配公職。在政治系統的最高層，總統由馬龍派基督徒出任，總理是遜尼派穆斯林，國會議長則是什葉派穆斯林。這種原則向下延伸至其他政府職位。只要該體制保持穩定，外界就視黎巴嫩為中東這個極度缺乏自由政治的地區的民主典範。政治學家視它為自由民主國家，一如奧地利和瑞士。[19] 這是一種非自由的安排，但產生了自由的結果。

開發中國家難以維持自由體制的一個重要原因，是它們欠缺制衡權力的媒介。民選政府可以為所欲為，而如果法院或媒體擋住政府的路，政府可以輕易操縱它們。柯利爾（Paul Collier）暗示，有個重要且強大的組織可以制衡民選政府，那就是軍方。如柯利爾指出，軍方往往是唯一訓練有素、能者領導的組織，具有一種團隊精神，傾向維護整個國家的利益，而非偏袒特定種族或宗教群體。因此，在司法系統無法充分發揮制衡作用的國家，軍方或許可以約東民選政府。[20]

當然，這種安排充其量是利害參半。其利弊在土耳其顯而易見。一方面是軍方在它強大的時候，確實阻止了某些宗教派別的參政團體主導政局。軍方也確實促進了一種程序性法律主義（procedural legalism）和法治——甚至當政府在徒具形式的一連串審訊中利用同樣的法律工具對付軍方時，軍方也屈服而非採取被視為違法的行動。與此同時，軍方也有其不寬容的意識形態：對觀察敏銳的穆斯林或庫德民族主義者來說，土耳其共和國稱不上是自由的。此外，軍方頻頻干政，也阻礙政黨長期制度化，使國家難以發展出一種政治妥協和節制的文化。

至於第三個例子，我們來看中國政治體制未來的可能發展方向。這個國家是否可能在共產黨維持壟斷地位的同時，發展出一種比較自由的體制？我們可以設想一種新加坡模式的擴大版——政治競爭在主導政局的政黨中發生，司法系統可以有效地貫徹法治。我們不難想出很多理由，有力地說明這種模式為何未能達到我們在西方習以為常的自由民主標準。但一如中國不完善的市場經濟體制，結果可能優於最可能出現的替代方案。

第四是有關媒體。我們習慣了視新聞自由為自由民主的必要條件。但如果一如許多開發中國家和部分先進經濟體實際出現的情況，主流媒體多數由商業集團出資和控制，而且這些集團完全無意提供公正持平的報導，那又如何？如果煽情的媒體利用和擴大認同分歧以爭取受眾，那又如何？面對這種難題，人們通常認為出路在於促進媒體市場的競爭。但在現實中，沒有人能保證這可以解決問題。我們不能排除一種可能：西方國家無法接受、比較積極的媒體監理或許可以產生比較好的結果。

一如我始終主張，支撐市場運作的制度可以有多種不同的形式。我們不應該成為制度上的純粹主義者。這些因素促使我認為，支撐自由民主體制運作的制度可能也是這樣。或許自由主義也容許各種不同的制度形式。我必須趕緊補充一點：我對這一點，遠不如我對我在經濟學領域的原本觀點那麼確定。我無疑希望看到非正統自由民主體制的更多例子，然後再大力推廣該觀點。但為了對自由民主體制的前景保持樂觀，我們至少必須考慮這種可能性：上述觀點大致正確。

5 模型裡的經濟學家

在建構我們所生活的世界這件事上，經濟學家發揮了重要作用。他們為支撐過去數十年自由主義國際經濟秩序的種種安排提供了知識架構、敘事和理據（如果你認為不是自由主義，而是「新自由主義」，那也可以）。他們是否也將參與摧毀這種秩序？抑或他們將協助重新設計該秩序，使它得以避免因為自身的極端和矛盾而毀滅？

經濟學這門科學可以非常強大和有用。但到了實踐者手上，經濟學經常出錯——例如經濟學為二〇〇七至〇八年的全球金融危機奠下了基礎，也推動一種不可持續且不健康的全球化模式。我們到底哪裡錯了？以本書討論的一個重要問題為例，貿易協定的分配後果是經濟學家自身的模型準確料到的，那為什麼經濟學家對這些後果如此排斥？

傲慢、過度自信和政治幼稚都是原因。但最令人驚訝的原因，可能是經濟學家往往不忠於他們自身的學科和訓練。經濟學家往往忘了經濟學並非一套預先確定的結論和政策處方，而是一門非常重視脈絡、僅提供因時制宜答案的學科。[1]經濟學中幾乎沒有一個問題不適合以「答案取決於……」來回答。（當然，經濟學強大之處在於我們通常可以確切說明答案取決於什麼。）如本章將說明，經濟學家遇到困難，往往不是因為他們過度認真對待經濟學，而是因為他們對經濟學不夠認真。

經濟學家捲入公共辯論往往是因為他們的研究與政策有關，但他們極少清楚意識到他們的公共責任。如果他們擔心自己的話被特殊利益集團綁架，他們是否應該選擇性誇大或淡化自己的見解？如果某個聲名狼藉的獨裁者的兒子邀請經濟學家協助發展經濟，他們是否應該接受？如果經濟學對某些問題未有可靠的見解，經濟學家是否應該直接承認「我不知道」，然後任由對問題更無知的人主導公共對話？如果經濟學家希望加強參與公共事務，他們將必須更加注意這些問題和接下幾章討論的其他問題。

諾貝爾困惑

二〇一三年，法瑪（Eugene Fama）、席勒（Robert Shiller）和漢森（Lars Peter Hansen）

榮獲諾貝爾經濟學獎（正式名稱為「瑞典中央銀行紀念諾貝爾經濟學獎」），許多人對此感到不解。法瑪和席勒都是備受敬重的傑出學者，人們的不解因此與他們的資格無關。人們覺得奇怪的是：諾獎委員會為什麼選他們一起得獎？

這兩位經濟學家對金融市場如何運作的看法，似乎截然相反。芝加哥大學經濟學家法瑪是「效率市場假說」之父，該理論認為資產價格反映所有可取得的公開資訊，而這意味著我們不可能一直打敗大盤。耶魯大學經濟學家席勒則花了職業生涯的大部分時間證明金融市場運作得不好：市場常常漲過頭或跌過頭，容易出現泡沫（資產價格持續上漲，但基本面因素無法解釋），經常受「行為」而非理性力量驅動。這兩種理論有可能都正確嗎？諾獎委員會是否只是兩邊押注、對沖風險？

我們無法知道評審委員心裡怎麼想，但他們的選擇突顯了經濟學的一個核心特質——以及經濟學與自然科學的一個關鍵差異。經濟學研究人類的行為，而人類的行為取決於社會與制度脈絡。這種脈絡本身又是人類的行為有意或無意中創造出來的。這意味著經濟學的主張往往並非通用，而是僅在特定脈絡下適用。最好和最有用的經濟學理論，從一組具體的脈絡假設和預期結果中推斷出明確的因果關係。

因此，金融市場的表現有時一如法瑪的理論所述，有時則一如席勒的理論所述。這兩位學者的理論，價值在於使我們在特定條件下懂得期望出現某一類型的金融市場表現。在理想的情況下，它們也有助我們在特定關頭選擇應用適當的模型／理論——雖然如稍後所述，這種情況太罕見了。（第三位得獎者漢森的貢獻在於設計出檢驗市場表現是否完全理性的統計方法，得獎是合理的。）

在金融經濟學中成立的上述道理，在經濟學的其他領域也成立。勞動經濟學家不僅關注工會可能如何扭曲市場，也關注在特定情況下，工會可以如何增強生產力。貿易經濟學家研究在特定情況下，全球化可以如何減輕或加重一國內部或國家之間的不平等。開放總體經濟學（open-economy macroeconomics）研究全球金融運作在什麼情況下維持或破壞一國的經濟穩定。發展經濟學家研究國際援助何時可以減少貧窮，何時不可以。經濟學的訓練除了要求我們認識市場如何運作，也要求我們認識種種市場失靈現象，以及政府可以幫助市場運作得更好的種種方法。

經濟學家的不當行爲

經濟學因脈絡而異的靈活本質既是它的長處，也是它的缺點。在二〇〇七至〇八年年全球金融危機醞釀和餘波盪漾期間，這種缺點充分暴露出來。隨著全球經濟墜落懸崖，經濟學界的批評者提出了合理的質疑：經濟學家是否為這場危機的共謀？不受約束的金融運作對社會有益這種觀點，正是經濟學家賦予它正當性並廣為傳播。經濟學界幾乎毫無異議地警告「政府過度管制之危險」。經濟學家的技術專長（至少在危機爆發之前看來是一種技術專長）賦予他們製造輿論和接近掌權者的優勢地位。全球金融危機爆發前，極少經濟學家發出警告（席勒是預言遭漠視的極少數智者之一）。或許更糟的是，經濟學界未能提供有益的指導意見，幫助全球經濟擺脫困境。對於世界經濟長期復甦和成長需要怎樣的貨幣、財政和監理措施，經濟學界從不曾有共識。

許多局外人因此認定經濟學需要重大改革。他們說：燒掉經濟學課本，重頭重寫吧。

弔詭的是，總體經濟學和金融學不缺了解危機如何產生和發展所需要的工具。事實上，如果沒有經濟學界的工具箱，我們甚至無法理解這場危機。例如中國決定累積巨額外匯儲備，與加州一家房貸放款機構過度冒險有何關係？如果不借助行為經濟學、代理理論、資訊經濟學和國際經濟學的一些見解，我們不可能解釋這種相互關係。在經濟學文獻中，有關金融泡沫、資訊不對稱、誘因扭曲、自我實現的危機和系統風險的模型應有盡有。解釋這場危機及其餘波所需要的一切，幾乎都在經濟學期刊中！但在危機爆發前的多年裡，許多經濟學家淡化了這些模型的教訓，特別重視那些認為市場很有效率和能夠自我糾正的模型，導致政府對金融市場的監管不夠有力。換句話說，法瑪的理論太受重視，席勒的理論則太被忽視了。

凱因斯曾說：「經濟學是用模型來思考的科學，加上選擇適當模型的技藝。」在全球經濟危機這個例子中，經濟學令人失望之處正是選擇模型的技藝。經濟學家（和相信他們的人）對他們偏愛的模型變得過度自信：他們深信市場是高效的、金融創新將風險轉移到最有能力承擔風險的人身上、自我監管效果最好，以及政府干預是無效和有害的。他們忘了有許多其他模型提出截然不同的結論。傲慢導致盲點。經濟學在科學的那一面表現不錯，但在技藝和社會學那一面就不甚理想。

經濟學家與公衆

經濟學家以外的人傾向認為經濟學是一門崇拜市場和某種狹隘的（分配）效率概念、漠視道德或社會關懷的學科。如果你修過的經濟學課程僅限於典型的入門概論，又或者你是記者，就某個政策問題要求經濟學家提供簡單的評論，你對經濟學的印象確實就是這樣。但再修幾個經濟學課程，又或者參加一些高階經濟學討論會，你對經濟學的印象就會改變。

經濟學家一直被指意識形態狹隘，是因為在將經濟學理論應用在現實世界這件事上，他們是自己最大的敵人。他們並未將經濟學提供的各種見解全部告訴世人，而是過度相信特定方案──那些方案往往最符合他們的個人意識形態。

在我的著作《全球化矛盾》（*The Globalization Paradox*）中，我提出了這個思想實驗。假設一名記者打電話給一位經濟學教授，問他本國與X國或Y國自由貿易是不是好事。我們可以相當確定的是，這名經濟學教授將熱情支持自由貿易，一如絕大多數經濟學家。[2]

現在假設這名記者暗中化身為學生，參加這名教授主持的有關國際貿易理論的研究生高階討論會。假設他提出同一個問題：自由貿易是好事嗎？我估計這一次答案不會來得那麼快和那麼簡潔。事實上，教授很可能覺得難以回答。例如他或許會問：「怎樣才算『好』？對什麼人好？」然後教授將辛苦地長篇解釋，最後提出一個有許多前提的觀點：「如果我剛才說的多個條件都能滿足，並假設我們可以對贏家課稅以補償輸家，比較自由的貿易有可能提升每一個人的福祉。」如果教授有談興，可能還會說：自由貿易如何影響一個經濟體的成長率並不明確，取決於完全不同的另一組條件。

教授對記者無條件直接斷定自由貿易大有好處，對研究生卻說出一些設有大量前提的觀點。奇怪的是，教授心甘情願、非常自豪地傳授給研究生的知識，被視為不適合向公眾傳播

（有人認為向公眾傳播這些知識很危險），尤其是有關國際貿易如何影響所得分配的知識——經濟學家在學術研究中不厭其煩地詳細闡述，但面對公眾時卻往往不願討論。

經濟學家忽視了他們在入門課程中建構理論的方式造成的影響。有一次，兩名哈佛同事邀請我出席他們有關全球化的課程當嘉賓。其中一位事先警告我：「我必須告訴你，這些學生相當支持全球化。」他第一堂課就問有多少學生支持自由貿易甚於限制進口。雖然這些學生尚未在課堂上了解到比較優勢的神奇作用，就已經有超過九〇％的人支持自由貿易。

我們知道，在真實的民意調查中，向一個具代表性的樣本（而非只是哈佛的學生）問同一個問題，結果相當不同。在美國，受訪者支持限制貿易與支持自由貿易的比率為二比一。但哈佛學生的反應並不完全出人意表。相對於藍領工人，高技能和高教育程度的受訪者支持自由貿易的比例通常顯著較高。或許哈佛的學生表態時是考慮到自己（未來）的荷包。

又或者他們並不了解貿易的真正運作方式。我和他們見面時，換一種方式提出同一個問題，強調貿易對所得分配的影響。在這種情況下，支持自由貿易的共識消失了——速度之快超乎我的預期。

我一開始就問那些學生，是否可以陪我做一個神奇的實驗。我挑出兩名學生，尼古拉斯和約翰，告訴他們我可以使尼古拉斯的銀行存款瞬間減少二百美元，並使約翰的存款增加三百美元。經過這次神奇的「社會工程」之後，這班學生的總財富將增加一百美元。他們是否容許我做這件神奇的事？

只有極少數學生同意。許多學生不確定，更多人反對。

這些學生顯然對支持顯著的所得再分配感到不安，即使經濟大餅因此變大了。此時我問：自由貿易涉及類似的所得再分配（事實上再分配規模很可能更大），你們怎麼可以本能地支持自由貿易？這問題看來使學生們為之震驚。

接著我說，假設尼古拉斯和約翰各自經營一家小公司，互相競爭。假設約翰的財富增加三百美元是因為他更努力工作，儲蓄和投資更多，開發出更好的產品，導致尼古拉斯的公司倒閉，使尼古拉斯損失了二百美元。在這種情況下，有多少學生支持這種變化？這一次是絕大多數人支持——事實上，除了尼古拉斯之外，所有人都支持。

接著我提出與國際貿易直接相關的其他假設。假設約翰淘汰尼古拉斯的公司是靠從德國進口品質較好的原料？又或者是靠將生產外包給勞工權利未得到有效保障的中國？是靠在印尼雇用童工？支持這三種情況的學生一次比一次少。

如果造成再分配的是技術創新，那又如何？一如貿易，技術創新會使一些人的經濟狀況變差。極少學生支持阻止技術進步。幾乎所有人都認為，因為害怕製造蠟燭的工人失業而禁止電燈泡是很蠢的。

因此，哈佛那些同學未必反對再分配。他們是反對某些類型的再分配。一如我們多數人，他們在乎程序公正。

為了評斷再分配結果，我們必須了解是什麼情況造成再分配。我們並不妒忌比爾・蓋茲或巴菲特的驚人財富（雖然他們的一些對手在競爭過程中有所損失），理論上是因為競爭大致公平：所有業者都面對相同的基本規則，機會和障礙也相若。如果蓋茲和巴菲特致富不是靠勤奮和才能，而是靠作弊、違反勞動法、破壞環境或利用外國政府不公平的補貼，我們對他們的看法就會大不一樣。如果我們不支持違反本地公認道德標準的再分配，為什麼同樣的再分配只是因為涉及跨國交易，我們就接受呢？

同樣道理，如果我們預期再分配效應長期而言將平均攤分，最終每一個人的景況都能改善，我們就比較可能接受所得再分配。這是我們認為技術進步不應受阻的一個關鍵原因，雖然短期而言有些人的利益將顯著受損。另一方面，如果貿易的力量一再打擊同一批人（教育程度較低的藍領工人），我們對全球化的看法就可能不會那麼正面。

太多經濟學家漠視這種差異。他們動輒將對全球化的憂心歸咎於愚笨的保護主義動機或無知，即使事情涉及真實的道德問題。因為漠視國際貿易有時（當然並非總是）涉及我們在本國會認為有問題的再分配效應，這些經濟學家未能適當地參與公共辯論。他們因此也錯失在道德問題並不嚴重時替國際貿易有力辯護的機會。

經濟學界在教學上也受同一問題困擾。因為亟欲以完美的形式呈現經濟學的珍寶（例如市場效率、看不見的手、比較優勢），經濟學家省略了現實中的種種複雜情況和微細差別。這種情況有如物理學入門課程假設世界沒有重力，因為如此一來一切都將簡單得多。經濟學家淡化經濟學知識框架的多樣性，不會因此變得更有能力分析現實世界，也不會因此更受歡迎。

我們來看經濟學家在最近的貿易政策辯論中如何使用他們的模型。

經濟學家與估算貿易效應的遊戲

《跨太平洋夥伴協定》（TPP）是涉及十二個國家的超大型貿易協定，這些國家的總經濟產出占全球GDP逾三分之一，總出口占全球四分之一。在貿易協定的支持者和反對者數十年來的對抗中，TPP是最新戰場。

一如預期，支持的一方利用一些量化模型，使TPP看起來像顯而易見的明智協定。他們最喜歡的模型是布蘭戴斯大學的白崔（Peter Petri）和約翰霍普金斯大學的普朗莫（Michael

Plummer）建立的，以兩人和另一些學者長期以來建立的許多類似框架為基礎。該模型預測，未來相關國家實質所得的增幅介於〇．五％（美國）至八％（越南）之間，受影響產業的就業損失相對輕微。[3] TPP反對者利用的模型則產生截然不同的預測。該模型由塔夫斯大學的卡帕爾多（Jeronim Capaldo）、聯合國貿易和發展會議的伊蘇列塔（Alex Izurieta）和聯合國前助理秘書長孫達蘭（Jomo Kwame Sundaram）建立，預測TPP整體而言將導致降薪和失業率上升，而美國和日本這兩個關鍵國家的所得也將下跌。[4]

有關TPP對貿易的影響，兩個模型並無分歧：事實上，卡帕爾多等人以白崔和普朗莫研究稍早一個版本的貿易預測為出發點。兩個模型的差異，主要源自它們對各經濟體如何因應自由化造成的貿易量變化有不同的假設。

白崔和普朗莫假定各國勞動市場有足夠的彈性，受負面影響的經濟領域的就業損失因此可以因為其他領域就業成長而獲得彌補。他們一開始就排除了失業問題。但TPP的支持者卻常亂說這是白崔與普朗莫模型預測的結果。發表這項研究的彼得森研究所在其摘要中莫名其妙地表示：「TPP將提高美國的工資，但估計不會改變美國的就業水準……」[5] 工資方面的影響是這項研究的結論，但對就業的「預測」則可能電腦連一個數字都不曾處理過。

卡帕爾多等人則預測勞動市場將出現沉淪式競爭，工資和政府支出下跌將抑制總合需求和就業。不幸的是，他們的論文未能好好說明他們的模型如何運作，而且他們的模擬未有明確的細節。

白崔與普朗莫的模型完全是以學術界數十年來的貿易模型研究為基礎，明確區分個體經濟與總體經濟層面的影響——前者影響各經濟領域之間的資源分配，後者則與整體的需求和就業水準有關。根據此一傳統，貿易自由化是一種個體經濟層面的「衝擊」，影響就業的結構（composition），不影響整體就業水準。貿易經濟學家傾向以這種方式分析貿易協定，他們因此比較容易認同白崔與普朗莫的模型。相對之下，卡帕爾多的框架欠缺產業和國家層面的細節，其行為假設不明確，極端的凱因斯式假設與其中期觀點格格不入。

問題是現實世界的情況並不是那麼符合貿易經濟學家的設想。有關進口商品在受影響的社群如何對工資和就業產生負面影響，自由貿易的批評者已經蒐集了無數事例。奧托（David Autor）、多恩（David Dorn）和漢森（Gordon Hanson）這三位學界經濟學家的實證研究顯示，批評者大有道理。[6]他們指出，中國出口擴張在美國已經造成「巨大的調整成本和分配後果」。在受來自中國的進口商品嚴重打擊的地區，工資持續受壓和失業率居高不下的情況已持續逾十年。在面對中國競爭的產業，就業人口萎縮。這是意料中事，但令人意外的是，其他產業並未出現抵銷這種影響的就業成長。

自由貿易的支持者長期以來一直堅稱，先進經濟體去工業化和損失低技術工作，與貿易沒什麼關係，是新科技而非國際貿易擴張造成的。在有關TPP的辯論中，許多著名支持者仍堅持此一觀點。但新的實證研究發現顯示，這種觀點已站不住腳。[7] 順帶一提，白崔和普朗莫的模型確實顯示，TPP將使就業從製造業加速流向服務業，而這結果是TPP的支持者不願張揚的。

經濟學家並不完全明白為什麼貿易擴張會與總體經濟互動，對工資和就業造成我們觀察到的負面影響。我們目前還沒有很好的框架可以取代自由貿易支持者使用的模型。但我們不應該假裝我們珍惜的標準模型並未被現實嚴重玷污。考慮所有可用的模型突顯的所有可能性，比完全仰賴單一模型好得多。

不確定之處並非僅限於總體經濟互動。白崔與普朗莫的研究預測，TPP的經濟效益主要源自減少非關稅貿易障礙（例如阻礙服務進口的監理因素）和外國投資面臨的障礙。但是，建立模型預測這些效應，難度比評估降低關稅的影響高一個數量級。這當中涉及的假設並非標準假設，而是需要許多任意的捷徑。

結論就是兩個陣營的模型都無法產生可靠的預估數據作為支持或反對TPP的理據。我們唯一可以比較確定的一件事，是TPP將產生贏家和輸家。或許該協定將刺激跨太平洋的投資與知識流動，賦予世界經濟亟需的推動力。或許不會。不過，那些相信TPP將一如以前的貿易協定產生壓倒性好處的人，有充分的理由擔心TPP的真實影響。

經濟學家與民主

我的著作《全球化矛盾》二〇一一年出版時，我對讀者的各種評論已習以為常。但是，在某次新書發表會上，一名受託在會上討論這本書的經濟學家提出我意想不到的批評。他非常不客氣地說：「羅德里克想令世界變得對從政者安全。」為免在場人士接收不到他的訊息，他舉例說明，提醒觀眾這件事：「日本前農林水產大臣認為日本不能進口牛肉，因為日本人的腸道比其他國家的人長。」

此言引起幾聲笑聲。誰不喜歡挖苦政客的笑話？

但這番評論還有比較嚴肅的目的，顯然是想暴露本人論點中的根本缺陷。這名經濟學家認為賦予政界較大的操作空間顯然是個餿主意，而他假定在場人士認同他的看法。他暗示，如果不再限制政界可以做什麼，我們將得到許多愚蠢的干預，結果是市場遭扼殺，經濟成長引擎熄火。

這種批評暴露了許多人對市場真正運作方式的一種嚴重誤解。經濟學家受淡化制度功能的經濟學課本影響，往往想像市場是自我產生的，完全不仰賴有目的的集體行動。亞當斯密說「交流、以物易物和交易」是人類的天性，他或許是對的，但這種天性要發揮出來，需要各種各樣的非市場制度配合。

來看看我們需要什麼。現代的市場需要運輸、物流和通訊基礎設施，而它們大部分是公共投資創造出來的。市場需要一些制度去確保合約得以執行和產權獲得保護，也需要法規以確保消費者作出知情的決定、外部性得以內化，以及防止有心人濫用市場力量。市場需要中央銀行和財政機關來防止或消除金融恐慌，同時避免過度劇烈的經濟週期波動。市場需要社會保障和安全網來賦予分配結果正當性。

運作良好的市場總是嵌入較廣泛的集體治理機制裡。這正是為什麼世上較為富裕的經濟體，那些擁有最高效市場體系的經濟體，也都有龐大的公共部門。

我們一旦認識到市場需要規則，接著就必須思考誰制定規則的問題。貶低民主價值的經濟學家有時說得像是由高尚的柏拉圖式哲王（最好是經濟學家）做決定，就可以取代民主治理！

這種設想既不切題，也不可取。首先，政治制度的透明度、代表性和問責性越低，遊戲規則越有可能遭特殊利益集團綁架。當然，民主體制也可能遭綁架，但民主仍是我們抵禦專制統治的最佳保障。此外，制定規則極少只考慮效率，可能涉及權衡互有矛盾的社會目標（例如穩定與創新之間的取捨），或做分配上的抉擇。這些無關效率的任務不是我們想交給經濟學家的——經濟學家或許很了解許多東西的價格，但未必明白它們的價值。

沒錯，民主治理的品質有時可以藉由縮減民選代表的裁量權來增強。如上一章提到，在以下這些情況下，運作良好的民主體制往往將制定規則的權力下放給準獨立（quasi-independent）機關：問題是技術性的，不會引起分配問題；政治交易將導致對所有人都不理想的結果；政策容易受短視近利、大幅低估未來代價的問題影響。

獨立的中央銀行是這種安排的一個重要例子。通膨目標或許是由民選的掌權者決定，但以什麼方法達成目標則由央行的技術官僚決定。即使如此，央行往往仍必須接受民選掌權者問責，在未能達成目標時解釋原因。

同樣道理，在某些情況下，民主國家授權國際組織處理特定問題也是有益的。限制關稅稅率或減少有害氣體排放的全球協議確實很有價值。但經濟學家往往未充分理解促成這種安排的政治因素，就崇拜這些限制權力的設計。

利用外部約束提升民主審議的品質（例如防止短視近利或要求提高透明度），與偏袒特定利益集團、破壞民主體制是截然不同的兩回事。

例如我們知道，巴塞爾委員會制定的全球資本適足要求，基本上是受大銀行影響。如果資本適足規定是經濟學家和金融專家研擬的，一定會嚴格得多。又或者規則由各國國內政治程序制定，與大銀行對立的利害關係人就可能施加較大的壓力（雖然金融業在各國國內也是巨大的勢力）。

同樣道理，雖然宣傳話語說得很好聽，世界貿易組織的許多協議並不是追求全球經濟福祉的結果，而是跨國企業尋求獲利機會發揮遊說力量的結果。專利和版權方面的國際規則反映主要利益集團得償所願的能力——藥廠和好萊塢只是其中兩個例子。經濟學家普遍批評這些規則過度限制開發中經濟體獲得廉價藥物或把握科技機會的能力。

因此，本地民主裁量（democratic discretion）與外部約束之間的抉擇，並非總是好壞政策之間的抉擇。即使本地政治程序運作不良，我們也完全無法保證全球體制可以運作得好一些。抉擇往往在於向本地尋租者還是外國尋租者屈服。如果選擇前者，至少租值可以留在本地！

說到底，問題的關鍵在於我們授權誰去制定市場運作需要的規則。我們的全球經濟不可避免的現實是：正當的民主問責主要仍是在民族國家內部進行。因此，我欣然接受那位經濟學家的指控。我確實想令世界變得對民主制度下的從政者安全。而且老實說，我很好奇為什麼會有人不想。

傅利曼的神奇思想

自凱因斯以降，對政策制定者有關經濟如何運作的觀念影響最大的經濟學家，很可能就是米爾頓・傅利曼（Milton Friedman）。傅利曼是二十世紀最傑出的經濟學家之一，榮獲諾貝爾經濟學獎，對貨幣政策和消費理論有重要貢獻。但世人記得的傅利曼，主要是那位在二十世紀下半葉為自由市場擁護者提供學術彈藥、富遠見卓識的學者，以及一九八〇年之後經濟政策戲劇性改變的幕後主腦。

在懷疑市場的言論甚囂塵上之際，傅利曼以清楚易懂的語言解釋了為何私營企業是經濟繁榮的根基。所有成功的經濟體都是建基於節儉、勤奮和個體的主動努力。他抨擊阻礙創業和限制市場的政府管制。傅利曼之於二十世紀，有如亞當斯密之於十八世紀。

傅利曼的里程碑式電視節目「選擇的自由」（Free to Choose）一九八〇年播出時，世界經濟正經歷不同尋常的轉型造成的陣痛。在傅利曼的思想激勵下，雷根、柴契爾夫人和許多其他國家的領袖開始解除之前數十年間建立起來的政府管制。

中國捨棄中央計劃模式，容許市場蓬勃發展——首先是農產品，最終擴展至工業產品。拉丁美洲國家大幅減少貿易障礙，並將國有企業私有化。柏林圍牆一九八九年倒下時，那些前指令型經濟體無疑是以自由市場模式為轉型方向。

但傅利曼對後世的影響，也有沒那麼美好的一面。他亟欲促進市場的力量，結果將市場與國家區分得過度截然。事實上，他將政府說成是市場的敵人。他因此蒙蔽了我們，使我們看不到這個明顯的事實：所有成功的經濟體其實都是混合型的。不幸的是，世界經濟在經歷了一場全球金融危機之後，仍必須與這種無知搏鬥——那場危機，頗大程度正是我們放任金融市場過度自由運作造成的。

傅利曼那種觀點嚴重低估了市場有效運作需要的制度前提。此一陣營認為政府只需要保護財產權和確保合約得以執行，市場就可以發揮其神奇作用。但事實上，現代經濟體需要的那些類型的市場並不是自我創造、自我監理、自我穩定或自我正當化的。政府必須投資建立運輸和通訊網絡；抵銷資訊不對稱、外部性和議價能力不平等的影響；緩和金融恐慌和經濟衰退；以及回應民眾對安全網和社會保險的要求。

市場經濟需要市場，一如檸檬水需要檸檬。純檸檬汁幾乎是不能喝的。要做出好喝的檸檬水，你需要加水和糖。當然，如果你加太多水，你會毀了檸檬水，一如政府過度干預會使市場無法正常運作。訣竅是不要放棄水和糖，但要確保比例適當。傅利曼認為香港是自由市場社會的典範，而香港至今仍是一個例外（經濟成功，但並非混合型經濟體）；但即使如此，香港政府在提供住宅用地方面仍扮演重要的角色。

傅利曼留給多數人的印象，是那位在「自由選擇」節目中，舉起一支鉛筆，微笑著說明市場力量的矮小和謙和的教授。傅利曼說，一支鉛筆得以製造出來，有賴世界各地數千人的努力——他們開採石墨、砍下樹木、組裝元件，然後銷售成品。他們的行動不靠某個中央機構協調；這件了不起的事得以完成，是靠自由市場和價格體系的神奇力量。

近四十年後，這個鉛筆故事出現了有趣的終章（此處所述以經濟學家里德〔Leonard E. Read〕的一篇文章為基礎）。如今世上多數鉛筆是中國製造的，而中國經濟是私營企業和國家指導的一種奇特結合。

傅利曼如果還活著，可能會想探索這個問題：中國是怎樣主導了鉛筆和許多其他產業的？墨西哥和韓國有更好的石墨來源。印尼和巴西有更充裕的林木資源。德國和美國有更好的技術。中國有大量廉價勞動力，但孟加拉、衣索比亞和許多其他低收入人口大國也有。

中國主導世界鉛筆業，無疑主要是拜積極和勤勞的中國企業家和勞工所賜。但現今的鉛筆故事如果不提以下要素，勢必殘缺不全：中國國有企業提供了技術和勞工培訓方面的初始投資；中國的林木管理政策人為地壓低了木材價格；政府提供慷慨的出口補貼；政府干預外匯市場，使中國製造商享有顯著的成本優勢。中國政府補助、保護和驅策該國企業，確保國家迅速工業化，因此促成了有利於中國的全球分工變化。

傅利曼本人會希望沒有這些政府政策。但是，如果中國政府並未採取措施推動鉛筆業的發展，中國鉛筆廠雇用的數萬名工人很可能仍將是貧窮的農民。考慮到中國的經濟成就，我們很難否認政府的工業化政策有其貢獻。

自由市場的擁護者在經濟思想史上的地位仍將是穩固的。但傅利曼之類的思想家留給世人的東西卻是曖昧和令人困惑的，因為在經濟史上，緊要關頭成功的人往往是干預主義者。

重商主義挑戰

經濟學的歷史，主要就是自由主義與重商主義（mercantilism）這兩個對立的思想流派之間的鬥爭。經濟自由主義特別重視私營企業和自由市場，至今仍是居主導地位的學說。但自由主義在學術上的勝利，使我們忽略了重商主義在實踐上的巨大吸引力和常見的成功。事實上，重商主義至今仍有旺盛的生命力，而它與自由主義的持續衝突很可能將是塑造全球經濟未來面貌的一股重要力量。

重商主義如今往往被貶低為一套陳腐和顯然錯誤的有關經濟政策的理念。在其全盛期，重商主義者確實堅持一些非常古老的觀念，最主要的就是國家的政策必須以累積貴金屬（黃金和白銀）為指導方針。亞當斯密一七七六年的著作《國富論》非常高明地駁倒了許多此類見解。他特別說明一件事，財富並非等同金錢。如他所言：「一國的財富並非僅限於其黃金和白銀，還包括其土地、房屋，以及各式各樣的消費品。」

但是，對重商主義較準確的理解應該是：這是組織國家與經濟的關係的另一種方式，而這種理念在當代的重要性並不低於十八世紀時。重商主義理論家如托馬斯·孟（Thomas Mun）實際上是資本主義的堅定支持者，他們只是提出一種與自由主義不同的模式。自由主義模式認為國家必然是掠奪式的，而私營部門則具有尋租的本質。自由主義者因此認為必須嚴格區隔國家與私營企業。重商主義則提出一種統合主義（corporatism）願景：在這種願景中，國家與私營企業是盟友，合作追求某些共同目標，例如本國經濟成長或強大的國力。

重商主義模式可能被嘲笑為國家資本主義（state capitalism）或裙帶主義（cronyism）。但它成功時（常發生在亞洲），該模式「政府與企業合作」或「親商政府」的表現迅速獲得大量讚美。落後的經濟體並未忽略一件事：重商主義可以對它們有幫助。即使是英國，古典自由主義也要到十九世紀中葉才出現，也就是在英國成為稱霸全球的工業強國之後。

自由主義與重商主義的第二個差異，在於偏重消費者還是生產者的利益。對自由主義者來說，消費者是王。經濟政策的終極目標是提升家庭的消費潛力，為此必須排除一切障礙，使消費者能夠自由地獲得最便宜的商品和服務。重商主義者則強調經濟的生產面。他們認為健全的經濟需要健全的生產結構，而消費必須以合宜工資水準下相當高的就業率為基礎。

這兩個不同的模式對國際經濟政策的影響是可預料的。根據自由主義的邏輯，貿易的經濟效益來自進口：進口商品越便宜越好，即使國家因此出現貿易赤字。重商主義者則視貿易為支持國內生產和就業的一種手段，因此傾向刺激出口而非進口。

如今中國是高舉重商主義火炬的最重要國家，雖然中國領導人絕不會承認這一點——重商主義一詞仍帶著太多的恥辱。中國的經濟奇蹟主要有賴該國非常積極的政府支持、刺激和公開補貼工業生產者——無論生產者是本國企業還是外商。

雖然中國逐漸取消了該國許多明確的出口補貼，作為二〇〇一年加入世界貿易組織的條件，重商主義的支援體系在中國仍大致保持完好。尤其值得注意的是，中國政府控管人民幣的匯率以維護製造商的營利能力，使中國享有巨大的貿易盈餘（最近有所縮減）。此外，出口導向企業繼續受惠於一系列的租稅獎勵。

在自由主義者看來，這些出口補貼損害中國消費者的經濟利益，同時嘉惠其他國家的消費者。諾丁漢大學經濟學家德菲華（Fabrice Defever）和里亞諾（Alejandro Riaño）的一項研究估計中國的「損失」約為中國人收入的三%，而其他國家的得益則約為全球收入的一%。[8] 但在重商主義者看來，這些「損失」不過是建立現代經濟體和奠定長期繁榮基礎的成本。

如出口補貼的例子顯示，自由主義和重商主義這兩種模式可以在世界經濟裡和諧共存。自由主義者理應樂見自己的消費獲得重商主義者補貼。事實上，這大致上正是過去六十年發生的事：一連串的亞洲國家藉由應用不同版本的重商主義，實現了戲劇性的經濟發展。日本、韓國、台灣和中國保護其國內市場、盜用「智慧財產」、補貼其生產者和控管本國貨幣匯率時，富裕國家的政府基本上默許這些行為。

這種和諧共存的狀態如今已告一段落。因為西家國家不平等加劇而且中產階層陷入困境，加上解除管制造成金融危機，自由主義模式的信譽已嚴重受損。北美和歐洲經濟體的中期成長前景介於平庸與黯淡之間。政策制定者將繼續非常關注失業問題，並為此頭痛不已。先進國家承受的重商主義壓力因此也很可能將加重。

因此，在新的經濟環境下，自由主義與重商主義國家之間的關係很可能將變得比較緊張而非比較和諧。有關哪一種資本主義能產生最大的繁榮，圍繞著這問題的辯論在停頓很久之後，也可能因此重新活躍起來。

被綁架的經濟學

事情攸關巨大的利益時，政治上對立的勢力自然「飢不擇食」地利用他們可以從經濟學家和其他學者那裡得到的支持。美國政界的保守派和歐盟官員積極利用萊因哈特（Carmen Reinhart）和羅格夫（Kenneth Rogoff）這兩位哈佛教授的研究結果來證明他們支持財政緊縮是正確的，正是這麼一回事。[9]

萊因哈特和羅格夫發表了一篇論文，看來證明了一國的公共債務若超過國內生產毛額（GDP）的九〇%，經濟成長就會顯著受損。這篇論文受到麻省大學阿默斯特分校三名經濟學家的批評，他們指萊因哈特和羅格夫的結論相當脆弱。[10]他們發現了一個相對次要的試算表錯誤。但更重要的是，他們指萊因哈特和羅格夫在研究方法上做了一些有問題的假設，以致他們的研究結果相當可疑。雖然債務水準與經濟成長看來負相關，支持九〇%這個截然門檻的證據相當薄弱。此外也有許多人表示，債務水準與經濟成長負相關，本身可能是逆向因果造成的：是經濟成長太低推高債務水準，不是反過來。

許多評論者指責萊因哈特和羅格夫甘心（或甚至是存心）參與一場政治詐欺，兩位教授則強烈反駁這種指控。他們替自己的實證方法辯護，堅稱他們不是許多批評者所講的「赤字鷹派」。

此一事件並非只是一場學術爭論。因為九〇%這個門檻已成為一種政治彈藥，拆除這個門檻也就變得政治化。雖然萊因哈特和羅格夫強烈抗議，許多人指責他們在學術上掩護了一些其實理據成疑的政策。另外兩名經濟學家艾雷希納（Alberto Alesina）和安達娜（Silvia Ardagna）的一篇論文也受到類似的批評，那篇論文看來證明財政緊縮可以刺激經濟，與標準的凱因斯學派設想相反。[11] 這篇論文也在政策圈裡產生了頗大的影響力，直到愈來愈多相反的證據迫使主張財政緊縮的陣營認輸。[12]

有關經濟研究者與政策制定者之間的往來互動，我們顯然可以應用更好的規則。在我的著作《經濟學好厲害》（*Economics Rules*）中，我討論了經濟學家應如何與公眾互動。有一種方式是行不通的，那就是經濟學家揣測其他人將如何在公共辯論中利用或濫用他們的觀點，然後相應地誇大或淡化自己的見解。例如萊因哈特和羅格夫若這樣做，他們可能會淡化自己的研究結果，以免赤字鷹派濫用它們。但極少經濟學家能清楚了解政治因素將如何發揮作用。此外，經濟學家如果調整他們的訊息以配合受眾，結果將適得其反：他們將迅速喪失信譽。

有關全球化的辯論顯然就是這樣：選擇性誇大或淡化研究結論是經濟學家慣常的做法。為免賦予「野蠻的保護主義者」彈藥，研究貿易的經濟學家向來傾向誇大貿易的好處，並淡化貿易在分配和其他方面造成的代價。結果這些經濟學家的論點往往被另一邊的利益集團綁架，例如全球型企業就利用這些論點，企圖操縱貿易規則以圖利自己。因此，在有關全球化的公共辯論中，經濟學家極少被視為公正的仲介。

經濟學家可以選擇一種好得多的做法，那就是坦率揭露多數經濟學研究結果的含糊性和脈絡特殊性（context-specificity）——暴露而非掩蓋其多樣性。但如下一章將談到，經濟學家往往傾向讚頌共識和哀嘆分歧，即使他們理應有更高明的見識。

6 危險的共識

設在芝加哥大學的研究中心，全球市場倡議（The Initiative on Global Markets），不時就當前熱門議題調查一群學界頂尖經濟學家。雖然這些經濟學家政治傾向不一，他們對許多問題有壓倒性的共識。例如他們幾乎一致認為歐巴馬總統的經濟刺激計畫對降低美國失業率有幫助。該計畫的正式名稱為《二〇〇九年美國復甦與再投資法案》，涉及美國政府在基礎建設、教育、醫療、能源、租稅獎勵和社會福利措施方面逾八千億美元的支出。這是美國政府在經濟危機中執行的計畫，是典型的凱因斯式反應。三十七位受訪的頂尖經濟學家有三十六位表示，該計畫成功達成了它宣稱追求的降低失業率的目標。密西根大學經濟學家沃佛斯（Justin Wolfers）在其《紐約時報》部落格中為此一共識歡呼。[1]他抱怨，有關財政刺激措施是否有效的公共辯論充滿敵意，這種辯論與專家的共識完全脫節。

事實上，經濟學家對許多頗具政治爭議的問題有共識。二〇〇九年哈佛經濟學家曼昆（Greg Mankiw）列出了其中一些。[2] 以下主張獲得至少九〇%的經濟學家支持：進口關稅和配額損害整體經濟福祉；租金管制導致房屋供給減少；浮動匯率提供了一種有效的國際貨幣體系；美國政府不應限制雇主將工作外包給其他國家；在未達到充分就業狀態的情況下，財政政策可以刺激經濟。

這種對許多重要問題的共識，與人們對經濟學家極少意見一致的普遍印象形成鮮明的對比。蕭伯納就有一句名言諷刺經濟學家：「即使所有經濟學家躺下來，一個接一個頭腳相連，也去不到一個有結論的地方。」美國總統艾森豪據稱因為對經濟顧問提供的意見模稜兩可和互有衝突感到沮喪，曾想找一名「獨臂經濟學家」（one-handed economist）——因為獨臂經濟學家無法提出「另一方面」（on the other hand）的看法。

經濟學家確實就許多公共政策問題有激烈的辯論。所得稅最高稅率應該是多少？最低工資應該調升嗎？要縮減財政赤字，應該靠加稅還是削減支出？專利是刺激抑或阻礙創新？就諸如此類的許多問題，經濟學家往往能看到正反兩面，而我估計，如果我們就這些問題調查經濟學家，應該不會有什麼共識。

經濟學家之間出現共識，原因可能是好的，也可能是壞的。經濟學家的共識有時完全無害，例如他們基本上都認為誘因極其重要，忽略誘因是自找麻煩。有誰可以真的不同意這一點？共識有時僅限於特定事件，是建基於事後累積的證據：沒錯，蘇聯經濟體系的效率非常低；沒錯，歐巴馬二〇〇九年的財政刺激方案確實降低了美國的失業率。

但如果共識是圍繞著特定模型的普遍適用性，而這些模型的關鍵假設在許多情況下並不成立，我們就會有麻煩。

來看稍早提到的一些經濟學家的共識。限制貿易損害經濟福祉的說法無疑並非普遍成立，在某些情況下（例如存在外部性或規模報酬遞增現象）並不成立。此外，這觀點要求經濟學家就貿易的分配效應作出價值判斷，而這最好留給選民自己做。

租金管制導致房屋供給減少，在不完全競爭的情況下也不成立。至於浮動匯率是一種有效的貨幣體系，這說法仰賴一些有關貨幣和金融體系運作方式的假設，而這些假設已證實頗有問題；我估計，如果現在再做一次調查，支持這觀點的經濟學家會顯著減少。

再看一些熱門議題。以前經濟學家普遍假定法定最低工資顯著損害就業，但這觀點的說服力如今已顯著受損，因為已有大量證據顯示，法定最低工資對就業的影響好壞不一；在某些模型中，最低工資並不損害就業，甚至有助提高就業率。即使在英國退出歐盟這件事中，雖然理論和證據皆指向英國脫歐不利於經濟表現，經濟學家的明智做法是強調他們的預測涉及許多不確定因素。

或許經濟學家傾向認為某些假設在現實世界裡通常成立。或許他們認為某些模型「平均而言」比其他模型更有效。即使如此，作為科學家，他們不是應該在表達他們的立場時，加上適當的警告嗎？他們不是應該擔心，至少在某些情況下，前述那些明確地陳述可能誤導人嗎？問題在於經濟學家往往誤以為某個模型是唯一有效的模型。在這種情況下，經濟學家的共識當然不值得歡呼。

這會造成兩種禍害。第一種是無所作為——共識中的盲點使經濟學家未能看到大禍將臨。一個非常重要的例子，是經濟學家未能認識到，多種情況結合起來非常危險——後果就是二〇〇七—〇八年爆發全球金融危機。如我稍早指出，經濟學家這種疏忽不是因為我們欠缺有關資產泡沫、資訊不對稱、誘因扭曲或銀行擠兌的模型。問題在於經濟學家忽略了這些模型，僅重視那些強調市場高效運作的模型。

第二種禍害是妄自作為——經濟學家因為執迷於某種模型，結果成為政府的同謀，支持一些早就應該料到必將失敗的政策。經濟學家倡導新自由主義「華盛頓共識」政策和金融全球化，就屬於這種錯誤。在這兩個例子中，經濟學家都忽略了嚴重的次佳併發症（second-best complications），例如學習外部性（learning externalities）和制度薄弱的問題，而這些問題削弱了改革的作用，在某些情況下甚至使改革適得其反。

奇特的經濟科學

萊因哈特與羅格夫論文引發的風暴（參見上一章）使許多人忽略了這一點：這場爭論實際上是經濟研究受檢視和精進的有益過程。萊因哈特和羅格夫迅速承認他們所犯的試算表錯誤。對立的兩種分析澄清了資料的性質、局限，以及不同的資料處理方式如何影響分析結果。說到底，無論就證據說明了什麼或這有何政策涵義而言，萊因哈特和羅格夫的看法與批評者差異不大。

因此，這場爭論光明的一面在於它證明經濟學可以循科學規則進步。無論爭論雙方的政治觀點差異多大，他們可以用一種共通的語言討論何謂證據，而且基本上可用一種共同的方法解決分歧。

經濟學不同於自然科學，極少產生確鑿無疑的研究結果。經濟學其實是一個工具箱，裡面有多種模型——每一個模型各有不同，但都是對現實某些方面的典型化（stylized）陳述。經濟學推論的脈絡性本質意味著現實世界裡有多少種不同的情境，結論就可能有多少種。所有的經濟學主張都是一種「如果…那就」（if-then）的陳述。經濟分析師的技能取決於針對當前情境挑選適當模型的能力。因此，針對特定情境找出最有效的措施是一種技藝而非科學。

我這麼說時，得到的一種反應是：「如果每一種可能出現的結果都有一個模型，經濟學怎麼可能有用？」嗯，世界很複雜，而我們藉由簡化它來認識它。一個市場裡如果有許多賣家，其表現會與只有幾個賣家時不同。即使在只有幾個賣家的情況下，實際表現如何仍會因賣家之間的策略互動性質而異。若再加上資訊不完整，可能性就更多。我們可以選擇的最好做法，就是了解每一種情況下的行為結構，然後採用一種實證方法，針對我們關注的特定情境應用正確的模型。我們因此有「一種經濟學，許多不同的政策處方」（one economics, many recipes）——這正是我其中一本著作的書名。[3] 與自然科學不同的是，經濟學進步不是靠新模型取代舊模型，而是靠愈來愈豐富多樣的模型增進我們對各種社會經驗的認識。

因此，經濟學不重視經濟診斷法（economic diagnostics）的研究也就令人驚訝。所謂經濟診斷，就是針對現實世界裡的特定情境，從多種貌似可用的模型中找出真正適用的模型。經濟學界非常了解法瑪或席勒模型的理論與實證涵義，但經濟學家欠缺一種系統工具，以致他們難以確定哪一個模型最適用於今天的華爾街或二〇〇七年的房貸市場。這導致經濟學家介入現實時提出普遍的判斷（而非有條件的判斷），選定一個模型而非視情況需要選用不同的模型。經濟學界非常重視開發新模型以探索我們還未能解釋的現象，而經濟學家看來沒什麼誘因去研究如何因應特定情境選擇適用的模型和解決方案。我和一些同事已將這些想法應用在開發中國家的成長政策問題上。[4]不過，這顯然應該是一個廣泛得多的研究計畫的一部分。當然，假以時日，優秀的經濟學家會發展出做必要的經濟診斷需要的本領。但即使如此，經濟學家也只是本能地做這件事，極少記錄或詳細討論方法。

不幸的是，經濟學中的實證證據極少可靠到足以決定性地解決意見嚴重分歧的爭議——當然不可能即時解決。總體經濟學尤其如此，其時間序列資料可以作多種不同的解釋。強烈傾向認為金融市場效率很高的人，例如法瑪，可以繼續主張全球金融危機的責任不在於金融市場，而是在其他地方。凱因斯學派和古典經濟學派可以繼續堅持他們對高失業率的不同理解。

但即使在個體經濟學中，有時雖然可以利用隨機對照試驗得出精確的實證估計，這些估計也僅適用於特定的局部環境。若想較廣泛應用這種結果，我們必須採用外推法，而這涉及許多的判斷和猜測。新經濟證據最多只能小幅改變持開放態度者的觀點。

發展經濟學家巴蘇（Kaushik Basu）曾說：「專家知道自己所知的東西沒有非專家所想的那麼多，這一點是非專家不知道的。」[5]此事的涵義並非僅限於我們應避免過度推銷任何特定的研究結果。新聞工作者、政界人士和大眾傾向高估經濟學家評論的價值，而經濟學家理應知道，他們的評論往往沒有人們所想的那麼權威和精確。不幸的是，經濟學家極少是謙虛的，尤其是在面對公眾時。同樣不幸的是，學界經濟學家在事業上的發展仰賴聰明而非智慧。頂尖大學的經濟學教授在學術界脫穎而出，是靠設計出富想像力的理論花樣或建立新證據，不是靠對現實世界作出正確的判斷。如果這些技能使他們成為現實社會的敏銳觀察者，並使他們能作出明智的判斷，那絕對是意外。

因此，經濟學既是科學，也是技藝。諷刺的是，經濟學界因為希望提升經濟學作為一門科學的地位，忽略了技藝那一部分，經濟學因此有時淪為江湖郎中賣的「蛇油」（snake oil，沒有實質療效的藥物）。

經濟學界內部的不滿

因此，經濟學向來不缺批評者也就不足為奇。自十九世紀末以來，經濟學愈來愈重視應用數學和統計學，自詡為一門科學；自那時以來，經濟學家被指責的罪名就有一籮筐。這些指控包括經濟學家狂妄自大、忽視收入以外的社會目標、過度重視形式技巧，以及未能預料到重大經濟事件如金融危機。這些批評通常來自外部人士或經濟學界的異端邊緣人物，但最近似乎連經濟學界的領袖人物也有不滿。

諾貝爾經濟學獎得主、報紙專欄作家克魯曼（Paul Krugman）習慣性抨擊最新一代的總體經濟學模型忽略老派的凱因斯主義真理。[6] 新成長理論創始人之一的羅默（Paul Romer）指責一些頂尖經濟學家（包括諾貝爾經濟學獎得主盧卡斯〔Robert Lucas〕）「濫用數學」（mathiness），也就是利用數學混人耳目而非澄清事理。[7] 芝加哥大學傑出的行為經濟學家塞勒（Richard Thaler）批評經濟學界忽視現實世界裡的行為，寧願採用假定人類是理性最佳化人（rational optimizers）的模型。[8] 同樣任教於芝加哥大學的金融學教授津加萊斯（Luigi Zingales）指責金融專家誇大金融業創造的好處，使社會誤入歧途。[9]

經濟學界顯要人物的這種批判反思是健康和可喜的——尤其是因為經濟學界往往欠缺反省。但是，新一輪的這些批評含有一種令人不安的潛台詞，必須明確指出並加以駁斥。經濟學這門科學永遠不會有一種所有情況下皆最適用的正確模型。如羅默所言，關鍵不在於「就哪一個模型正確達成共識」，而是在於找出特定情況下最適用的模型。而這件事永遠都將是一種技藝（或凱因斯所講的「藝術」）而非一門科學，尤其是在必須即時作出選擇的情況下。

社會世界不同於物質世界，因為它是人造的，因而具有近乎無限的可塑性。因此，與自然科學不同的是，經濟學在科學上的進步不是靠以新模型取代舊模型，而是靠增加可用的模型，而每一個模型都有助我們認識一種不同的社會情況。

例如我們現在有許多關於不完全競爭或資訊不對稱的市場模型。這些模型並未使較早面世、基於完全競爭的市場模型變得過時或毫無意義。它們只是令我們更加意識到，不同的情況需要不同的模型。同樣道理，強調捷思型（heuristic）決策的行為模型使我們更懂得分析捷思型決策可能很重要的情況。它們並不取代在其他情況下仍最適用的理性選擇模型。適用於先進國家的成長模型應用在開發中國家身上，效果可能很差。在某些情況下，強調預期作用的模型最適合用來分析通膨或失業率；在另一些情況下，採用凱因斯學說的模型更適用。

阿根廷作家波赫士（Jorge Luis Borges）寫過一個短故事，雖然只有一段文字，但可能是科學方法的最佳指南。[10]故事發生在一個遙遠的國度，製圖學（製作地圖的科學）在那裡發展至荒謬的極端程度：因為非常具體，一省的地圖攤開有一整個城市那麼大，整個帝國的地圖則有一個省的面積那麼大。隨著時間的推移，製圖師變得更雄心勃勃：他們製作出以一比一的比例精確複製整個帝國的地圖。波赫士諷刺地指出，隨後多代的人發現，如此巨大的地圖實際上毫無用處。因此，這張地圖連同它代表的地理科學被遺棄在沙漠裡。

波赫士的慧見至今仍被許多社會科學家忽視：認識事物需要簡化和抽象，避免糾纏於現實世界裡的許多細節。應對社會生活複雜性的最好方式並非設計愈來愈精細的模型，而是逐一了解不同的因果機制如何運作，然後因應具體的情境找出最相關的機制。

我們從家裡開車去上班使用某種地圖，去另一個城市旅行使用另一種地圖。如果我們騎腳踏車、步行或乘坐公共交通工具，還會使用其他類型的地圖。

選擇適用的經濟學模型比選擇適用的地圖困難得多。必須做這件事的人使用各種正式和非正式實證方法，技術水準各有不同。在《經濟學好厲害》（*Economics Rules*）這本書中，我批評經濟學訓練並未適當幫助學生掌握必要的實證診斷能力。

但經濟學界的內部批評者宣稱經濟學界出錯是因為經濟學家尚未就「正確的」模型達成共識（他們當然認為他們喜歡的模型才是正確的），則是不對的。我們應該珍惜經濟學的多樣性（理性選擇vs.行為學派；凱因斯學派vs.古典學派；最佳vs.次佳；正統vs.異端），同時致力使自己能更明智地適時選用適用的框架。

我們必須維持健康的經濟學框架多樣性，才能明白當代的一些關鍵問題。來看兩個充斥著重要政策難題的議題：不平等，以及科技與創新的影響。

不平等的好與壞

在經濟學理論的殿堂裡，平等與效率之間的取捨曾占據崇高的地位。美國經濟學家歐肯（**Arthur Okun**）就此課題所寫的經典著作名為《平等與效率：重大取捨》（*Equality and Efficiency: The Big Tradeoff*），他認為公共政策的核心在於管理這兩種價值之間的緊張關係。近至二〇〇七年，紐約大學經濟學家薩金特（**Thomas Sargent**）在柏克萊加州大學畢業典禮上演講，以十二條簡短的原則概括經濟學的智慧，平等與效率的取捨就是其中之一。[11]

促進平等必須犧牲經濟效率的信念，是以誘因這個經濟學極珍視的概念為基礎。企業和個人儲蓄、投資、努力工作和創新，需要收入有望提高這個誘因。如果政府對賺錢的企業和富有的家庭課稅損害這個誘因，大家就不會那麼努力，結果是經濟成長受損。共產國家的平等實驗釀成經濟災難，長期以來是反對再分配政策的人引用的最重要例子。

但近年來，無論是經濟學理論還是實證證據，都對平等與效率必須有所取捨的假設不利。經濟學家提出的新論據顯示，良好的經濟表現不僅與分配公平相容，甚至可能需要分配公平。例如在高度不平等的社會裡，貧窮家庭被剝奪了經濟和教育機會，經濟成長明顯受抑制。另一方面，在斯堪的納維亞國家，平等主義政策顯然並未阻礙經濟繁榮。二〇一四年，國際貨幣基金組織（IMF）的經濟學家提出一些實證研究結果，看來顛覆了以往的共識。[12] 他們發現，無論是在國家內部還是國際之間，較高的平等程度都伴隨著隨後較快的中期經濟成長。此外，再分配政策看來並未對經濟表現有任何不利的影響。魚與熊掌看來可以兼得。這個研究結果相當驚人——尤其是因為它來自完全並非以異端或激進思想見稱的IMF。

經濟學這門科學幾乎完全無法宣稱自己發現了任何普遍的真理。一如社會生活裡幾乎所有事情，平等與經濟表現的關係很可能不是固定的，而是因脈絡而異，取決於不平等的深層原因和許多中介因素（mediating factors）。因此，目前正形成的，有關不平等如何有害的新共識，可能會像舊共識一樣容易誤導人。

且以工業化與不平等的關係為例。在一個多數勞動力從事傳統農業的貧窮國家，城市工業機會增加很可能導致不平等擴大，至少在工業化的早期階段是這樣。隨著農夫遷往城市並賺得較高的工資，所得差距會擴大。但這正是造就經濟成長的過程，所有成功的開發中國家都曾經歷這過程。在中國，一九七〇年代末之後迅速的經濟成長，伴隨著不平等程度顯著上升。不平等程度上升約有一半是城鄉收入差距造成的，而這種差距也是經濟成長的引擎。

再來看對富裕和中產階層課稅以提高貧窮家庭收入的移轉政策。許多拉丁美洲國家，例如墨西哥和玻利維亞，以財政穩健的方式執行這種政策，確保政府財政赤字不會導致高負債和總體經濟動盪。另一方面，在委內瑞拉，查維茲及其繼任者馬杜洛推行非常高強度的再分配政策，以一時的石油收入為財源，結果危及移轉政策和總體經濟穩定。雖然委內瑞拉得以（暫時）降低不平等程度，該國的經濟成長前景已嚴重受損。

拉丁美洲是一九九〇年代初以來全球唯一降低了不平等程度的區域。社會政策進步和教育投資增加是重要因素。不過，技術勞工與非技術勞工的薪酬差距——經濟學家所講的「技術溢酬」（skill premium）——縮窄也是一個重要因素。[13]這對經濟成長是好消息還是壞消息，取決於技術溢酬為何萎縮。如果薪酬差距縮窄是因為技術勞工供給相對增加，我們可以期望拉丁美洲不平等減輕不會阻礙經濟加速成長（甚至可能是經濟將加速成長的預兆）。但如果薪酬差距縮窄是因為市場對技術勞工的需求減少，這可能意味著未來經濟成長仰賴的技術密集型現代產業並未充分擴張。

在先進國家，不平等為何加劇未有定論。自動化和其他技術變革、全球化、工會勢力衰落、最低工資萎縮、金融化，以及企業內部有關何謂可接受薪酬差距的規範改變了，都對不平等程度有影響，而各項因素的相對重要性則是歐美有所不同。這些因素對經濟成長的影響各有不同。雖然技術進步顯然促進經濟成長，一九九〇年代以來金融業崛起很可能產生了不利的影響——金融危機和債務大量累積都拖累經濟成長。

經濟學家不再視平等與效率之取捨為鐵律是好事。但我們不該將錯誤反過來，斷言較高的平等程度總是伴隨著較出色的經濟表現。畢竟經濟學其實只有一個普遍真理：一切視情況而定。

技術創新的不同面貌

我們看來正處於革命性技術突破加速發生的時代。幾乎每一天都有人工智慧、生物科技、數位化或自動化技術取得更大進展的消息。但那些理應知道這一切將把我們帶往何方的人卻遲遲未有定論。

光譜的一端是科技樂觀派，他們認為我們正要進入人類生活水準將以空前的速度提升的新時代。光譜的另一端是科技悲觀派，他們看到令人失望的生產力數據，認為新科技貢獻的整體經濟效益將持續受限。還有一些人或許可稱為科技擔憂派，他們對技術創新的規模和範圍與科技樂觀派所見略同，但對就業或社會公平可能受到的負面影響憂心忡忡。

這些派別之間的觀點差異，主要不在於對技術創新的速度看法不一。畢竟誰可以真的懷疑創新正快速發展？人們爭論的主要問題是：這些創新將持續局限於若干技術密集型產業，主要雇用極高技術的專業人士，產出僅占GDP較小的比例，抑或將擴散至多數經濟領域？任何一項創新對生產力、就業和公平的影響，最終取決於它在勞動力和產品市場擴散的速度有多快。

技術擴散在經濟的需求面和供給面都可能受限。先看需求面。在富裕經濟體，消費者將多數收入花在各種服務上，例如醫療、教育、交通、居住和商品零售。技術創新迄今對許多這些領域的影響相對較少。

來看麥肯錫全球研究院在其報告《數位美國》（Digital America）中提供的一些數字。[14]在美國，二〇〇五年以來生產力成長最快的兩個產業是資通訊科技（ICT）和媒體業，兩者總共貢獻不到一〇％的GDP。相對之下，貢獻逾四分之一GDP的政府服務和醫療業，生產力幾乎完全沒有成長。

科技樂觀派（例如麥肯錫報告的作者）視這些數據為機會：相對落後的經濟部門若採用新技術，生產力將可大幅提升。科技悲觀派則認為這種差距可能是現今經濟持久的結構性特徵。例如經濟史學者戈登（Robert Gordon）就指出，就潛在的整體經濟效應而言，當代技術創新遠遠不如以前的技術革命。[15]電力、汽車、飛機、空調和各種家用電器根本改變了一般人的生活方式。它們的影響遍及每一個經濟領域。數位革命雖然相當驚人，但影響可能不會那麼深遠。

在供應方面，關鍵問題在於創新部門是否可以獲得迅速和持續擴張所需的資本和技能。在先進國家，這兩方面的限制通常不會造成很大的阻礙。但如果採用新技術需要高超的技能（經濟學家稱之為「有利於技術勞工」〔skill-biased〕的技術變革），新技術之採用和擴散通常將擴大低技術與高技術勞工的薪酬差距。如此一來，經濟成長將伴隨著不平等加劇，一如一九九〇年代的情況。

開發中國家面臨的供給面問題比較麻煩。這些國家的勞動力以低技術勞工為主。在歷史上，只要製造業是以勞力密集的組裝作業（如成衣和汽車生產）為主，這問題並不阻礙後進工業化國家。農民幾乎可以立即變成工廠工人，而這意味著整個經濟體的生產力將顯著提高。發展製造業向來是快速提高國民收入的手段。

但一旦製造業變得高度自動化並需要高技術工人，供給面限制就開始困擾開發中國家。這些國家實際上喪失了相對於富裕國家的比較優勢。後果反映在如今開發中國家過早去工業化的現象上。在過早去工業化的世界裡，低收入國家要實現整體的經濟生產力成長，遠比以前困難。如本書稍早一章提到，我們並不知道是否有其他出路可以有效替代工業化。

經濟學家柯文（Tyler Cowen）指出，開發中國家或許可以受惠於先進經濟體的「創新涓滴」（trickle down of innovation）：它們能以低廉的價格享用一系列的新產品。[16] 這是柯文所稱的「手機而非汽車工廠」模式。但仍有一個問題：除了初級產品，這些開發中國家要生產和出口什麼，才負擔得起進口的手機？

在拉丁美洲，雖然管理得最好的企業和先進產業有重要的創新發明，整個經濟體的生產力停滯不前。出現這種看似矛盾的現象，是因為零星的創新造就的生產力快速成長，被勞工從生產力較高的經濟領域轉移至生產力較低的領域所抵銷——我和我的研究夥伴將這現象稱為「拖慢成長的結構變化」。[17]如果經濟中出現嚴重的技術雙元性（technological dualism），而生產力較高的活動擴張得不夠快，就可能出現這種反常的結果。令人不安的是，若干證據顯示，美國近年也出現了拖慢成長的結構變化。[18]

說到底，我們的生活水準得以提升，是靠技術創新提升整體的經濟生產力，不是靠創新本身。創新可以與低生產力並存（反過來，如果資源流向生產力較高的領域，即使沒有創新，生產力也有可能成長）。科技悲觀派認識到這一點。科技樂觀派未必有錯，但他們必須集中關注技術創新如何影響經濟體整體運作，才能證明他們的看法是有道理的。

讚美狐狸型學者

因為身處複雜的世界，我們被迫將世事簡化。我們將周遭的人分為朋友與敵人，將他們的動機分為好動機與壞動機，並以簡單直接的原因解釋根源複雜的事件。這種捷徑幫助我們駕馭社會生活的複雜性。它們幫助我們形成對自身和他人行為後果的預期，因此有助我們做各種決定。

但因為這種「心智模型」是簡化的結果，它們必然有錯。它們或許能有效幫助我們駕馭日常挑戰，但它們忽略了許多細節，而如果我們所處的環境和我們的簡化模型並不契合，我們應用這些模型就可能事與願違。所謂文化衝擊，就是指我們對他人行為的預期證實錯得離譜，以致我們震驚不已。

但是，如果沒有這些捷徑，我們將會迷失或不知所措。我們的心智或理解能力不足以掌握社會生活裡的整個因果關係網。因此，我們的日常行為和反應必須以不完整和有時誤導人的心智模型為基礎。

社會科學可以提供的，充其量也大致如此。社會科學家——尤其是經濟學家——利用他們稱為「模型」的簡單概念框架分析世界。這些模型的好處在於它們使因果鏈變得明確，因而揭露了特定預測背後的具體假設。

好的社會科學將我們未經細察的直覺轉化為一張因果箭頭圖。有時它會顯示這些直覺如何合理地推出令人驚訝、意料之外的結論。完全一般的框架，例如經濟學家喜歡的阿羅—德布魯

（Arrow-Debreu）一般均衡模型，因為過度籠統，對解釋或預測現實世界裡的情況毫無作用。有用的社會科學模型必然是簡化的結果。它們忽略許多細節，集中關注特定脈絡下最重要的方面。應用經濟學家（applied economists）的數學模型是這方面最明確的例子。但無論是否形式化，簡化的敘事是社會科學家仰賴的基本工具。

典型化的歷史類比往往發揮類似作用。例如國際關係學者就以張伯倫（Neville Chamberlain）與希特勒著名的一九三八年慕尼黑會議作為一個典型，說明姑息決心奉行擴張主義的強權是無益的，甚至可能是危險的。

但是，雖然為了解釋世事，簡化無可避免，這也是一種陷阱。我們很容易被特定的模型綁住，以致未能認識到隨著情況改變，我們必須改用另一個模型。一如絕大多數人，社會科學家容易變得過度相信他們喜歡的模型。他們傾向誇大對模型有利的證據，同時貶低對模型不利的新證據——這種問題就是所謂的「驗證偏誤」（confirmatory bias）。

在情況多樣而且變動不定的世界裡，社會科學家選擇應用錯誤的模型可能造成重大傷害。假定市場運作良好的新自由主義政策在開發中國家失敗了——在較早的年代，假定官僚稱職能幹的計劃經濟模式也失敗了。效率市場理論鼓勵政策制定者過度解除金融管制，結果使他們誤入歧途。如果眼前的國際衝突基本情況比較像一九一四年的塞拉耶佛，我們卻認為情況像一九三八年的慕尼黑，這種錯誤的代價可能非常慘重。

那麼，我們在多種不同的現實簡化版當中應如何抉擇？嚴謹的實證檢驗或許最終可以解答諸如這種問題：美國經濟目前主要是受凱因斯學派強調的需求不足問題困擾，還是受政策不確定問題困擾？但是，我們常常必須在沒有決定性實證證據的情況下，即時作出決定。我針對成長診斷的研究（與郝斯曼和貝拉斯科等人合作）就是這方面的努力，它希望解答這問題：如何在特定脈絡下，從限制經濟成長的多種因素中找出比較嚴重的因素？[19]不幸的是，經濟學家和其他社會科學家幾乎完全沒接受過從多種模型中選擇適用模型的訓練。這種能力對經濟學家的事業發展也沒什麼幫助。人們認為開發新理論和實證檢驗是科學，發揮良好的判斷力則顯然是一種技藝。

哲學家柏林（Isaiah Berlin）曾提出一種著名的說法：思考方式可分為刺蝟和狐狸兩種。[20]刺蝟著迷於某個宏大觀念，孜孜不倦地一再應用該觀念。狐狸則沒有宏大視野，對世界有許多不同的看法，當中有些甚至相互矛盾。

刺蝟對問題的看法總是可預料的——一如無論經濟問題的性質如何，市場基本教義派總是認為應該提高市場的自由程度。狐狸的腦袋裡則有多種相互競爭、可能互不相容的理論。狐狸並不特別喜歡某種意識形態，認為視脈絡思考比較方便。採用德瑞茲納（Daniel Drezner）的說法，狐狸是「思想領袖」（thought leaders），刺蝟則是真正的公共知識分子。[21]

學者如果能夠視情況從一個解釋框架轉移到另一個，比較可能為我們指出正確的方向。世界需要少一些刺蝟，多一些狐狸。

7 「思想」的經濟分析

經濟學家在思想的世界裡工作，但相當奇怪，他們對思想在塑造行為和社會結果方面的作用不置一詞。他們強調「利益」——人類提升自身物質條件、社會和政治地位的原始和自私的動機。但如果沒有思想（有關世界如何運作、我們應追求什麼目標，以及我們可用什麼策略實現目標的想法），自利（self-interest）的概念是空洞和無用的。身分認同、規範、價值觀、世界觀、機會和束縛全都是思想氛圍塑造出來的——而且並非只有經濟學家是這樣！

認真對待思想有助我們解答社會和政治生活裡的許多難題。為什麼某些社會的菁英階層會阻止經濟改革（因為擔心自己的政治權力受損），其他社會的卻支持改革？為什麼左派的知識分子和政黨變成了全球化的鼓吹者，導致他們無力回應最終出現的反彈？是什麼迫使美國中產白人在二〇一六年的總統選舉中投下看來不利於他們自身經濟利益的一票？同樣重要的是，認真對待思想有助我們在推動經濟和政治改革時，掙脫既得利益的鐵籠。

經濟學與政治經濟學

曾有一段時間，經濟學家迴避政治。經濟學家認為自己的職責是描述市場經濟如何運作、在什麼情況下失靈，以及精心設計的政策可以如何提升效率。我們分析相互競爭的目標（例如公平與效率）之間的取捨，並開出政策處方以達成我們想要的經濟結果（包括公平）。是否採納經濟學家的建議是政界的事，執行則是官僚的事。

然而，有些經濟學家的野心不止於此。他們因為對經濟學界的許多建議無人理會感到沮喪（還有很多自由市場方案等著政界採納！），因此應用經濟學家的分析工具研究從政者和官僚的行為。經濟學家開始將他們研究市場經濟裡消費者和生產者決策的框架用來研究政治行為。從政者成了追求所得極大化的政策利益供應者；公民成了尋租的遊說者和特殊利益集團；政治體系則成了一種市場，人們在市場裡以選票和政治影響力換取經濟利益。

理性選擇的政治經濟學領域，以及許多政治學者欣然效法的一種理論化風格因此誕生。因此產生的顯而易見的好處，是我們現在可以解釋為什麼從政者做那麼多看來違反經濟理性的事。事實上，沒有什麼經濟失靈是「既得利益」這四個字無法解釋的。

為什麼那麼多產業可以將真正的競爭拒諸門外？因為那些產業的既得利益者控制了從政者。[1]為什麼許多國家的政府針對國際貿易設置障礙？因為這種措施的受益者相當集中而且具有政治影響力，而消費者則分散且欠缺組織。[2]為什麼政治菁英阻止可以促進經濟成長和發展的改革？因為經濟成長和發展將削弱他們對政治權力的掌控。[3]為什麼會有金融危機？因為銀行業者控制了政策制定過程，他們因此可以過度冒險，出事時則由大眾承受後果。[4]例如在全球金融危機爆發後，許多經濟學家將問題歸咎於大銀行的勢力。他們表示，正是因為政界人士收了金融業者太多好處，監理環境縱容金融業者牟取暴利，並使社會承受慘重的代價。

最流行的政治理論也是最簡單的：有權有勢者得償所願。金融監理由銀行的利益驅動，醫療政策由保險公司的利益驅動，租稅政策由有錢人的利益驅動。能對政府產生最大影響的人最終得到他們想要的——無論是靠控制資源、資訊、門路，或只是靠暴力威脅。

而且這是全球皆然。外交政策據說是首先取決於國家利益，而不是與其他國家的友好關係或對全球社會的關懷。除非符合美國和愈來愈重要的新興強國的利益，國際協議根本不可行。在威權政體中，政策直接反映統治者及其朋黨的利益。

這種敘事相當有力，可以輕鬆解釋政治運作如何經常製造出反常的結果。無論是在民主國家、獨裁國家或國際領域，那些反常結果反映狹隘的特殊利益集團有能力為了自身利益而損害多數人。為了改變世界，我們必須了解此中道理。而這種分析方式看來將我們對經濟和政治結果的理解提升至一個較高的層次。

但這當中有個深刻的矛盾。我們聲稱可以解釋的東西越多，改善各種情況的空間就越小。如果從政者因為既得利益集團的好處而受到控制，經濟學家的改革倡議必然無人理會。我們的社會科學越是完備，我們的政策分析越是無關緊要。

在此談談人類科學與自然科學的差異，應該是有益的。想想科學與工程學的關係。隨著科學家對自然物理定律的認識變得更精細，工程師將能建造更好的橋樑和大樓。自然科學進步是增強而非損害我們塑造自然環境的能力。

政治經濟學與政策分析的關係就完全不是這樣。政治經濟學將從政者的行為納入其模型成為固有的一部分（用經濟學家的術語來說，是將從政者的行為「內生化」），也就廢了政策分析的功能。情況有如物理學家提出一些理論，不但解釋自然現象，還決定了工程師將建造怎樣的橋樑和大樓。如此一來，我們就不需要工程學院了。

如果你覺得這有問題，你可能已經發現了此中要點。事實上，當代政治經濟學框架社會與政治體系背後的思想體系，有種種未言明的假設。明確揭露這些假設，既得利益的決定性作用就會消失。政策設計、政治領導和人為努力隨之復活。

思想的首要性

凱因斯曾有名言：「即使是最務實的人，通常也受某個早已去世的經濟學家的思想束縛。」他很可能說得不夠有力。例如過去數十年不受約束的全球化和金融亂象所倚賴的思想，基本上都來自如今還活著的經濟學家。許多人將二〇〇八－二〇〇九年全球金融危機歸咎於大銀行的勢力，他們輕鬆地忽略了經濟學家使政策看似正當的功能。正是因為經濟學家和他們的思想，政策制定者和監理機關才可以理直氣壯地相信有利於金融業就是有利於實體經濟。

利益不是固定或早已確定的。利益本身是思想塑造的——所謂思想，是有關我們是誰、我們想實現什麼和世界如何運作的信念。我們對自身利益的看法總是受思想影響。事實上，我們沒有「利益」。我們有的是有關我們的利益是什麼的**思想**。

假設有家陷入困境的公司希望改善其競爭地位。策略之一是裁減員工，並將生產作業外包至成本較低的亞洲國家。另一種策略是投資在員工技能培訓上，提高員工的生產力和忠誠度，進而降低人員流動成本。該公司可以在價格或品質上與同業競爭。只知道這家公司的主人追求自身利益，對判斷它將採用哪一種策略毫無幫助。這家公司的抉擇最終取決於對各種情境的可能性的一連串主觀評估，以及對成本與效益的估算。

再假設你是某個窮國的專制統治者。你想維持權力並預先消除國內外的威脅，最好的方法是什麼？是建設強大的出口導向經濟？還是傾向閉關自守，獎勵你的軍方朋友和其他朋黨，犧牲幾乎所有其他人的利益？東亞的威權統治者選擇前者，他們的中東同儕則選擇後者。他們對自身利益何在有不同的想法。

又或者想想中國在全球經濟中的角色。隨著中華人民共和國成為一個重要的大國，中國領導人將必須決定自己想要怎樣的國際體系。或許他們將選擇以現行多邊體制為基礎，致力強化這個過去對他們大有幫助的體制。但他們也可能傾向建立特殊的雙邊關係，以便在與個別國家往來時獲取更大的利益。只看到中國及其利益將愈來愈重要，對我們預測世界經濟未來的面貌沒有幫助。

這種例子不勝枚舉。如果以德國政府在國內的政治利益為衡量標準，強迫希臘吞下財政撙節方案（代價是未來將再有債務重組），或放寬條件、讓希臘有機會靠經濟成長脫離債務困境，哪一種做法比較有利？美國直接任命一名美國人當世界銀行的總裁，又或者與其他國家合作任命一名最合適的總裁（無論是不是美國人），哪一種做法對美國比較有利？

我們熱烈辯論這些問題，由此可見我們對自身利益何在有不同的想法。我們的利益實際上受制於我們的思想。

那麼，那些想法從何而來？政策制定者一如我們所有人，都是潮流的奴隸。他們對何謂可行和可取的看法，是時代精神或「思想氛圍」塑造的。這意味著經濟學家和其他思想領袖可以產生或好或壞的巨大影響力。經濟學家非常喜歡那種將組織化的特殊利益置於所有政治罪惡根源的理論。在現實世界裡，他們經常提出一些很壞的見解，他們不可能如此輕鬆地撇清責任。影響力愈大，責任愈大。

明確揭露思想的作用

政治經濟學分析若是不重視組織化利益集團的作用，很可能就是空洞和不完整的。但這並不意味著利益是政治結果的最終決定因素。從利益到結果的路徑實際上並不明確。這種路徑取決於許多未言明的假設，這些假設是關於政治行動者對（一）他們的目標，（二）世界如何運作，以及（三）他們為了實現目標可用哪些工具的想法。非常重要的一點是，這些想法是可能受操縱的，也是可以創新的；這使它們成為政治遊戲的一部分。事實上，技術上的創新活動

（經濟學家如今慣常地將這種活動納入他們的模型中，成為一種內生因素），與政治領域的遊說和政策創新投資可作有用的類比。一旦認清它們流動的本質，既得利益決定結果的作用就大大減弱，可能結局的空間則大幅擴大。

雖然所有經濟學模型都涉及未言明的假設，未能認識到思想在塑造利益（及其追求）中的作用，對政治經濟學的影響特別嚴重。考慮思想的作用，使我們能更有力地說明政治經濟生活中的停滯與變化。它提供了一種彌合政策分析（有關應該做什麼）與政治經濟學（有關實際發生了什麼）之間巨大分歧的方法。它也能解釋現實世界裡的許多謎團：為什麼人們支持那些似乎不符合他們「利益」的政策？為什麼許多改革最終嘉惠之前阻撓改革的菁英？為什麼看來相似的群體對自身利益的定義如此不同？為什麼曾經顯得堅若磐石的既得利益有時會突然消散？

我們來看看，思想通常是怎麼悄悄進入政治經濟學既定的思考方式。

每一個理性選擇模型都是建立在個別決策者有目的的行為上。行為之確定，往往是靠假定個體解決經濟學家所講的明確的最佳化問題。這種最佳化作業必須指明至少三個要素：一個目標函數（例如消費者效用函數）、一組限制（例如預算限制），以及一組選擇變量（例如消費水準）。理性選擇模式中的政治經濟學模型將這種框架轉用在政治領域。政治行為者（選民、遊說者、菁英、國會議員）被視為解決明確的最佳化問題的理性個體。這意味著他們追求以消費、租值或政治利益界定的效用函數極大化；他們的行為受經濟和政治方面的遊戲規則約束；他們選擇一組行動（在不同的模型中可能包括投票、政治捐獻、反抗和鎮壓），在各種限制下將自己的目標函數極大化。

例如較簡單而言，商界遊說者考慮到從政者既重視社會福祉也重視政治捐款，決定自己應該花多少錢作政治捐獻以換取關稅保護。[5] 又或者一名獨裁者考慮到他的決定對經濟和政治結果（包括他可以掌權多久）皆有影響，決定是否發展經濟以追求跨期租值流（intertemporal stream of rents）極大化。[6]

思想以數種不同的方式進入這個框架，這些方式極少有人認清。事實上，最佳化問題三個要素（偏好、限制和選擇變量）每一個都仰賴一組隱含的思想觀念。

1. **偏好**取決於有關我們是誰以及我們應追求什麼目標的想法；
2. **限制**取決於我們有關世界如何運作的想法；
3. **選擇變量**取決於有關我們可以使用什麼工具的想法。

我將在本章餘下篇幅和下一章逐一討論這三個要素，並以當前政治經濟困境中的一些問題舉例說明。我必須強調，我不是要質疑基本最佳化框架再政治領域的合理性或效用。我的目標是探索思想在塑造利益的定義和追求方式方面的作用，討論經濟學家的貢獻和惡劣影響，進而為更有用的新思想開拓空間。

偏好：我們是誰？

自利的概念假定有一個「自我」——也就是有關我是誰和我追求什麼的概念。在許多經濟應用中，我們追求的目標是明確的。我們可以合理地假定家庭追求消費者剩餘（consumer surplus）極大化，生產者則追求利潤極大化，雖然這些假設並非總是毫無爭議。在政治領域，極大化的目標就遠非那麼顯而易見：視脈絡而定，榮譽、榮耀、名譽、尊重、收入、權力、掌權時間，以及「國家利益」都可能是極大化的目標。埃爾斯特（Jon Elster）撰文批評試圖解釋政治歷史事件的理性政治經濟學框架時就指出，十七世紀的法國貴族對榮譽和榮耀的興趣，可能不下於對物質利益的興趣。[7]人類許多行為受抽象的理想、神聖的價值觀或忠誠觀念驅動，而這些東西不能化約為經濟目的。人類學家和心理學家的研究顯示，「人類不但會為了保護自己的性命或親友而殺人或犧牲，也會為了思想觀念（人類自己形成的、有關「我們是誰」的道德觀念）這麼做」。[8]——在自殺炸彈客的年代，這一點應該沒有爭議。

我們如何評估不同的社會狀態和判斷它們是否促進我們的「利益」，很大程度上取決於我們如何定義自己。我們可能視自己為某個社會階級（如「中產階級」）、族群（如「居多數的白人」）、宗教（如「福音派」）、國家（如「全球公民」）、世代（如「嬰兒潮世代」）、專業（如「教師」）的成員之一，而身分認同當然還有許多其他可能。如沈恩（Amartya Sen）指出，我們甚至可以在不同程度上結合所有這些身分。[9]

在政治學中，早就有一路非常成熟的研究認為政治行為者的利益是社會建構的，而不是明確的物質事實決定的。在這種「建構主義」傳統中，利益的概念是由規範、意識形態和因果信念內生而成。[10] 利益實際上是「思想的一種形式」。[11] 在國際法這領域，類似的討論則將「法律現實主義派」（legal realist）與另有見解的一派學者對立起來；前者認為國家之間的行為完全或主要取決於國家利益，後者則認為正義或法律規範仍有重要作用。[12]

經濟學家很少像上述某些其他學者那樣勇敢地承認自利與身分方面的微細差別，但思想在決定偏好方面的作用已經滲入經濟研究的多個領域。例如總體經濟學中的黨派政治文獻賦予政黨明確的意識形態，通常以對通膨和失業情況的不同偏好代表。[13] 這些偏好差異往往是從模型外部強加的，幾乎不作解釋。近年在總體和個體層面都有一些研究，著眼於意識形態如何形成和發展。這些研究檢視人類如何藉由接觸社會結果、媒體或受幼年經歷影響，形成政治偏好。[14]

艾克羅夫（George Akerlof）和克蘭頓（Rachel Kranton）有關身分認同經濟學的研究對此特別有意義。[15]他們檢視這種模型：個體將自己與特定社會類別，以及他們認為這些類別的屬性衍生的可取行為聯繫起來。例如勞工選擇的身分認同可能減輕他們相對於雇主的誘因相容限制（incentive compatibility constraint），以致他們的行為變得更符合公司的目標。因此，雇主可能試圖改變員工的身分認同以提升他們的工作表現。這種模型或許可以解釋一系列的「異常」政治行為，包括在投票時選擇違背自身眼前物質利益的立場。這種模型或許可用來研究政治現象，但目前還沒有很多人注意到這一點。

在每一個此類框架中，思想觀念的作用至關緊要。它們並非隱而不顯或微不足道，而是直接決定偏好，進而塑造政治行為模式。此一見解要求社會科學家處理這些問題：思想觀念從何而來？如何傳播和內化？

利益由身分認同塑造，而身分認同則由我們的社會和政治互動塑造。成功的政治領袖知道，身分認同可以因應政治目的塑造。我們來看為何近數十年來所得集中程度大幅上升，美國的有錢人仍可阻止民眾因應不平等嚴重加劇而強力抗爭。

有錢人如何統治國家

有錢人的政治權力大於窮人根本不是什麼新聞——即使在選舉時人人都只有一票的民主國家，這也是事實。但季倫斯（Martin Gilens）和佩吉（Benjamin Page）這兩位政治學者最近針對美國的情況提出了冷酷的研究發現，對美國以至其他國家的民主體制運作具有非常重要的涵義。[16]兩人的研究以季倫斯之前的努力為基礎，他費心蒐集了一九八一至二〇〇二年間有關近兩千個政策問題的民意調查。他們檢視美國聯邦政府在調查進行之後的四年內是否採行相關政策，以及結果最符合哪一個所得水準的選民之偏好。

如果不作比較，「一般」選民（也就是所得處於中間水準的選民）的偏好看來對政府的最終反應有強烈的正面影響。一般選民支持的政策獲政府採行的可能性顯著較高。但一如季倫斯和佩吉注意到，這使人誤以為政府的決定真的反映民意。事實上，在多數政策問題上，一般選民的偏好與經濟菁英差別不大，例如兩類選民都希望國防強大和經濟健康。比較好的研究方式，是看兩者意見不一致時政府怎麼做。

季倫斯和佩吉為此比較一般選民與經濟菁英（界定為所得居前十分之一的國民）的偏好，看誰對政府具有較大的影響力。他們發現，一般選民對政府的影響力降至微不足道的水準，經濟菁英的影響力則仍然很大。

此中涵義很明確：在菁英的利益與社會其他階層不同的時候，菁英的意見幾乎完全主導政府政策。（如季倫斯和佩吉解釋，我們應視所得前一〇％者的偏好反映真正富有者、真正的菁英——例如所得前一％者——的看法。）季倫斯和佩吉表示，有組織的利益集團對政策之形成也有巨大的影響力。如他們指出，一旦將利益集團結盟和美國有錢人的偏好納入考量，「一般民眾怎麼想幾乎完全沒影響」。

這些令人沮喪的結果引出一個重要問題：許多政客不理會絕大多數選民的偏好，通常只迎合最富有的少數人，他們是怎麼當選的？更重要的是，他們為何可以連任？

部分原因可能在於多數選民不大了解政治體系如何運作，以及這個體系如何偏袒經濟菁英。如季倫斯和佩吉強調，他們的證據並不意味著政府的政策使一般民眾的境況變差。一般民眾確實經常得到自己想要的，因為他們的偏好時常與菁英相似。兩者偏好的相關性使選民難以看出政客的偏心。

但比較有害的另一部分原因可能在於政治領袖為求當選而採取的策略。主要代表經濟菁英利益的政客必須另尋方法吸引大眾，而方法包括訴諸民族主義、宗派主義和身分認同——一種基於文化價值觀和象徵意義而非經濟利益的政治操作。在這種情況下，選舉贏家是那些能最有效刺激我們潛在的文化和心理標記的政客，而非最能代表我們經濟利益的人。

馬克思曾有名言指宗教是「人民的鴉片」。他的意思是：宗教情緒可能掩蓋了工人和其他受剝削者在日常生活中遭受的物質匱乏。同樣道理，宗教右派的崛起，以及隨之而來的文化戰爭（圍繞著「家庭價值」和其他強烈分化社會的議題如移民），使美國政治得以不處理一九七〇年代末以來經濟不平等急劇惡化的問題。右翼媒體和智庫編了一些故事，使所得停滯的選民將他們的困苦歸咎於他們認為政府偏袒的少數群體，例如美國黑人、移民和接受福利救濟的女性。[17] 結果是保守派即使追求對中下階層的利益有害的經濟和社會政策，仍然可以保住權力。

如我在第四章談開發中國家時指出，身分政治有害是因為它傾向劃出界線，區分有特權的「自己人」，同時排斥外人——國籍、價值觀、宗教或種族與己不同的人。這種情況在不自由的民主國家如俄羅斯、土耳其和匈牙利至為明顯。為了鞏固選民基礎，這些國家的領袖大力訴諸國族、文化和宗教符號。在這過程中，他們往往煽動針對宗教與種族少數群體的激情。對那些代表經濟菁英（和往往腐敗透頂）的政權來說，這是一種非常有效的選舉動員伎倆。

先進與開發中國家的不平等擴大，因此對民主政治造成雙重打擊：它使中下階層的選舉權受到更大的損害，同時在菁英階層中助長一種有毒的宗派主義政治。

限制：有關世界如何運作的模型

接著講「最佳化問題」涉及的第二組思想觀念：我們有關世界如何運作的想法。投資人、消費者、勞工和政策制定者的行事方式，全都基於他們對周遭因果關係的特定假設。他們的世界觀決定了他們對自身和他人行動後果的看法，無論那些行動是在經濟還是政治領域。這些觀念可能落在經濟思想史上某些最大爭議的任何一邊，這些爭議包括：經濟是在自由放任還是計劃模式下運作得更好？經濟是在自由貿易還是保護模式下成長和發展得更快？總體經濟穩定是需要凱因斯的反循環政策還是海耶克的不干預政策？這些立場全都假定了有關經濟如何運作的特定模型，因此對政治行為有不同的涵義。近數十年間，一系列的經濟思想（例如凱因斯主義、貨幣主義、理性預期論，以及「華盛頓共識」）改變了菁英與非菁英階層對「經濟現實」的理論，進而改變了政治平衡。

一位極力榨取租值的獨裁者如果認為臣民別無選擇，很可能將橫徵暴斂，但如果他認為臣民有能力逃稅或有效抗爭，他就會比較克制。這兩個模型哪一個正確？支持一九五〇和一九六〇年代統制（dirigiste）經濟發展政策的廣泛共識背後，是認為經濟活動對價格反應遲鈍的「彈性悲觀論」（elasticity pessimism）。梅塔（Pratap Mehta）和沃爾頓（Michael Walton）如此描述主導印度獨立後頭數十年發展道路的尼赫魯式認知圖：政府必須大力推動投資、對私營部門充滿懷疑、強調資本財的領導作用，以及對出口悲觀（擔心出口擴張將遇到嚴重限制），全都源自有關市場體系如何運作（或失靈）的思想觀念。[18] 隨著研究證明窮人對價格誘因的反應一如有錢人那麼靈敏，開發中國家的政策開始逐漸變得比較市場導向。[19]

經濟學的關鍵在於使我們對相關脈絡下的「正確模型」有更清晰的認識（這一點我稍後將再闡述）。但是，在我們的政治經濟學框架裡，行動者活在實際上已解決這些問題的世界裡。他們認為自己知道世界是如何運作的——即使不是精確地知道，至少也是大概知道。這種觀點的支持者認為，即使行動者有一段時間意見不一，隨著事件和對政策抉擇的反應展現在大家眼前，行動者最終仍將就何謂「正確模型」達成共識。但實際上，人們往往淡化那些看來與他們認同的有關世界如何運作的模型不一致的證據。異常的結果被視為機緣巧合或他們支持的政策執行不力的結果。原本信念不同的人，可能根據相同的消息得出截然不同的結論。看到失業率驟升，凱因斯主義者可能更加認為貨幣政策不夠寬鬆，貨幣主義者則可能認為貨幣政策比他所想的更寬鬆，以致因為推高通膨預期，阻礙企業創造就業。[20] 此外，如果外部環境有足夠的變異性（variability），即使所有行動者都是理性的，而且能充分推算一切，有關何謂正確模型的信念也未必會趨同。[21]

一種比較切合實際的陳述可能是：認知和其他方面的局限迫使政治行為者活在他們對因果關係的理解非常不確定的世界裡。[22]他們對世界的看法可能是錯誤的，而即使面對新證據，如果證據只是被用來確認過去的信念，他們對世界的看法可能將繼續錯下去。另一方面，新資訊也可能揭露以前不曾考慮的事實。例如選民可能發現，某名公職人員有許多犯罪記錄，而這種可能是他們以前不曾考慮的。一份有趣的新實證文獻已開始記錄提供這種資訊可能如何影響選民的行為。[23]

我們來看近年的全球經濟與金融危機，以及它在多大程度上改變了人們的信念。許多觀察者——例如江森（Simon Johnson）和郭庾信（James Kwak）——表示，導致這場危機的政策是強大的銀行和金融利益集團得償所願的結果，而這看來是直接應用特殊利益理論。[24]但是，如果沒有支持金融自由化和業者自律，以及強調政府監理不可行（或不可取）的思想氛圍，這些既得利益集團想必無法如此為所欲為。畢竟在民主體制裡，強大的利益集團極少可以赤裸裸地主張政府政策必須為它們的利益服務並得償所願。相反，它們會說這些政策是為了造福公眾，藉此為它們的主張尋求正當性。支持解除金融管制的人強調的是這對實體經濟有利，而非這對金融業有利。

另一些觀察者則主張，這場金融危機是政府過度干預以支持房屋市場（尤其是支持低收入房貸戶）造成的。這種主張也是基於特定的思想觀念——有關提高房屋自有率的社會價值，以及金融業對低收入家庭的需求過度冷漠的觀念。卡洛米里斯（Charles Calomiris）與哈伯（Stephen Haber）認為，是銀行業利益集團與尋求提高房屋自有率的社區團體結盟，產生了關鍵作用。[25] 思想觀念在此顯然也塑造了這些團體和從政者對世界如何運作的看法，因此也決定了他們的行事方式，最終引發危機。如果社區團體比較注意債務問題，它們可能就不會那麼想提高窮人的房屋自有率。最後，雖然各方都看到了危機爆發後上演的經濟大衰退，只有很少人因此改變了他們對金融業是監理過度還是監理不足的基本看法。

出類拔萃

費茲傑羅（F. Scott Fitzgerald）曾有名言：非常有錢的人「與你我不同」。他們的財富使他們「在我們不疑有他時充滿懷疑」，使他們認為「他們比我們更好」。如果你覺得這些話現在聽起來是對的，那可能是因為費茲傑羅一九二六年寫下它們時，美國的不平等達到了與今天相若的嚴重程度。

我們稍早看到，有錢人和政治菁英可以操縱群體的身分認同以塑造非菁英階層的政治偏好。但是，有錢人有關他們自身最佳利益的觀念又從何而來？

在先進國家的不平等相對溫和時，超級有錢人與社會其他階層的差距看來沒那麼大——不但是所得和財富差距沒那麼懸殊，情感與社會目標的差異也沒那麼巨大。有錢人當然比較富有，但他們看來與窮人仍屬於同一個社會；他們認識到，地理條件和公民身分使他們與窮人同屬一個命運共同體。他們有關世界如何運作的心智圖使他們比較關心社會公益。

米魯齊（Mark Mizruchi）說明了美國企業菁英在戰後時期如何抱持「重視公民責任和開明自利的倫理原則」。[26] 他們與工會合作，支持政府在規範和穩定市場方面發揮有力的作用。他們明白政府需要稅收以便提供重要的公共財，例如州際公路和保障窮人與老人的安全網。商界菁英的政治影響力當年完全不比今天弱，但他們利用自己的影響力推動一種大致符合國家利益的議程。

相對之下，借用索羅維基（James Surowiecki）意味深長的說法，今天的超級有錢人是「哀哀叫的大亨」（moaning moguls）。[27] 索羅維基的首要例子是史瓦茲曼（Stephen Schwarzman）——私募股權公司百仕通集團（Blackstone）董事長暨執行長，身家超過一百億美元。史瓦茲曼的表現有如「他被一個熱愛干預和徵稅的政府，以及愛抱怨和眼紅的民眾圍攻」。他曾表示，「提高窮人的所得稅、使他們也成為利害關係人可能是好事，而填補附帶收益（carried interest）稅收漏洞（他個人受惠於該漏洞）的提議有如德國入侵波蘭。」索羅維基的其他例子包括「創投業者柏金斯（Tom Perkins）和家得寶（Home Depot）共同創始人朗格尼（Kenneth Langone），兩人都將針對有錢人的民粹攻擊比作是納粹攻擊猶太人。」

索羅維基認為有錢人的態度變化與全球化有很大關係。美國的大型企業和銀行如今自由地遊走於全球，不再那麼倚賴美國消費者。他們有關世界如何運作的觀念已根本改變。美國中產階層的健康狀況如今對他們無關緊要。此外，索羅維基認為在社會主義已過時的情況下，有錢人已不再需要籠絡勞工階級。

但如果企業巨頭認為他們不再需要仰賴他們國家的政府，那就是犯了一個巨大的錯誤。事實是：造就有錢人財富的穩定和開放的市場，從不曾像現在這麼仰賴政府的行動。在相對平靜的時期，政府制定和維護市場運作規則的角色可能變得沒那麼明顯。人們可能覺得市場處於「自動駕駛」狀態，而政府是一種最好能避開的不便。

但在經濟風暴來臨時，所有人都尋求本國政府的庇護。大企業與其母國的關係，正是在這種時候充分顯露出來。前英國央行總裁金恩（Mervyn King）談金融業時說得好：「全球型銀行生時全球，死歸本國（global in life, but national in death）。」

來看美國政府在二〇〇八－二〇〇九年全球金融危機期間如何介入以確保金融和經濟穩

定。如果美國政府沒有救助大型銀行、保險業巨頭ＡＩＧ和汽車業，如果聯邦準備理事會沒有為市場挹注充裕的流動資金，超級有錢人的財富必將嚴重受損。許多人認為政府應集中精力救助房貸戶，但政府選擇救助銀行業者，而金融菁英因此受惠最多。

即使在正常時期，超級有錢人也仰賴政府的支持和行動。主要靠政府出資支持的基礎研究造就了資訊科技革命，衍生蘋果和微軟之類的公司。是政府制定和執行保護智慧財產權的版權法、專利法和商標法，確保成功的創新者可以獲得穩定的壟斷利潤。是政府資助高等教育機構培養技術勞工。是政府與其他國家談判貿易協定，確保本國企業能進入外國市場。

如果超級有錢人認為他們不再是社會的一部分，而且幾乎不需要政府，原因不在於這種想法符合客觀事實。他們這麼想，是因為當代的流行說法將市場描述成靠自己的燃料提供動力的獨立實體。這種敘事困擾社會所有階層，中產階層所受的影響不下於有錢人。

我們沒有理由期望超級有錢人表現得比其他群體無私一些。但阻礙我們促進平等和社會包容的，主要不是他們的自身利益。更重要的障礙是觀念上的缺失：許多人未能認識到，除非是以健康的社會和良善治理（good governance）為後盾，市場無法長期創造繁榮，也無法造福任何人。

經濟學家在此又可發揮重要作用。他們過度強調市場效率並淡化市場失靈問題時，助長了這些不完整的觀點。經濟學並非像許多人所想的讚頌自由市場：經濟學其實是有關世界如何運作的模型大雜燴——有些模型主張政府發揮較大的作用，有些則相反。有關特定脈絡下這些模型哪一個比較適用，經濟學家有許多見解可以發表。但因為上一章討論的種種原因，經濟學家往往未能對公共辯論作出有益的貢獻。

政策抉擇：我們有什麼工具可用？

我們已經討論了有關我們是誰和世界如何運作的思想觀念如何塑造我們的利益概念（菁英與一般人皆然），以及經濟學對此的好壞影響。在下一章，我將討論思想塑造利益的第三層意義：思想擴展我們的政策選項和策略，進而影響我們的利益概念。

政治與策略息息相關：政治涉及設定議程、結盟、作出承諾或發出威脅、擴大或限制選項範圍，以及建立或動用政治資本。無論目的是圖利自己還是促進較廣泛的利益，政治行動者必須持續思考這問題：「可以做些什麼？」作為社會科學家，我們傾向持續立足於當前現實。但我們越是貼近當前現實，越有可能無法想像其他可能的安排。採用賽局理論的說法，我們以任意方式限制了策略空間；我們限制檯面上的政策選擇，以致政治賽局過度結構化。但是，有關可以做什麼的新構想，也就是創新的政策，可以解開原本看似無解的既得利益枷鎖。[28]

政治領域的行為與市場中消費行為形式上的相似性在此最無用。市場中消費者的選擇非常明確：在既定的商品價格和預算限制下，每一樣商品可以買多少是確定的。標準的效用極大化問題不會使消費者的策略空間無辜大幅受限。政治行為者的策略空間則是他們自己設計的。找得到的工具都可以用，唯一的限制是行為者的政治想像力。

8 政策創新的經濟學

我們經濟學家非常關心效率。因此，我們看到政界選擇顯然低效率的政策時，難免感到困惑。我們如何解釋這種難以理解的事？我們再次訴諸既得利益。我們會說，政治體系陷於次佳（suboptimal）狀態，因為強大的特殊利益集團令系統動彈不得，無法邁向更好的結果。

這種論點有一定的道理，但它也有令人深感沮喪的涵義。如果沒有戰爭和革命之類的巨變動搖強大的利益集團，我們將沒有什麼空間處理一些重大問題，例如不平等、社會排除和低成長。

好在政治遠非只是這樣。上述觀念忽略了政策創新構想的作用。如本章將指出，創新的政策構想可以克服既得利益問題。這種構想可以幫助現行秩序的挑戰者避開政治束縛。有時候這種構想有缺陷，又或者只是有利於狹隘自利的集團。但有時候它們真的可以推動社會前進。

低效率的政治經濟學

「解釋」低效率政策的政治經濟學框架以若干假設為基礎：（一）行為者的政策偏好取決於他們的利益；（二）政治權力格局決定誰的利益（更）受重視；（三）盛行的政治制度（或「遊戲規則」）決定具體出現怎樣的政治均衡。

這三項假設可以解釋利益從弱勢群體流向優勢群體的再分配；控制權力槓桿的人也決定誰得到什麼。但它們不能解釋低效率本身。低效率意味著我們可以在不損害有權者所得的情況下，提高無權者的所得——又或者同時提高兩者的所得。如果菁英階層想要的只是從社會榨取所得，而且有足夠強大的力量得償所願，他們為什麼要仰賴低效率的做法？

為了解釋低效率問題，我們的框架必須增添以下一個或兩個假設（兩者均使政治菁英的政策選項受限）：（四）沒有定額移轉（lump-sum transfers）或有效的再分配機制；（五）政治權力本身需要停滯，而在此情況下，可以使經濟向效率前緣靠攏的結果可能削弱菁英階層的權力。

假設（四）排除了可以使均衡狀態從低效率往高效率移動的許多補償政策。例如多數形式的經濟自由化（譬如取消某個稅項或一種進口關稅）並不嘉惠所有群體，除非有配套政策提供補償。因為自由化政策而利益受損的政治強勢群體渴望獲得補償，排除補償他們的可能便很容易製造低效率的結果。因此，有關貿易政策的政治經濟學文獻中的典型做法，是假定既沒有定額移轉，也不會有生產者補貼，藉此為限制貿易的政策敞開大門（儘管就再分配作用而言，這只能算是第三好的政策）。[1] 同樣道理，要解釋為什麼可以提升生產力的國有企業私有化方案沒有實行，我們或許可以說，有力的內部人士（工人、管理層）阻止改革，因為他們發現，自己因為私有化而遭受的損失不可能獲得補償。限制貿易往往以無法承諾補償作為藉口，下一章我討論美國貿易協定的補償問題時將再談這一點。

另一觀點〔假設（五）〕是政治菁英故意不選高效率的政策，因為擔心這種政策削弱他們的政治權力，進而損害他們決定未來政策的能力。在此情況下，邁向效率前沿的唯一可行之舉，是前往損害菁英階層利益的某個點。艾塞默魯（Daron Acemoglu）和羅賓森（James Robinson）的研究就曾利用這種論點，解釋為什麼在十九世紀的歐洲，許多國家阻擋可以促進工業化和經濟成長的政策。[2] 因為經濟成長使許多人脫離他們傳統的農村基地，方便群眾投入集體政治行動，可能動搖原本根深柢固的菁英權勢。菁英階層放眼未來，寧願確保他們的權力不受挑戰，即使這意味著經濟上的不效率和低成長。

補償政策的動態不一致（dynamic inconsistency），是產生類似結果的另一種機制。依據我和費南德茲（Raquel Fernandez）的模型，阻礙改革的是個體特定的不確定性，加上改革實施過程中的資訊揭露模式。[3] 現行低效率政策的受益者無法接受「先改革後補償」的方案，因為他們知道，改革將揭露一大群贏家的身分，並將未來的政治權力轉移給這些贏家。改革之後，受益者將沒有需要（或動機）兌現他們的補償承諾。

菁英階層封殺更好的經濟機會以維護他們的權力，這種說法在許多情況下是有道理的。但這也意味著可行的策略受到不合理的限制。尤其值得注意的是，它否定菁英階層可以發揮想像力，設計出聰明的政策安排，既可以把握更好的經濟機會，又能避免損失權力。我們沒有明確的理由要排除這種策略。政策創新和新的政治構想可以向可取的方向擴大策略空間。

我刻意使用創新一詞，因為政策創新與技術創新可作恰當的類比。一如創新的技術構想可以鬆開資源束縛，創新的政治構想可以鬆開政治束縛，使掌權者得以增加自己（或許還有社會中其他階層）的經濟利益，而且未必需要犧牲自己的政治權力。經濟學家認識到技術創新的重要性，而且在他們的長期成長模型中視之為核心要素。相對之下，政治經濟學模型實際採用的假設則否定創新發明的可能。許多政治創新可能只是曇花一現，無足輕重，或很快就被遺忘。但有些創新可能具有重大和持久的意義，一如通用的技術。政黨、司法獨立和民主制度本身，或許就是好例子。

技術變革未必會改善每一個人的經濟狀況。同樣道理，政策創新可能令非菁英階層的景況變差。有些構想對社會大眾不利，但仍可獲得許多人支持：想像一下菁英階層成功說服非菁英，使他們相信今生應該更努力工作，以便來世獲得救贖；又或者舉一個比較貼近現實的例子，菁英階層說服大眾，使他們相信極低的資本稅率實際上對大眾有利。

重視實踐的經濟學家和政策制定者確實相當努力地研擬新的政策構想，尋求繞過政治束縛，但並非總是成功。最能說明問題的政策創新例子，可能來自現實世界而非教科書。我們來看歷史上和當代一些例子。

改革經濟並保住權力

我們回到統治者為何經常阻礙經濟發展的問題。如果擔心喪失權力，他們或許可以設計增強而非削弱自身權力的經濟發展策略。艾塞默魯和羅賓森提供了若干例子。想想為什麼日本菁英階層在一八六八年明治維新之後，決定促進工業化和經濟發展。艾塞默魯和羅賓森指出：「日本現代化運動採取了一種特殊形式，在強化中央集權政府之餘，也鞏固官僚菁英的地位。」換句話說，官僚菁英制定了一種經濟策略，盡可能降低他們遭取代的可能性，但仍然促進工業化。這與英國和德國當年的情況相似：「儘管經歷了工業化的過程，非工業菁英仍維持他們的政治權力。」在英國，「菁英階層採取逐漸讓步的策略，得以在工業化開始產生政治影響後至少一個世紀內，控制政治均衡並維持權力……英國作為一個貿易國家和商業強國的悠久歷史，也意味著許多貴族有相對多樣化的財富……」在德國，「貴族地主與新興工業階級結成『鐵與黑麥』聯盟，藉此保障他們的經濟利益。」[4]

這些例子突出之處，是菁英階層有目的地採取策略，減輕他們對喪失權力的擔憂——經濟變革可能產生多種副作用，其中之一或許就是原本的菁英階層喪失權力。結果菁英階層藉由國家主導的工業化、對新興工業階級逐漸讓步、投入商業和工業發展、與工業利益集團結盟，以及類似的手段，既受惠於工業化，又得以留在政治階梯的頂端。問題因此變成：為什麼其他地方沒有採取這種策略？是因為缺乏策略構想，還是有根本的結構原因？無論這個大問題的答案是什麼，這些例子突顯了政策創新鬆開政治束縛的作用，以及發揮這種作用的空間——如果沒有政策創新，那些政治束縛可能顯得無法克服。

中國的雙軌制改革

在一九七〇年代，中國奉行中央計劃經濟模式，價格管制是共產黨政權創造租值（rents）和移轉利益給它青睞的群體的一種機制。價格自由化和取消國家強制徵收糧食的做法，可以顯著提升農村的經濟效率，而中國多數人口住在農村。但這麼做的代價是損害國家的稅收基礎，而城市工人也將無法再獲得便宜的糧食配給。根據基本的政治經濟學框架，這些重大的再分配後果足以解釋中國領導層為什麼將抗拒這些可以提升效率的改革。

但中國政府想出了一條捷徑。從一九七〇年代末起，中國政府利用一些政策創新，例如價格雙軌制和經濟特區，有效地將市場導向誘因與它們常見的分配影響脫鉤。例在農業改革方面，中國並沒有取消以固定價格徵收糧食的計劃經濟安排，而是在集中分配制度上增添一種市場運作。農民滿足了國家以固定價格徵收糧食的要求之後，可以自由地將餘下的收成按市場可以接受的任何價格賣出。如劉遵義、錢穎一和羅蘭（Gerard Roland）指出，該制度在相當非限制性的條件下造就了分配效率。[5] 但站在政治經濟學的角度，雙軌制的主要好處是它使既有的重要租值流（stream of rents）免受改革影響。國家的收入並未受損，城市工人也可以繼續獲得便宜的糧食配給。

中國的經濟特區也以類似方式運作。中國並未以標準方式實行貿易體制自由化（這會大量毀滅該國效率低下的國有企業），而是容許經濟特區的企業按照類似自由貿易的規則運作，同時在其他地方維持限制貿易的規定，直到一九九〇年代末。中國因此得以融入世界經濟，同時保護國有企業的就業和租值。結果中國共產黨不但沒有變弱，還變得比以前強大和富有。

南非民主化

在南非少數白人執政、實施種族隔離制度的年代，要求民主的多數黑人面對一個典型的政治經濟學問題。白人和黑人都明白，一旦代表黑人的非洲民族議會取得權力，多數黑人將對它施加強大的壓力，要求沒收白人菁英的財產，或至少課以重稅。若想白人菁英接受政治改革，他們必須得到可靠的保證，確信財產不會被沒收。考慮到國際制裁和南非面對的經濟衰退，國家民主化比較符合菁英階層的經濟利益——但前提是他們確信自己的財產不會被沒收，而且未來的稅負將是適度的。如果得不到這種保證，則繼續壓制多數黑人才符合菁英階層的利益，雖然菁英階層和整個國家必須為此承受巨大的經濟代價。

曼德拉強烈意識到這問題。他一九九一年表示：「尤其是在民主政府成立後的頭幾年，我們可能必須做一些事，證明我們的制度有一種內建的機制，使一個群體不可能壓制另一個群體。」[6]在一九九四年民主轉型前的準備階段，南非的聯邦體制有特別的設計防止貧窮的多數黑人沒收富有少數白人的財產。其中兩項安排至為重要。首先，關鍵的再分配安排留在省級機關手上。第二，行政區劃分確保至少有一個重要的省（西開普省）仍將控制在白人手上。英曼（Robert Inman）和魯賓斐（Daniel Rubinfeld）認為，這兩項安排創造出一種「人質賽局」（hostage game）：黑人中央政府向白人菁英課稅的動機受約束，因為西開普省政府可以減少對省內黑人的服務，以此回應中央政府。[7]富創意地操作規則使南非既可以轉型為民主國家，又能向效率前緣靠近——至少在一段時間內是這樣。

其他例子

我們可以再舉很多例子。在一九八〇和一九九〇年代，拉丁美洲的改革派技術官僚將自由化和私有化政策（具有強烈的再分配效應）與多數人（包括菁英階層）認為無可避免和必要的抑制通膨措施結合起來，克服了強大的內部利益集團的反對。[8]在美國，貿易調整協助（Trade Adjustment Assistance）以及以社會保險和補償等形式運作的其他措施，是提供給勞工組織以換取它們支持國際貿易協定的甜頭。[9]（但如下一章將指出，隨著時間的推移，這種安排已受侵蝕。）美國國會在確定了政治條件之後，才容許拍賣無線電頻譜——只有商用頻譜才允許拍賣，並保障特定群體（女性、少數群體、小企業）的特殊權利。此舉是為了確保國會議員得到一些明確的好處。萊頓（Wayne Leighton）和羅培茲（Edward López）寫道：「結果是在國會擁有決策權的人每一個都得到一些東西：可能是更多收入，也可能是更多的政治監督。」[10]

這種策略相當於克服政治束縛的政策創新，而政治束縛起初可能看似無法克服。它們在增進效率之餘，可以容許內部人士和菁英階層留住權力，並且保護他們的租值。有時候它們造就根本的政治變革，一如南非的例子。有時候它們是設計來排除政治變革，一如中國的例子。此外，雖然我集中關注改變了國家軌跡的大規模政策創新，我們不難提出許多沒那麼革命性的例子，例如所得稅、老人年金、國際貿易中的最惠國原則、銀行存款保險、福利領取者的工作要求、有條件的現金移轉支付、中央銀行的獨立性，以及排污權交易。這些安排都有一個共同點：它們化解變革遇到的抵抗，容許社會向效率前緣靠近。

在這種情況下，提高效率是否總是足以支持我們幫助菁英階層？

爲獨裁者出謀獻策？

經濟學家似乎顯然應該運用他們的專業知識，幫助政治領袖研擬政策構想。即使是與開發中國家的一些威權領袖合作，經濟學的見解也可以大幅擴大掌權者發展其國家的可能性範圍。這可以大大嘉惠這些國家的人民；如果沒有經濟學的幫助，這些國家的情況可能完全不會改善。但是，如果那些領袖掌控的政權真的非常令人厭惡，那又如何？

若干年前，一名哈佛同事寫信給我，說賽義夫．格達費（Saif al-Islam el Qaddafi，當時利比亞統治者格達費的兒子）將到訪，希望跟我見面。我同事說，賽義夫是個有趣的人，擁有倫敦政經學院博士學位；跟他交談一定很有趣，而且我或許可以幫助他思考經濟問題。

結果那次會面頗令人失望。首先是顧問公司Monitor Company一名前員工向我簡單說明情況，他溫和地提醒我不要對會面期望太高。賽義夫拿著我其中一本著作部分章節的影印本，上面有他草草寫下的筆記。他問了我幾個問題，我記得是關於跨國非政府組織的角色，似乎和我的專長領域相距甚遠。我覺得他應該不會對我留下深刻印象，而我對他的印象也很一般。會面結束時，賽義夫邀請我去利比亞，我說我很樂意去——基本上是出於禮貌才這麼說。

此事沒有下文：賽義夫沒再找我，我也沒找他（接下來數年間，格達費政權遭推翻，賽義夫本人成了囚犯）。但如果他真的發出邀請，我會去利比亞跟他好好討論，或許還跟他的父親和朋友見面嗎？如果他們說「我們正努力發展我國經濟，你的知識真的對我們有幫助」，我會被打動嗎？換句話說，我是否會跟隨我數名哈佛同事的足跡，前往利比亞與該國獨裁者交流並提供意見——而且收取酬勞？

這些學者最近在媒體上遭到嘲笑，批評者認為他們討好格達費。霍華德・戴維斯爵士（Sir Howard Davies）選擇辭去倫敦政經學院校長一職；賽義夫在該校獲得博士學位，而該校也曾接受格達費政權的捐款。

許多人強烈認為，學者和機構與這種非常令人厭惡的政權合作（無疑往往是在政府鼓勵下），是出現了嚴重的判斷錯誤。但是，靠後見之明得出這種判斷是很輕鬆的。在阿拉伯革命蔓延至利比亞之前，與格達費家族往來的道德涵義有那麼明確嗎？又或者問一個比較普遍的問題：政策顧問絕不應該與獨裁政權往來，真的是那麼明確的道理嗎？

眼下世界各地的大學都爭相深化與中國的往來。多數學者絕不會錯過與中國國家主席習近平見面的機會。據我所知，人們不怎麼批評這種接觸；大家通常認為這是正常和沒問題的。但與此同時，很少人會否認中國是個以嚴厲手段對付異見者的高壓政權。天安門的記憶並非那麼遙遠，而中國政權近年很可能是變得更強硬了。中國未來如果出現要求民主的起義，對政權構成威脅，誰知道中國領導層會怎麼做呢？

像衣索比亞這樣的國家又如何？我曾在衣索比亞首都阿迪斯阿貝巴，與該國已故總理梅萊斯・澤納維（Meles Zenawi）深入討論經濟政策。我必須承認，相對於我在華府或其他民主國家首都的多數會晤，我比較享受與梅萊斯討論問題。我對梅萊斯的民主決心沒什麼幻想——對他欠缺民主決心也沒什麼特別想法。但我相信，他確實希望發展衣索比亞經濟，而我提供政策建議是因為我認為這或許可以造福一般的衣索比亞人。

威權政權的顧問面對的難題，類似道德哲學中長期存在的「髒手難題」。一名恐怖分子劫持了幾個人當人質，要求你為他提供水和食物。你可以選擇站在道德高地，對他說：「我絕不與恐怖分子往來。」但如此一來，你會錯過協助人質的機會。多數道德哲學家會說，在這種情況下，幫助人質是對的，即使這意味著你也幫助了恐怖分子。

但是，為了更大的好處而選擇做一件事，並不能免除我們的道德罪責。如果幫助一名恐怖分子或一個獨裁者，我們確實就弄髒了自己的手。哲學家華爾澤（Michael Walzer）說得好：「參與政治很容易弄髒自己的手。」但他立即補充道，因為這樣弄髒自己的手「往往是做了正確的事」。[11]

說到底，威權領袖的顧問無法避開這種難題。威權領袖尋求顧問的服務，往往只是希望使自己的統治顯得正當；在這種情況下，外國顧問應該避免提供服務。但如果顧問相信自己的服務可以造福那些實際上被威權領袖挾持為人質的人，他就有義務提供服務。

即使如此，他也應該意識到，在道德上，他某程度上成了威權政權的共犯。如果他為威權政權提供服務，然後完全沒有玷污了自己的感覺和一點罪惡感，他很可能是對這件事的性質反省得不夠。

政策構想從何而來？

創新政治策略的發展和運用，取決於什麼？為什麼有些政治體制那麼幸運，可以出現那麼多政策創新？政策創新出現的時機，可以如何解釋？

一如技術創新，我們可能無法完整地回答這些問題。技術創新發生，很大程度上是出於偶然的運氣：基礎科學發現產生意想不到的實際用途，又或者實驗和試誤（trial and error）產生新的產品和程序。同樣道理，我們必須假定政治領導和政治創造力中有很強的特殊因素。

不過，一如有關研發和內生成長（endogenous growth）的經濟學文獻顯示，某些系統因素也起作用。[12] 例如技術創新對市場誘因有反應——技術創新是藉由取得相對於競爭對手的暫時優勢，追求壟斷利潤。同樣道理，鬆開政治束縛的政策構想，可視為特殊過程和有目的行為的共同結果。以下是歷史經驗中一再出現的新構想來源。

政治創業

低效率衍生政治創業（political entrepreneurship）機會。只要有提升效率的機會可以把握，政治行為者就有誘因尋找這種機會，無論他們的具體動機是什麼。例如經濟學家會提出他們認為可以提升經濟表現的建議。有時候（如艾塞默魯和羅賓森強調，只是有時候，並非總是如此[13]），這些建議考慮了政治可行性。不過，在學術構想與政治低效率之間套利的終歸是政治創業者。如果能知道這種套利實際發生在什麼情況下，以及政治創業者何時真的能夠將他們的政策創新付諸實行，那就太好了，但目前很少研究處理這問題。

萊頓和羅培茲在他們的著作中特別強調政治創業促成政策改革的作用。[14]他們寫道，新構想要克服既得利益的反對，「政治創業者必須注意到構想、制度和誘因結構中的漏洞，並好好利用。」[15]他們提供了四個案例：頻譜牌照拍賣、航空業法規鬆綁、福利改革，以及房屋融資。他們寫道：「政治變革的代表人物可能是一名狂人、一名知識分子或一名三流學者。但無論這些領袖以什麼身分出現，他們都是政治創業者——他們的思想和行動是以致力成就變革為目的。」[16]一如萊頓和羅培茲強調，政治創業可能對社會有害，例如這種行動可能追求個別人士的租值利益但損害整體效率。不過，政治創業也有可能提升經濟表現，產生巨大的效益。

做中學

創業與學習有關。一如企業因為累積經驗而沿著成本曲線下移，公共組織如官僚機構可以藉由學習，了解提升效率的機會。大量文獻檢視隨著組織老化，學習與報廢（obsolescence）之間的潛在取捨。[17]同樣道理，從政者或許也可以從他們以往的成功和失敗經驗中吸取教訓。經濟學的演化分析（evolutionary approach）以有限理性的行為者試誤為基礎，提供了一種有關學習的有用補充觀點，而政治經濟學仍未利用這種觀點。[18]

技術學習所產生的好處往往外溢至其他公司，這抑制了技術創新的動機。相當有趣的是，政治上的做中學或許也存在類似的外部性。政治當權者可能不是很想做政策試驗，因為他們必須完全承受試驗失敗的代價，但試驗成功產生的租值則必須與抄襲政策的潛在挑戰者分享。在這種框架下，比較鼓勵競爭、從政者可以比較自由進場的政治制度，對政治構想的影響較不明確。更多競爭意味著更多創業者競逐新構想。但這也意味著有更多抄襲者（伺機而動的政治對手），而這會削弱進行試驗、尋找策略以鬆開政治束縛的動機。

政策突變

我說的「政策突變」（policy mutation），是指在現行政策的邊緣出現、並未事先規劃的政策試驗。這種試驗之所以出現，往往是因為政策制定者出於行政或其他方面的原因，未能嚴格執行現行規則。一如隨機突變，只要能夠產生更好的結果，這些對常規的改變就能產生更好的新政策。例如中國的雙軌政策並非規劃者自己想出來的，而是源自中國農村的黑市——農民在那裡非法出售糧食。規劃者明智地認識到，這些邊緣市場嘉惠農民，而且只要糧食徵收任務可以完成，並不損害國家的利益；他們因此基於這種認識制定公共政策。一九七〇年代加州和德州的「超省機票」試驗，揭示了促進航空業競爭、容許業者比較自由進場可以產生的顯著價格優惠，大大促進了美國航空業的法規鬆綁過程。[19]

萊策爾（James Leitzel）的著作就他所稱的「逃避規則」（rule evasion）行為促進改革的效果提出了一些精闢見解。[20] 如他指出：「逃避規則這種行為本質上是一種試驗，是安排社會事務的另一種方式。」[21]萊策爾討論了逃避規則為新政策奠定基礎的兩個原因。首先，這種行為往往變成常識，現行政策失敗的訊息因此廣為傳播。第二，它提出了現行政策的替代方案（例如黑市合法化），或創造出一群改革支持者，因此創造了改革誘因。逃避規則這種行為因此可以成為政策制定者的靈感來源，有助他們想出在政治束縛下可以產生更好效果的政策。

危機

危機時期是檢討現行政策的時機。這既是因為主要利益集團可能喪失一些正當性，也是因為當權者可能比較願意嘗試新的補救措施。此時人們更需要新敘事，也更願意試驗新東西。布萊思（Mark Blyth）寫道：「在不確定的時刻，定義危機的見解不但告訴行為者『哪裡出錯』，還告訴他們『應該做什麼』。」[22]

在美國，當年的大蕭條成了新制度安排實驗的真正溫床。一九三二年，小羅斯福總統提出了「大膽持續實驗」的著名呼籲：「嘗試一種方法是常識：如果失敗，就坦白承認，然後再試另一種方法。最重要的是要嘗試。」[23]雖然規模小得多，一九七〇年代的通膨危機產生了類似作用，為總體經濟方面的新觀念如理性預期和央行獨立性奠下了基礎。最近的金融危機使比較多人可以接受對國際資本流動課稅和施加管制，雖然金融利益集團遭削弱的程度仍存在爭議。

雖然危機與新觀念看來確實有關聯，很多問題有待解釋。為什麼有些危機比較容易產生新觀念？危機確立的觀念類型該如何解釋？大蕭條在美國衍生了「新政」，在歐洲某些地方衍生了法西斯主義，在歐洲另一些地方衍生了社會主義。利益結構是否預先決定了這些結果？政治創業和觀念在多大程度上產生了自主作用？

仿效

觀念和政策創新最重要的一個源頭，可能是其他地方流行的做法。一項政策在某地已證實有效，或至少看來有效，可以成為仿效該政策的一個有力理由。智利的社會保障私有化，孟加拉的微型貸款，墨西哥的有條件現金補助，以及中國的經濟特區，是當地實行之後在其他國家贏得追隨者仿效的一些政策創新。許多開發中國家的法律和監理改革，是以北美或西歐的現行模式為榜樣。「進口的觀念」顯然很有吸引力。現成的政策消除或降低了本土創新和試驗的成本。人們認為這些政策在其他國家成功了，這種觀感也可以成為制衡本地強大既得利益的力量。

當然，沒有人可以保證仿效其他國家的政策可以成功。脈絡也很重要。進口的觀念可能因為與本地的經濟或政治環境格格不入，結果適得其反。此外，仿效也可能出於不好的動機——例如為了在政策失敗時掩護援助捐助者，向新政府釋出他們是「好人」的訊號，以及作為國內利益集團將其自私議程合理化的手段。[24]

狄馬喬（Paul DiMaggio）和鮑威爾（Walter Powell）創造了「同形模仿」（isomorphic mimicry）一詞，指讓許多組織即使努力求變，但仍然變得相似的壓力。[25] 我同事安德魯斯（Matt Andrews）記錄了窮國的「同形模仿」改革如何製造出變革的表象，但未能取得什麼實質進展：官僚機構重整之後看起來像先進國家的官僚機構，但官僚效率幾乎毫無進步。[26] 在我與瑪坎德（Sharun Mukand）合寫的一篇論文中，我們建立了一個正式的模型解釋政府模仿其他國家政策的誘因：實行不合適的政策代價高昂，但政策實驗也是——接受不完全資訊的選民或許比較可能認為本土政策實驗是試圖尋租，因此願意接受政府仿效外國的政策。[27]

考慮觀念的作用使我們得到什麼？

我試著說明一件事：雖然政治經濟學非常重視既得利益，但既得利益的作用其實遠不如乍看之下那麼重要。事實上，因為忽略了觀念或構想，政治經濟學框架往往無法好好解釋政策變化。這種理論往往予人事後諸葛的感覺：如果改革在既得利益存在下仍然發生，那一定是因為既得利益不夠鞏固，又或者改革並不傷害既得利益。傳統分析政策停滯的模型如果不考慮政治行為者可以採取的策略，那就是不完整的。改革真的發生時，這種模型也無法充分解釋事實。

認真看待觀念使利益的概念變得不穩定和短暫。站在傳統政治經濟學的立場，看到這種情況是令人困惑的：菁英階層強烈抗拒改革，直到變革真的發生，然後受惠於改革。韓國軍事獨裁者朴正熙一九六一年上台後，將該國商界領袖關進監獄，直到他們承諾將進行特定的產業投資才釋放他們。從韓國經濟後來的蓬勃發展可以看到，那些投資對這些商人根本是有利的。

在另一個例子中，中國實行價格雙軌制和其他市場導向的創新政策，中共領導層是主要受益者之一，但在毛澤東逝世之前，中共一直拒絕考慮這些政策。這些例子中的關鍵變化不是權力結構的轉變，而是當權者將一些新構想付諸實行。事實上，改革發生往往不是因為既得利益被打敗了，而是因為利益集團採取新策略追求利益，又或者利益本身被重新定義了。

對比我的觀點與艾塞默魯和羅賓森的觀點頗有啟發意義：他們認為善意的改革往往失敗或產生意想不到的後果，是因為忽略了改革導致的政治結果變化。[28] 他們寫道，在許多政策建議中，政治「基本上缺席」。艾塞默魯和羅賓森認為，「經濟分析必須在理論上和實證上辨明政治與經濟在什麼情況下發生衝突，然後評估政策建議，將這種衝突和它可能造成的反彈納入考量。」[29]

我同意必須考慮政治因素。但艾塞默魯和羅賓森認為既得利益基本上是既定的，他們因此對政策可以產生的作用相當悲觀。我則認為成功的政策構想之所以奏效，恰恰是因為它們有考慮政治問題。我認為我們有可能比只是迴避政治衝突做得更好；我們可以利用觀念或構想鬆開政治束縛。一如計劃不週的經濟構想可能產生災難性的政治影響，政治上深思熟慮的構想可以使我們以顧及基本政治現實的方式，向效率前緣靠攏。

突顯觀念和構想的作用，也有助緩和目前政治經濟學與規範經濟學（和政策分析）之間的緊張關係。政治經濟學希望解釋政治經濟結果。但是，如果政策結果受制於利益結構，提出政策建議就是徒勞：沒有人會接受建議，這些建議也不會產生作用。政策建議最多只是成為既得利益的意識形態材料，美化他們赤裸裸的權力，避免激起公眾的強烈反感。如果政治經濟學因為過度迷戀既得利益而忽略了觀念和構想，社會科學就抹煞了規範性政策分析的作用。明確考慮觀念的作用可以為政策分析騰出一些空間。

最後，重視觀念的作用，為我們提供了一種看待既得利益的新觀點。一如社會建構主義者喜歡說的那樣：「利益是一種概念。」即使經濟行為者純粹受利益驅動，他們對自身利益何在往往也只有先入為主的有限概念。這道理通常正確，在政治方面尤其如此：政治方面的偏好與人們的身分認同密切相關，而我們總是可以創造新策略。經濟學家通常視為不變的私利，往往只是有關我們是誰、世界如何運轉以及我們可以採取什麼行動的觀念之產物。

隨著我們邁入新時代，各國獨立或共同改革經濟運作規則成為人類最重要的挑戰，上述道理尤其重要。有關全球化、經濟成長和社會包容的問題，需要富想像力的構想和解決方案。民主國家需要好好辯論，以便有意識地作出慎重的抉擇。餘下各章將討論具體的建議。

9 全球合作的幻影

我們這個年代的民粹反彈反映了一件事：這個世界的知識分子和專業菁英，與一般選民在世界觀方面出現了巨大的鴻溝。這兩個群體如今活在不同的社會世界裡，用來導引的認知地圖也不相同。但是，塑造當代政治與經濟面貌的學術共識至今大致不變。上流社會的人討論政經大局，通常僅限於稍微擔心不平等問題，主張稍微加強補償全球化競爭中的失利者。但我們其實需要更大膽、更宏大的構想。如果沒有這種構想，我們可能將發現，現行共識產生的美好事物——特別是自由、民主的秩序——將被它離譜的一面引發的反彈徹底摧毀。

如果資本主義要生存下去，我們必須重新設計資本體制，以處理眼下面臨的多重挑戰，包括全球化、（國家與全球層面的）不平等、迅速的技術變革、氣候變遷，以及民主問責等問題。在本書餘下幾章，我將討論我們需要的一些政策創新。我們可以如何更有效地利用公共政策促進綠色技術的發展？我們可以如何駕馭導致不平等的技術創新力量，促進公平和社會包容？我們可以如何改革全球化運作的方式以促進國內與國際平等，儘管兩者之間顯然存在緊張關係？進步人士可以如何制定出政治上可致勝的議程，克服民粹煽動者的誘惑？

我先討論現今的傳統觀念重視的兩個關鍵建議：補償全球化的輸家，以及加強全球治理。這兩條路基本上都行不通。傳統觀念所理解的補償輸家或加強全球治理，都不能使我們往正確的方向前進。現行貿易協定和全球金融規則，都無法提供一個能滿足未來需求的好模式。我主張奉行一種比較尊重國內政策優先順位的「輕型」（light）全球治理模式。

補償爲時已晚

民粹主義者如川普非常巧妙地利用了全球化引發的反彈，而世界各地的商業和政策菁英如今對於如何處理這種反彈有了新共識。他們不再自信地斷言全球化如何嘉惠所有人。這些菁英承認，沒錯，我們必須承認全球既產生贏家，也製造出輸家。但他們認為正確的因應方式不是停止或扭轉全球化，而是確保輸家得到補償。

魯比尼（Nouriel Roubini）簡潔地概括了這種新共識：「我們可以利用政策補償勞工因為

全球化而承受的連帶傷害和各種代價，藉此遏制和控管全球化引起的反彈。我們必須制定這種政策，全球化的輸家才會開始認為自己最終也有可能加入贏家的行列。」[1]

無論是站在經濟還是政治的角度，這種主張都似乎極有道理。經濟學家早就知道，開放貿易雖然可以使整個國家的經濟大餅變大，但會導致所得重新分配，而且某些群體將蒙受絕對損失。因此，只有在贏家補償輸家的情況下，貿易協定才可以明確地提升國民福祉。補償也可以確保政策獲得更廣的民意支持，因此應該是明智的政治策略。

在福利國家體制興起之前，經濟開放與所得重新分配之間的緊張關係，是靠勞工大規模移居外國或重新限制貿易（尤其是保護本國農業）解決。[2] 福利國家體制興起之後，讓限制進一步放鬆，允許貿易可以進一步開放。現今受國際經濟影響最大的先進國家，也是社會保障措施和安全網（即福利體制）最周全的國家。[3] 歐洲的研究顯示，各國內部的全球化輸家往往支持較為積極的社會福利措施和勞動市場干預措施。[4]

反貿易如今在歐洲尚未成為政治焦點議題，部分原因可說是歐洲的社會保障仍然強健，儘管近年已有所削弱。即使在重奪國家自主權的呼聲最響亮的英國，開放貿易的政策也沒什麼爭議。事實上，支持英國脫歐的團體經常表示，英國退出歐盟之後可以奉行更自由的貿易政策，大家因此應該支持英國脫歐。我們可以並不誇張地說，在二十世紀多數時間裡，福利國家體制和開放的經濟是同一個銅板的兩面。

相對於多數歐洲國家，美國是全球化的後來者。美國國內市場龐大，地理上與外界相對隔絕，因此歷來比較不受商品進口影響（尤其是來自低工資國家的商品），直到最近。美國的福利體制向來也比較薄弱。

在一九八〇年代之後，美國較廣泛地對墨西哥、中國和其他開發中國家開放進口，很多人可能預期美國隨後走上歐洲的道路。但是，在雷根和市場基本教義派的思想影響下，美國走了反向的路。一如美國智庫經濟政策研究所（Economic Policy Institute）總裁米歇爾（Larry Mishel）所言：「當局故意忽視輸家。」一九八一年，「貿易調整協助（TAA）是雷根首先攻擊的東西之一，他削減了每週的補償金。」[5]隨後即使民主黨人入主白宮，這種破壞仍持續。米塞爾說：「如果主張自由貿易的人真的關心勞工階層，他們應該早就支持一整套政策以支持工資強勁成長，包括充分就業、集體談判、高勞動標準，以及健全的最低工資，諸如此類。」而且這一切可以在「擴大與低工資國家貿易、使經濟經歷『衝擊』之前」完成。

美國現在是否可以徹底改變方向，奉行新興主流觀念？直到二〇〇七年，還有政治學家席夫（Ken Scheve）和經濟學家史洛特（Matt Slaughter）呼籲美國推行「全球化新政」，將「參與世界經濟與大規模的所得再分配」聯繫起來。[6]他們認為這意味著美國必須採用累進程度高得多的聯邦稅制。

史洛特曾在老布希總統任內，效力於共和黨人控制的政府。現在我們已經無法想像共和黨人提出類似的建議，由此可見美國政治氣氛已變得多麼兩極化。川普總統及其國會盟友決心廢除歐巴馬總統留下來的健保制度，這顯示保守派想做的是縮減而非擴展社會保障。

現今圍繞著補償政策的共識假定全球化的贏家是受開明自利（enlightened self-interest）驅動——也就是假定他們相信，輸家的支持對維持開放的經濟邊界是必要的。另一種觀點認為，全球化（至少是我們目前理解的全球化）使政治權力流向全球化贏家（他們具有可受惠於全球經濟的技能和資產），而輸家組織起來可以產生的影響力則受損。一如川普總統的表現已充分顯示，圍繞著全球化的未定形不滿可以輕易被利用來服務完全不同的議程，結果反而傾向維護菁英階層的利益。

補償在政治上總是受經濟學家稱為時序不一致（time inconsistency）的問題困擾。在一項新政策（例如一項貿易協定）實行之前，受益者總是有承諾補償輸家的動機。但在政策實行之後，受益者就沒什麼興趣履行他們的補償承諾——可能是因為扭轉政策的整體代價太高了，又或者受益者因為新政策而在權力上占了優勢。美國貿易協定的歷史經驗告訴我們，這是當局提供貿易調整協助的承諾如今非常不可信的原因之一（但肯定不是唯一的原因）。

實行補償政策的時機已經過去了。即使補償在二十年前或許是可行的方法，它已經不再是處理全球化弊端的有效方式。如果我們真的想與輸家同行，我們將必須考慮改變全球化本身的規則。我將在下一章提出我自己的建議，但我們先來看處理這些問題的另一種標準方法。

全球治理的虛假希望

我們一再聽到這種話：因為世界已經變得緊密互聯，純粹考慮本國情況的政策已經不合時宜。全球性質的問題需要全球性質的解決方案。只有全球治理才能解決我們這個時代的重大經濟問題——經濟脆弱、成長低迷、不平等，以及失業。

這種斷言極其常見，以致我們極少質疑它們背後的邏輯。在某些政策領域，呼籲加強國際合作與協調無疑是有道理的。但是，適用於真正全球問題（例如氣候變遷和疾病大流行）的道理，對經濟問題卻多數不適用。大氣層、海洋或臭氧層是全球公有的，但世界經濟卻不是。全球治理對解決世界經濟問題作用有限，有時還可能造成一些損害。

全球暖化之所以是全球問題而非國家層級的問題，是因為全球只有一個大氣層，溫室氣體從哪裡排放出來並無差別。除非其他國家也執行類似的政策，本國限制碳排放對國民沒有好處

（或好處微不足道）。同樣道理，投資在疾病跨境流行及早預警系統上可以創造全球共享的利益，但成本卻是由出資的政府承擔。在這兩個例子中，如果任由民族國家自行其是，它們將沒什麼動機捍衛全球公共利益。因此，在這種情況下，全球合作至關緊要。

相對之下，良好的經濟政策卻是另一回事。諸如開放貿易、穩定金融與總體經濟、充分就業、人力資本投資、基礎建設和創新等政策，最主要是造福本國經濟。經濟政策差劣的代價，主要是由本國居民承受。個別國家的經濟命運，主要取決於國內而非國外的情況。

貿易政策尤其如此。清除貿易障礙的理由，是這可以使本國經濟整體而言更加繁榮。如果開放的經濟政策是可取的，那是因為開放符合本國自身利益，不是因為開放對其他國家有利。開放和促進全球經濟繁榮的其他好政策，是仰賴自利動機而非全球精神。

當然，一個國家的政策確實也會影響其他國家。我們可能特別關注一國藉由犧牲其他國家獲取經濟利益的情況。這就是所謂的「損人利己」（beggar-thy-neighbor）政策。舉個純粹的例子：某種自然資源（例如石油）的主要供應國限制國際市場的供給，藉此推高國際價格。在此情況下，出口國的得益是其他國家的損失。所謂的「最適關稅」（optimum tariff）也以類似機制運作：一個大國對進口商品實施貿易限制，操控其貿易條件，壓低它向外國購買商品的價格。在這些情況下，我們有明確的理由利用全球規則限制或禁止使用這種政策。

但是，全球政策制定者關注的絕大多數世界貿易與金融問題，都不屬於這一類。各國政府設置貿易障礙時，完全不是想令進口商品變得便宜一些；保護主義的重點是推高相關商品的國內價格，使相對低效率、與進口商品競爭的公司可以增加盈利和增聘人手。再想想農業補貼、歐洲的基因改造生物禁令、美國濫用反傾銷規則，以及開發中國家對投資人的權利保護不足等問題。它們本質上是「損害自己」（beggar-thyself）政策而非「損人利己」的政策。這些政策的經濟代價主要由本國承受，雖然它們也可能對其他國家產生負面影響。這些政策不是為了從其他國家獲取利益，而是因為國內的其他政策目標（例如分配、行政、公共衛生或政治方面的目標）壓倒了經濟效率動機。例如經濟學家普遍認為，農業補貼是低效率的：歐洲農民雖然得到好處，但歐洲其他人因此必須承受高物價和高稅負，損失相當大。儘管如此，歐洲民主國家因為國內的政治理由，仍然維持這些補貼。

拙劣的金融監理或總體經濟政策也是如此：這些有問題的政策加劇經濟週期波動，並製造出金融動盪和危機。一如二〇〇八年的全球金融危機顯示，這種問題可能對其他國家產生重大影響。但是，如果說美國監理當局失職，那不是因為美國經濟可以因此受惠而代價由其他國家承受。在全球金融危機中，美國是經濟受挫最嚴重的國家之一。

在政策方面，當代最令人失望的可能是先進民主國家的政府未能有效處理不平等加劇的問題。這問題的根源也在於各國國內政治：金融和商業菁英控制了政策程序，而且藉由宣傳，令許多人相信再分配政策作用有限。當然，全球避稅天堂是奉行「損人利己」政策的一個例子。但是，強大的國家（例如美國和歐洲國家）如果有意願，早就可以自行做很多事來限制逃稅和公司稅方面的沉淪式競爭。

因此，我們目前的問題與全球合作不足無關。它們本質上是各國國內問題，無法靠國際機構制定規則來解決，而且國際層面的規則制定也很容易受特殊既得利益集團操控，一如國內的政策制定。全球治理往往只是這些利益集團追求實現其全球議程的另一種形式。這一點或許在貿易協定上看得最清楚。

支持貿易協定的混亂理由

全球貿易談判陷入僵局已久。貿易談判代表已將注意力轉向區域貿易協定。在川普總統拒絕這種協定之前，美國位居或將決定世界貿易未來路線的兩大協定的中心。《跨太平洋夥伴協定》（TPP）涉及美國和十一個其他國家，它們總共貢獻約四〇％的全球經濟產出，但很重要的是，該協定不包括中國。美國與歐盟的《跨大西洋貿易與投資夥伴協定》（TTIP）甚至更進一步，希望將占世界貿易量一半的兩大經濟體連結起來。

貿易協定早就不再是專家和技術官僚可以壟斷討論的領域。因此，TPP和TTIP引起公眾熱烈討論並不令人意外。因為支持者與反對者的觀點兩極化，一般人很難不對這兩個協定的可能後果感到非常困惑。為了認識諸如此類的貿易協定涉及什麼利害，我們必須明白，這些協定是受多種目的驅動——站在全球的角度，當中有些目的是良性的，有些則不是那麼良善。

在經濟方面，貿易協定的捍衛者往往提出相互矛盾的兩套說辭。他們說，減少貿易障礙可以促進經濟效率和專業化。但他們又說，貿易協定有助本國拓展貿易夥伴國的市場，進而促進出口和就業。第一套說辭是貿易自由化的傳統比較優勢論，第二套則是重商主義（mercantilism）的論點。

問題是比較優勢與重商主義目的是有矛盾的。站在比較優勢的角度，貿易的得益來自進口：出口的商品是國家為了負擔得起進口而必須放棄的東西。而只要貿易以平衡的方式擴展，所有國家都可以得益。重商主義則認為出口是好事，而進口是不好的。重商主義者認為可以擴大淨出口的國家是贏家，其他國家則是輸家。

站在比較優勢的角度，貿易協定並不創造就業，只是導致跨產業的職位重新分配。站在重商主義的角度，貿易協定可以創造就業，但必定是以其他國家就業受損為代價。因此，宣稱貿易協定可以同時創造就業和互惠互利是前後矛盾的，但美國和歐洲的政府常說這種話。

在政治方面，支持者認為ＴＰＰ和ＴＴＩＰ可以為世界貿易確立良好、自由的規則。減少貿易障礙和提高監理透明度通常是好事。但即使在這方面，現實也比理論複雜得多。

對美國來說，ＴＰＰ的一大吸引力在於其他國家將必須遵守比較嚴格的智慧財產規則。這些規則對創新的影響往往不確定，但可以帶給美國的專利和版權持有人可觀的租值。在ＴＴＩＰ之下，美國與歐洲之間的非關稅貿易障礙減少，幾乎一定會限制各國國內監理機關的行動空間。即使監理法規調和不會導致沉淪式競爭，投資人和出口商的利益也將對社會與環境目標構成空前嚴重的威脅。

最令人擔心的，或許是這些貿易協定中的「投資人與地主國爭端解決機制」（Investor-State Dispute Settlement, ISDS）條款。這些條款在一國的法律制度之外設立獨立的司法管道，容許企業利用該管道控告地主國違反貿易協定的侵權行為。ＩＳＤＳ的支持者表示，這些條款對法治良好的國家如美國沒什麼影響，但可以在法治並不良好的國家（例如越南）促進投資。即使這觀點成立，我們也難以理解為什麼北美與歐洲先進經濟體之間的ＴＴＩＰ也需要ＩＳＤＳ條款。

在上述這些方面，ＴＰＰ和ＴＴＩＰ與其說是追求經濟與貿易自由化，不如說是被企業利益集團控制了。

這些協定最重要和最含糊的目標之一是與中國有關，但協定內容完全沒提到中國。美國和歐洲都希望中國遵守它們制定的貿易規則。在中國不參與的情況下談好貿易規則，可視為最終誘使中國加入自由的全球體系的一種策略。不過，這也可視為孤立中國，以及在利潤豐厚的市場針對中國設置歧視性障礙的一種做法。

最後，令反對者特別惱火的是貿易協定談判保密。協定草案並不公開給公眾檢視，極少數可以取得草案的外部人士被禁止洩露協定內容。當局表示，這麼做是為了促進談判。一如美國參議員華倫（Elizabeth Warren）所言，實際效果應該是恰恰相反。如果公開內容會導致當局更難說服大眾接受最終結果，協定是否可取也就大有疑問。

將貿易協定的最終文本交付表決而且不容許修改，是大有道理的。但這與在草案階段公開協定並不衝突。保密的時機已經過去了，如果曾有這種時機的話。

說到底，這些貿易協定的經濟和政治後果相當不確定，十分值得關注。若嘲笑懷疑派是保護主義者，這些協定的支持者只會賠上自己的名聲。我們恰恰需要針對這些協定的具體條款展開公開和知情的辯論。協商中的協定文本必須開放給公眾檢視，這種辯論才有可能進行。

資本管制規則

國際貨幣基金組織（IMF）二〇一二年出現了一次值得注意的立場逆轉：該組織表示，在某些情況下，資本管制是合理的——藉由課稅和其他手段限制跨境資金流動因此獲得正當性。不久之前，IMF這個全球機構還大力敦促各國（無論貧富）開放外國資本自由進出。IMF如今承認了這個事實：金融全球化可能造成混亂和破壞，包括引起金融危機和匯率的不當波動。

我們與資本管制愛恨交加的關係因此再次出現轉折。

在截至一九一四年的標準金本位制度下，資本自由流動是神聖的原則。兩次世界大戰之間的動盪，使許多人確信開放資本帳與總體經濟穩定不相容（當中最著名的是凱因斯）。新共識反映在一九四四年的《布列敦森林協定》中，而該協定將資本管制寫進了IMF的組織協定條款。凱因斯當時說：「以前被視為異端的觀念，如今獲奉為正統。」

到了一九八〇年代末，政策制定者再度愛上了資本自由流動。歐盟一九九二年以法律禁止資本管制，經濟合作暨發展組織（OECD）則強制要求新成員國開放資本自由進出，後來釀成一九九四年墨西哥和一九九七年韓國的金融危機。IMF全心支持促進資本自由流動的議程，其領導層曾試圖修改IMF的組織協定條款，賦予IMF決定成員國資本帳管理政策的正式權力（但未能成功）。

但是，資本自由流動的美好承諾並未兌現。大致而言，資本流入往往促進資本接收國的消費而非投資，加劇經濟波動，使慘痛的金融危機更常出現。全球金融市場不但沒有加強金融紀律，反而令舉債變得更容易，結果是揮霍的政府和財力透支的銀行在預算上更不受約束。世界一再爆發金融危機：先是亞洲、巴西、阿根廷、俄羅斯、土耳其，最後是歐洲和美國。

在金融全球化僅衝擊開發中國家之際，人們喜歡說，是那些國家自己有問題。IMF和西方的經濟學家表示，墨西哥、韓國、巴西、土耳其等國家的政府並未奉行受惠於資本自由流動和防止危機所需要的政策，包括審慎監理、財政限縮（fiscal restraint）和貨幣控制。他們認為問題在於這些國家本身的政策，不在於金融全球化。出路因此是各國推動國內的改革，而不是管制跨境資本流動。

到了二〇〇八年，全球金融危機爆發，先進國家自己也成了金融全球化的受害者，要堅持上述論點就困難得多。因為更多人清楚看到，問題在於全球金融體系本身不穩定：金融市場很大程度上不受當局監督和管理，一陣又一陣的狂熱和泡沫以及隨後的驟然停擺，正是金融市場的特徵。因此，IMF承認，各國採取措施保護自己免受這些症狀影響是適當的，此一表態是好事，而且絕非來得太早。

但我們也不應誇大IMF的心態轉變。IMF仍視資本自由流動為一種理想，並假定各國最終將向此一目標靠攏。實現此一理想只需要各國達到「金融和制度發展」的門檻標準。IMF視資本管制為一種最後手段，必須符合一組相當嚴格的條件才可以動用，包括其他的總體經濟、金融或審慎措施已無法阻止資本湧入，本幣匯價明確過高，經濟過熱，而且外匯儲備已經足夠。IMF提出了「資本帳自由化的綜合方法」，列明開放資本帳的具體步驟順序。但在資本管制方面，IMF完全沒有類似的建議告訴各國如何更有效地實行資本管制。

這反映兩方面的過度樂觀態度：首先是過度相信當局可以非常有效地微調政策，直接處理令全球金融體系不安全的根本問題；第二是過度相信各國金融法規趨同，將使各國根本不必管理跨境資本流動。

我們以槍械管制作類比，可以有效說明第一點。一如資本流動，槍械有其用途，但如果使用不慎或落入不對的人手上，可能產生災難性後果。IMF不情願地有限度支持資本管制，態度類似反對管制槍械的人：他們認為政策應針對造成傷害的行為，而不是粗暴地限制個人自由。美國反對管制槍械的遊說團體喜歡說：「殺人的不是槍，而是人。」言下之意是我們應該懲罰犯法者，而不是限制槍械流通。同樣道理，在金融市場，我們應該確保中介機構將它們所冒的風險充分內部化，而不是針對特定類型的交易課稅或施加限制。

但正如迪克西特（Avinash Dixit）喜歡說的那樣：世界在最好的情況下也只是處於一種次佳狀態，而且總是這樣。因為現實中大量的實際困難，假定我們可以辨明和直接規範有問題的行為並不務實。多數社會直接管制槍械，因為我們無法完美地監控和管束人們的行為，而且監控和管束失敗的社會代價很高。同樣道理，審慎起見，我們有必要直接管制跨境資本流動。

倡導資本自由流動的人不厭其煩一再指出，受惠於金融全球化有一長串的先決條件，包括保護產權、健全的契約執行機制、根除貪腐、提高透明度和財務資訊暢通、健全的公司治理、貨幣與財政穩定、債務可持續、匯率由市場決定、優質的金融監理，以及審慎監理（prudential supervision）。照理說，資本自由流動是為了成就經濟成長。既然如此，假定資本自由流動必須以實行先進國家的制度作為先決條件，顯然不合邏輯——此中道理顯而易見，大可不必細述。

這個先決條件清單很長，而且實際要求可能是無盡的。一如先進國家在全球金融危機中的經驗顯示，即使是顯然最成熟精細的監理體系，也絕非萬無一失。因此，要求開發中國家建立可以確保資本流動安全的制度，不但本末倒置，還是徒勞的愚行。審慎起見，我們必須奉行一種比較務實的做法，承認除了其他監理措施，資本管制或許也有常設的必要。管制或禁止某些交易，是理想可能無法實現的現實世界裡的一種次佳策略。

此外，許多開發中國家的經濟發展受制於投資不足而非國內儲蓄不足，外國資本流入對促進這些國家的經濟成長沒什麼作用。這些經濟體的問題，主要是民間部門投資意願低落。在這些國家，投資或許可以產生很高的社會效益，但民間部門可以得到的報酬卻相當低，因為許多因素令民間部門無法充分獲取投資報酬，包括外部性（externalities）、高稅負和不良制度之類。

受投資不足問題困擾的經濟體，對資本流入的反應與其他經濟體相當不同。資本流入助長這些經濟體的消費，而不是促進資本積累。此外，資本流入促使本幣升值，結果是投資不足問題惡化。可貿易產業（tradable industries）的營利能力受挫，投資需求進一步萎縮（可貿易產業最有可能受無法充分獲取投資報酬的問題困擾）。在這些經濟體，資本流入大有可能阻礙而非促進成長。設計得當的監理政策或許可以使結果回到最佳狀態，但現實中這種事極少發生。

這種憂慮已經促使新興經濟體試驗各種資本管制措施。許多措施的效果不是很好——不是因為它們對資本流動的規模或成分沒有影響，而是因為影響相當小。一如巴西、哥倫比亞、韓國等國家發現，針對特定市場（例如債券或銀行短期借貸）實施有限的管制，對重要的結果（例如匯率、貨幣獨立性或國內金融穩定）沒有顯著的影響。這種經驗的涵義令人不安：資本管制要真正有效，必須是直接和全面的，而不是精確和針對性的。

假定各國將向資本自由流動模式靠攏的第二個問題是：即使是制度非常發達的先進國家，目前也正走向不同的金融監理模式。在金融監理的效率前緣，我們必須在金融創新與金融穩定之間權衡取捨。想要更多的金融創新，金融穩定就必須有所犧牲，反之亦然。有些國家傾向維護金融穩定，因此對其國家的銀行實施嚴格的資本和流動資金要求；有些國家則傾向促進金融創新，因此選擇相對寬鬆的監理模式。

資本自由流動在此造成嚴重的困難。借款人和放款人可以利用跨境資本流動迴避本國的管制，進而損害本國監理標準的健全性。為了防止這種監理套利（regulatory arbitrage），本國監理機關可能被迫採取措施針對監理較寬鬆地區產生的金融交易。在不同的主權政府奉行不同的金融監理方式的世界裡，我們需要一些規則來管理各國法規的界面（interface of national regulations）。假定資本自由流動是所有國家將靠攏的理想，使我們難以進行我們真正需要的艱難思考。

資本管制本身絕非靈丹妙藥，往往會製造出比它解決的問題更嚴重的問題，例如貪腐或拖延必要的改革。但其他領域的政府行動也都是這樣。我們活在一個次佳世界裡：政策行動幾乎總是不完全（和局部有效）的，而某個領域的善意改革可能因為其他領域的扭曲狀況而事與願違。在這樣的世界裡，無論何時何地都視資本管制為萬不得已的最後手段，實在沒什麼道理；事實上，這種觀念有如盲目崇拜金融全球化。我們真正需要的是根據具體情況個別考慮、冷靜堅定的務實精神；我們必須認識到，資本管制有時值得成為一種重要手段。

輕型全球治理模式

我們眼下正進入世界經濟的一個新階段；在這個階段裡，全球攜手合作將愈來愈困難。首先，世界正變得愈來愈多極化（multipolar）和沒那麼「霸權主義」。美國和西歐已經不再能夠制定規則，然後期望其他國家一一服從。此外，美歐如今受高負債和低成長困擾——它們因此最關注自己國家的問題。歐元區問題不斷，尤其損害歐洲影響全球事務的能力。

新興強國如中國和印度非常重視國家主權和內政不受干涉，也加劇上述趨勢。這些新興強國不願意為了建立國際規則而犧牲它們的政策自主權。它們因此不大可能參與投資建設全球政策體制，也就是不會學習美國在二戰結束後的做法。

因此，全球領導力和全球合作未來均將相當有限。全球環境的這種轉變要求我們小心調整世界經濟的治理方式。它要求一套比較精簡的規則，承認各國情況的多樣性和對政策自主空間的需求。但是，二十國集團（G20）、世界貿易組織和其他多邊論壇的討論卻似乎告訴我們，正確的做法是延續既有路線——制定更多規則，進一步調和法規，以及加強約束各國的政策。

歸根究柢，輔助原則提供了思考全球治理問題的正確方式。它告訴我們哪些類型的政策應該在全球層面協調或調和，哪些應該大致留待各國自行決定。該原則區分了兩種類型的領域：一種需要廣泛的全球治理，一種僅需要一層寬鬆的全球規則。我們可以視其為兩種體制之間的抉擇：一種是像世界貿易組織那樣的（厚重）全球體制，一種是像關稅暨貿易總協定那樣的（輕型）體制。

我之前的討論暗示，經濟政策大致可分四種。這種分類方式的其中一端是不怎麼影響其他國家的國內政策，它們不會產生或僅產生極少的跨國外溢效應，例如教育政策。這些政策不需要國際協定，可以放心留給各國國內的政策制定者。

另一端是與「全球公域」（global commons）有關的政策，例如與全球氣候有關的政策。全球公域的特徵是每個國家面對的結果並非取決於其國內政策，而是取決於其他國家的政策（之總和）。典型的例子是溫室氣體排放問題。在這些政策領域，我們有極強的理由建立各國必須遵守的有力規則，因為各國個別而言都有搭便車的動機（逃避為全球公域盡自己的一份力符合各國的個別利益）。如果未能達成全球協議，所有國家都將面臨一場集體災難。

在這兩端之間，有兩種其他類型的政策，它們產生我之前提過的外溢效應。損人利己的政策必須在國際層面規範。這種政策目前最重要的例子，是具系統重要性的國家維持巨大的貿易順差，以致其他國家很難達至充分就業。近年之前，中國是這方面的「模範」，但該國的對外順差近年縮減了。德國是目前問題最嚴重的國家，其經常帳盈餘高達該國GDP的九％。

損害自己的政策則不同：這種政策的經濟代價主要由本國承受，雖然它們也可能影響其他國家。這種政策的例子包括農業補貼、基因改造生物禁令、金融監理鬆懈，以及產權保護不力。以全球規則約束這種政策的理由弱得多。不應該由「全球社會」告訴個別國家如何權衡取捨無法並存的多個目標。我們尤其應該容許民主國家犯它們自己的「錯誤」。一個國家製造其他國家的成本，本身不足以成為建立全球監理制度的理由。例如一個國家的貿易自由化政策損害國際市場上與其競爭的國家之利益，經濟學家根本不覺得有什麼問題。[7]

當然，沒有人可以保證各國國內政策準確反映社會需求。即使是民主國家，也經常被特殊利益集團挾持。因此，我們或許仍有理由以全球規則約束各國損害自己的政策。即使如此，我們需要的是比較寬鬆的另一種全球規則，以程序要求而非政策調和為重心。我將在下一章進一步說明這一點。

不同類型的政策需要全球層面不同的反應。目前我們浪費太多全球政治資本調和各國損害自己的政策（尤其是在貿易和金融監理方面），調和損人利己政策（例如總體經濟失衡問題）的努力則不夠。在全球合作勢必稀少的時期，全球治理方面過度雄心勃勃和方向錯誤的努力，對我們不會有什麼好處。

10 全球經濟新規則

假設全球主要的政策制定者再度聚集於新罕布夏州布列敦森林的華盛頓山飯店，共商如何設計新的全球經濟秩序。有關全球經濟治理的指導原則，他們可能達成什麼共識？以下是我二〇一一年首度提出的七條常識性原則，我認為它們現在比任何時候都更有意義。[1]

1. **市場必須深深嵌入治理體系中。**市場會自我調節這觀念，因為全球金融危機而受到致命打擊，我們應該埋葬它，而且永不再提。市場需要其他社會制度的支持。市場仰賴法院、法律架構和監理機關。市場也仰賴最後放款人和反循環財政政策的穩定作用。市場需要稅收再分配、社會安全網和社會保險計畫協助創造的政治支持。市場的創新能力，有賴基礎建設和研發方面的公共投資。各國國內市場是這樣，全球市場也是。

2. **民主治理和政治社群主要在民族國家內部進行，在可見的未來很可能仍將如此。**民族國家仍活著，即使並非活得毫無困難，但基本上仍是我們可以指望的唯一體制。尋求廣泛的全球治理是徒勞的愚行，一來是因為各國政府不大可能向跨國機構讓出可觀的控制權，二來是因為調和規則無法造福需求和偏好各有不同的各國社會。歐盟或許是唯一的例外，但英國脫歐、民粹主義政黨崛起，以及各國重新維護自主權彰顯了歐洲融合大計在政治層面的局限。

我們太常將國際合作努力浪費在過度雄心勃勃的目標上，最終得出令人失望的結果，無法顯著超越主要國家的最低共同標準。國際合作「成功」時，國際協議往往反映較強國家的偏好——更常見的甚至是反映那些國家的跨國企業和銀行的偏好。像規範銀行資本要求的巴塞爾規則；世界貿易組織有關補貼、智慧財產和投資措施的規則；還有「投資人與地主國爭端解決機制」（ISDS）就是這種問題的典型例子。如果我們加強而非削弱各國國內的民主程序，我們將可提高全球化的效率和正當性。

3. **通往繁榮沒有「唯一道路」**。我們認識到全球經濟的核心基本制度必須在國家的層面建立之後，各國就可以自由地發展最適合它們的制度。美國、歐洲和日本都是成功的社會，三者長期而言所創造的財富不相伯仲。但是，三者規範勞動市場、公司治理、反壟斷、社會保障以至銀行和金融業的法規有顯著的差異。因為這些差異，媒體人和專家得以每十年就歌頌一種成功「模式」，聲稱它值得所有國家仿效。我們不應該因為這些風潮而未能看清一個事實：這些模式沒有一個可視為「資本主義」競賽中的明確贏家。未來最成功的社會將保留試驗的空間，並容許制度隨著時間的推移進一步演化。若全球經濟承認制度多樣性有其價值和必要，將鼓勵而非扼殺這種試驗和演化。

4. **各國有保護自身法規和制度的權利**。前述三條原則可能顯得無害和沒有爭議，但它們其實有一些有力的涵義，與全球化鼓吹者的傳統觀念有衝突。其一是我們必須接受各國有捍衛其國內制度選擇的權利。如果各國無法「保護」其國內的制度（如果它們沒有辦法塑造和維護自身的制度），承認制度多樣性有其價值和必要就毫無意義。

因此，我們應該接受各國可以維護其國內法規（賦稅政策、金融法規、勞動標準、消費者健康與安全法規之類），而且**如果貿易明確危及民眾廣泛支持的國內常規**，必要時可以在邊境設置障礙。如果全球化的倡導者是對的，要求實施保護措施的人將因為證據或支持力量不足而失敗。如果全球化的倡導者錯了，則我們將有一種安全閥可以確保在國內的政治辯論中，彼此競爭的價值（開放經濟的好處與維持國內法規的好處）都可以得到適當的考慮。

5. **各國無權將自己的制度強加於他國**。藉由限制跨境貿易或金融交易維護本國的價值觀和法規，與利用這種手段將本國的價值觀和法規強加於他國截然不同，必須明確區分。如果歐美國家多數公民認為某些商品的生產方式不可接受，全球化的規則就不應該強迫美國人或歐洲人消費這些商品。但全球化的規則也不應該容許美國或歐盟利用貿易制裁或其他手段施壓，藉此改變其他國家在勞動市場、環境保護或金融交易方面規範企業的方式。各國有權維持自己與他國的差異，無權強迫其他國家邁向相同的制度。

6. **制定國際經濟安排的目的，必須是確立「交通規則」以管理各國制度之間的界面**（interface among national institutions）。仰賴民族國家提供世界經濟必要的治理功能，並不意味著我們應該放棄國際規則。畢竟布列敦森林體制就有明確的規則，雖然這些規則的範圍和深度有限。完全去中心的無規則局面對誰都沒有好處；一國的決定可能影響其他國家的福祉。我們需要的是制定一些交通規則，以助大小、形狀、行駛速度不一的許多車輛同時在路上安全行走，而不是強制要求只能開同一款車或實施統一的速度上限。我們應該在維持各國制度安排適度多樣化的情況下，爭取最大程度的全球化。

7. **非民主國家不能指望在國際經濟秩序中享有與民主國家相同的權利和特權**。前述原則之所以具有吸引力和正當性，是因為它們特別重視民主審議，而民主審議實際上發生在民族國家內部。民族國家如果不民主，這個框架就會崩潰，因為我們不能再假定國家的制度安排反映公民的偏好。因此，非民主國家必須遵循沒那麼寬容的另一套規則。

這些原則支持另一種模式的全球治理，該模式將促進民主而非全球化。這些原則替民主國家打開空間以改善國內民主制度的運作，不會預先決定政策產出應該是什麼或結果是否為進一步的經濟整合。如此一來，全球治理就可以利用全球規範和程序，要求提升各國國內政策制定的品質（而非制定旨在增加全球貿易和投資的規則），對民主作出有益的貢獻。

這種要求的具體例子，便是在涉及透明度、廣泛代表性、問責、在國內程序使用科學或經濟證據上，制定的全球規定。全球機構某程度上已經採用此類規定。例如世界貿易組織的《食品安全檢驗及動植物防疫檢疫措施協定》（SPS）就明確規定，進口商品若有衛生疑慮，必須利用科學證據解決問題。這類程序規則可以應用在更廣泛的層面，以改善各國國內的決策。例如我們可以要求受到進口關稅負面影響的消費者和生產者參與國內審議程序，藉此改善反傾銷規則。又例如我們可以要求提供經濟成本效益分析，考慮產業政策對靜態和動態效率的潛在影響，藉此改善補貼規則。

重點是：根源在於國內審議失敗的問題（也就是製造出「損害自己」政策的問題），只能藉由改善民主決策解決。全球治理唯有在致力增強而非限制各國國內的決策的情況下，才能產生非常有限的貢獻。若非如此，全球治理將走向凌駕和損害公共審議的技術官僚方案，進而導致民主失靈和引發民粹反應。

公平貿易與自由貿易

世界經濟的許多問題反映在中國與西方國家的緊張關係上，它們的社會制度和經濟管理方式截然不同。

中國談判加入世界貿易組織時有個關鍵問題：中國是美國和歐盟所理解的市場經濟體嗎？外交官面對棘手問題時，往往會使出拖字訣，而當年世貿組織也是這樣。中國二〇〇一年十二月簽署加入世貿組織的協議，該協議容許中國的貿易夥伴在接下來長達十五年的時間裡，視中國為「非市場經濟體」。非市場經濟地位意味著貿易夥伴國對進口自中國的商品課徵特殊關稅（反傾銷關稅）要容易得多。尤其是貿易夥伴國可以拿成本較高昂國家的生產成本作為中國商品真正成本的估計值，既提高認定中國傾銷的可能性，也提高所估計的傾銷差額（margin of dumping）。許多國家（例如阿根廷、巴西、智利和韓國）已賦予中國市場經濟地位，但美國和歐盟都並未這麼做。[2]

上述問題懸而未決，只是延後了這些巨型經濟體之間的貿易衝突升級。不幸的是，這種鬥爭的規則導致世界貿易體制更深層的問題完全得不到處理。無論中國是否獲得市場經濟地位，現行反傾銷措施都無法有效處理人們對不公平貿易的擔憂。這不是因為那些擔憂沒有根據，而是因為它們遠非僅限於傾銷問題。反傾銷助長最惡劣的保護主義，而且對需要正當政策空間的國家毫無幫助。

經濟學家從來就不喜歡世貿組織的反傾銷規則。站在純經濟角度，只要那些公司沒有可能壟斷市場，它們以低於成本的價格銷售商品對進口國來說根本不成問題。這正是為什麼各國國內的競爭政策往往要求提供反競爭行為的證據，或證明相關企業有可能成功掠奪。但根據世貿組織的規則，出口商定價低於成本就足以支持課徵進口關稅，即使那只是標準的競爭行為——例如因應經濟衰退而不惜低價出貨。

諸如此類的程序因素使反傾銷成為企業在困難時期對付外國對手，藉此得到保護的首選手段。世貿組織其實有一種特別「防衛」機制，容許各國在進口對本國企業造成「嚴重損害」時，暫時提高進口關稅。但防衛機制的程序障礙較難克服，而且動用防衛機制的國家必須補償受到負面影響的出口商。

數字說明了一切。世貿組織一九九五年成立以來，曾實施的反傾銷關稅已超過三千項（最常採用這種手段的是印度、美國和歐盟）。相對之下，訴諸防衛機制的案例只有一百五十五個（使用這種手段的主要是開發中國家）。反傾銷關稅顯然是首選的貿易補救手段。

但是，除了經濟理論問題，全球貿易體制還必須處理經濟效率之外的公平問題。舉個例子，某國的企業如果必須與財力雄厚的中國政府資助的中國企業競爭，多數人會認為這種競爭極不公平，是不可接受的。[3] 某些類型的競爭優勢損害國際貿易的正當性，即使它們可能帶給商品進口國總體經濟利益（一如剛才這個例子）。因此，反傾銷制度並非沒有它的政治道理。

貿易政策制定者深明此理，而這正是我們會有現行反傾銷制度的原因：現行制度可以相對容易地提供保護。貿易政策制定者從未接受的是，公平問題遠非僅限於傾銷。如果本國企業與受其政府資助或支持的外國企業競爭是不公平的，本國勞工與基本勞動權利（例如集體談判權或在工作場所免受虐待的權利）遭剝奪的外國勞工競爭，不是同樣不公平嗎？破壞環境、雇用童工或危害員工安全的公司，不也是不公平競爭的源頭嗎？

這種對不公平貿易的擔憂，正是全球化引起反彈的核心原因。但是，貿易補救法規除了處理定價低於成本的狹隘商業問題，基本上無所作為。工會、關注人權的非政府組織、消費者團體或環保組織，都不像企業那樣有直接的管道可以尋求保護。

長期以來，貿易專家一直不願意將有關勞動、環保或人權標準的問題納入世貿組織的體制處理，因為擔心這樣很容易滑向保護主義。但我們如今愈來愈清楚看到，不處理這些問題的結果是造成更大的損害。與奉行截然不同的經濟、社會和政治模式的國家貿易，確實會引起實實在在的正當性問題，拒絕承認這一點不但損害那些貿易關係，還損害整個貿易體制。

有關為什麼站在社會或政治的角度，貿易可能會有問題，我們必須區分兩種論點。有些人認為貿易有問題，是因為它導致所得重新分配。這觀點的依據是正確的，但並不重要。市場經濟中的一切幾乎都以某種方式導致所得重新分配。科技發展和市場競爭是經濟體中無休止翻轉的根源。此外，許多其他因素，包括有利於技術勞工的創新和最低工資法律，對所得分配的影響遠大於貿易本身。

因此，將國際貿易區隔開來，將它與其他領域或處理勞動市場不平等問題的其他做法（累進稅制、積極的勞動市場政策、有利於就業的總體經濟政策之類）脫鉤，實在沒什麼道理。例如從法國進口某些商品，可能打擊本國某些企業，但我們對待因此失利者的方式，沒有理由與對待受技術創新打擊的勞工有任何不同。出於團結和公平的理由補償自由貿易的輸家是大有道理的，但這道理也適用於創新。因此，首選的補救措施也應該相同。

基於社會和政治理由反對貿易的第二種論點，是貿易違反我們的制度安排所體現的規範。該論點暗示，貿易可能破壞一國內部達成的、嵌入該國法規的社會協議（social bargains）。想想這種情況：正常國家的勞工，必須與威權國家的勞工競爭，而後者的談判權受威權政府嚴厲壓制。這實際上等於告訴正常國家的勞工：你們必須接受較低的工資和談判權標準，否則將失去工作。在這種情況下，問題根本不在於補償輸家，而是在於遊戲規則暗中改變了——國際貿易偷偷破壞了本國的社會協議。貿易不僅是一種市場關係，還成了干預各國國內制度的一種手段，是重新設定國內制度安排、損害特定群體的一種工具。因應這種傷害、直接限制造成傷害的貿易流，是有正當理由的。畢竟這與禁止違反本國衛生和安全法規的商品進口（多數國家已經這麼做）沒什麼不同。

這就回到公平貿易的問題。經濟學家嘲笑公平貿易這概念，認為主張公平貿易的人顯然是想掩護自私自利的保護主義。但公平貿易的概念其實已經寫進了國際貿易法規，反映在有關反傾銷和防衛措施的規則上，雖然這些規則顯然偏袒企業。

因此，既然貿易法規已納入公平貿易的概念，我們不應該拋棄這概念，而是應該擴大其應用範圍至社會傾銷（social dumping）。既然各國可以針對定價低於成本的商品課徵進口關稅，我們也應該容許各國限制顯然可能破壞其國內監理安排的商品進口。我在我的著作《全球化矛盾》中討論了這種做法。我認為它不會導致保護主義者嚴重濫用貿易體制，至少不會比現行反傾銷制度的問題嚴重！

按照這些思路思考公平貿易問題的好處是：我們可以清楚區分危及正當的國內政治安排的貿易流與並不構成這種威脅的貿易流。舉個例子：貿易夥伴國因為生產力低落而出現低薪現象，與貿易夥伴國因為侵犯勞工權利（包括剝奪勞工的集體談判權和結社自由）而出現低薪現象，是截然不同的兩回事。兩者均可能影響本國的所得分配，但只有後者存在不公平貿易的問題。

經濟學界應該更願意接受這個事實：在某些情況下，貿易可能無法達到公平或正當的標準。弔詭的是，經濟學界接受這一點之後，將能更有力地替國際貿易辯護，因為大部分貿易可以輕鬆達到公平或正當的標準。如此一來，經濟學家既能回應人們對貿易公平問題的普遍關注，又能避免損害支持貿易的普遍理據。

全球化的倡導者不斷向世人宣揚這個訊息：各國必須改變它們的政策和制度，以便擴大國際貿易，同時增強本國對外國投資人的吸引力。這種思考方式誤將手段當成目的。全球化應該是手段，其作用是幫助我們達成社會追求的目的，例如繁榮、穩定、自由，以及生活品質。無論全球化是否引發沉淪式競爭，我們都可以打破全球化支持者與反對者僵持不下的局面，辦法是接受以下這個簡單的主張：社會傾銷如果破壞各國國內具民主正當性的常規，那就是不可接受的。

這個原則可以有效排除雙方的極端主義者。如果國際貿易和金融往來成為破壞國內公認標準的一道後門，上述原則可以防止全球化的支持者占得優勢。它也可以防止保護主義者在事情不涉及重要公共利益的情況下獲取利益，同時迫使社會大眾承受代價。如果情況不是很明確，我們必須權衡多種不同的價值並有所取捨，該原則將迫使我們進行內部的審議和辯論，而這是處理棘手政治問題的最佳方式。

我們可以想像一國之內的政治辯論可能出現的問題。這項貿易對社會或經濟可能造成多大的干擾？受威脅的常規、法規或標準在國內得到多大的支持？社會中的特別弱勢者是否感受到負面影響？社會可以得到多大的經濟效益作為補償？如果不限制國際貿易或金融往來，是否有其他方法可以達到我們想要的社會和經濟目標？有關這些問題，相關的經濟和科學證據怎麼說？

如果政策過程是透明和包容的，彼此競爭的利益集團（包括國際貿易的支持者和反對者）將自然提出此類問題。當然，我們沒有萬無一失的機制可以判斷相關規則是否獲得「廣泛的民意支持」或因為貿易而「顯然受威脅」。民主政治是亂糟糟的，並非總是可以「做對事」。但是，如果我們必須權衡多種不同的價值和利益並有所取捨，我們只能仰賴民主政治。

將此類問題剔出民主審議的範圍，將它們交給技術官僚或國際機構處理，是最差的做法——既無法確保正當性，也無法確保經濟利益。國際協議**可以**作出重要貢獻，但其作用是增強各國國內民主程序的健全性，而非取代各國國內的民主程序。

因為拒絕承認社會傾銷的可能性，而且未能採取補救措施，貿易技術官僚集團為針對貿易問題的民粹主義者和煽動家打開了大門。結果是國際貿易整體受抨擊，而非只是具體的有問題貿易流受抨擊，而後者很可能僅占進口總額很小的比例。這是貿易純粹主義者損害自身理想的一個明確例子。

有些區域貿易協定確實有考慮社會傾銷問題，但在我看來，試圖利用貿易協定「改善」其他國家的勞動、環境或社會標準通常是無效的——而且可說是誤入歧途，因為這種做法是讓商業利益去主導一個比較深層次的發展問題。利用貿易政策防止國內的標準遭破壞，與利用貿易政策向其他國家輸出本國的標準大不相同，但有關公平貿易的討論往往迴避這個重大差別。前一種做法是正當的，後者則很可能不正當。

即使我們關心其他國家的人權、勞動標準和環保措施，我們應該利用專門為此努力的國際論壇促進相關發展，而不是利用貿易協定。如果越南有勞動標準方面的問題，我們不應自欺，以為可以透過《跨太平洋夥伴協定》（TPP）解決問題。而如果該問題可能破壞我們自己國家的勞動標準，我們應該視之為社會傾銷問題，利用本國的貿易補救措施處理它。

我知道，我的這種想法與所有已確立的有關貿易的思考方式格格不入。民粹主義者如美國總統川普已經正確地辨明貿易的弊病，並且從中獲利。但他們嚴重誇大了「公平」問題的現實意義，而且似乎想用一把大錘處理一個外科手術問題。

與此同時，經濟學家正確地指出，貿易與現今的主要經濟問題（去工業化和所得不平等）僅有微弱的關係。他們還正確地指出，貿易的分配後果以社會安全網和非貿易補救措施處理比較好。但他們系統性地淡化這些後果——尤其是在必要的補償方案仍只是空談的時候。此外，公眾關注社會傾銷的核心理由是成立的，但經濟學家看來未能理解。

最後，進步人士和他們與美國勞工運動有關的盟友強烈意識到社會傾銷的可能。但他們希望利用改革之後的全球治理措施處理問題，但這種措施不但無效，還可能在相關國家引起民粹反彈。

為了有效處理現今的經濟和政治危機，我們必須在開放的全球經濟與民族國家的特權之間恢復一種健康的平衡。這要求我們誠實面對貿易的後果，尤其是貿易在帶給我們經濟機會之餘，對我們的社會契約構成的壓力。

這一切並不意味著民主國家不應該與非民主國家或有勞工遭虐待的國家進行貿易。重點是商業邏輯不應該是決定國際經濟關係的唯一因素。貿易的得益有時是以國內社會安排受壓為代價，這是我們無法逃避、因此必須面對的兩難。民主國家只能靠公開討論和審議，權衡多種不同的價值並決定取捨。與中國和其他國家發生貿易爭端，是公開討論這些問題（而非壓制討論）的一個機會，是向世界貿易體制最終民主化邁出一步。

富國與窮國的衝突？

這種公平貿易不是反貿易——恰恰相反。全球而言，公平原則要求我們留給窮國發展其經濟的餘地。這意味著我們應該避免像現行區域貿易協定那樣，強制要求窮國遵守智慧財產、產業政策、資本帳管理和投資人權利方面諸多限制的規則。對那些既擔心富國內部不平等、又擔心其他國家貧窮的進步人士來說，好消息是我們確實有可能在兩方面均取得進展。但我們必須為此大幅改變我們處理貿易協定的方式。

世界貿易體制目前受一種奇怪的重商主義邏輯驅動：你降低你的貿易障礙，換取我降低我的貿易障礙。這種「交換市場准入」的邏輯在經濟學上沒什麼道理，但非常有效地促進了貿易擴張。但如今世界經濟已經非常開放，這種邏輯的貢獻已到盡頭，現在製造出來的問題比它解決的問題更多。

根據我在前面提出的原則，我們應該以「交換政策空間」的新邏輯取代舊邏輯。窮國與富國均需要更大的政策空間以追求各自的目標：窮國必須調整經濟結構和促進新產業的發展，富國必須處理國內對不平等和分配正義問題的擔憂。有人提出一種錯誤和有害的敘事，將世界各地窮國的利益與富國中低階層的利益對立起來；進步人士不應相信這種敘事。只要有足夠的制度想像力，我們可以改革世界貿易體制，同時造福兩者。

國家公民與全球意識

承認民族國家的中心地位和全球治理的徒勞性質，與逐漸朝比較全球化的方向重新定位國家利益並無矛盾。要在這道路上取得進展，國民必須認識到自己的利益超出本國的邊界。民族國家的政府對本國公民負責，至少原則上是這樣。如此一來，國民對自身利益的意識越是全球化，國家的政策將越具有全球責任感。

這種想法或許看似白日夢，但這種路線的努力其實已經出現了一段時間。減免窮國債務的全球運動是一些非政府組織領導的，它們成功動員富國的年輕人向其政府施壓。跨國企業非常清楚這種公民運動的效力，因為這種運動迫使它們提高透明度和改變它們在世界各地處理勞動問題的方式。有些國家的政府甚至在本國民眾廣泛支持下，追捕犯了侵犯人權罪的外國政治領袖。智庫全球發展中心（Center for Global Development）總裁柏德莎（Nancy Birdsall）舉了一個例子：一名迦納公民出席美國國會聽證會，希望說服美國官員向世界銀行施壓，要求世銀改變它對非洲用戶收費的立場。

這種將民族國家政府「全球化」的由下而上努力，最大的潛力是在環境政策方面，尤其是旨在緩和氣候變遷的政策（氣候變遷是最棘手的全球問題）。有趣的是，減少排放溫室氣體和促進綠色成長的一些最重要舉措，其實是地方政治壓力的產物。世界資源研究所總裁史蒂爾（Andrew Steer）指出，超過五十個開發中國家目前正實行代價高昂的政策以緩和氣候變遷。因為氣候變遷本質上是全球公域問題，這種做法站在各國國家利益的立場是完全沒道理的。

這種政策有一些是為了取得競爭優勢，例如中國支持綠色產業的政策就是這樣。但如果選民具有全球意識和環境意識，良好的氣候政策也可以是良好的政治運作。

例如加州二〇一二年初就啟動了總量管制加配額交易制度（cap-and-trade system），目標是在二〇二〇年前將碳排放降至一九九〇年的水準。雖然全球限制碳排放的行動停滯不前，環保團體和熱心的公民成功克服商界的反對，在加州推動了上述方案，而當時加州共和黨籍的州長阿諾史瓦辛格（Arnold Schwarzenegger）二〇〇六年簽署了相關法案。如果加州的努力成功並且獲得廣泛支持，它可能成為整個美國的榜樣。

「世界價值觀調查」之類的全球調查顯示，我們仍有很大的努力空間：自認是全球公民的受訪者百分比，往往低於自認某國公民的人十五至二十個百分點。不過，就年輕人、教育程度較高者和專業人士而言，差距較小。那些認為自己處於階級結構頂端的人，全球意識顯然強於認為自己屬於較低階層的人。

如我之前指出，「全球公民身分」始終是個拙劣的隱喻，因為永遠不會有一個世界政府管理一個全球政治社群。但我們每一個人越是具有全球意識，並且向我們的政府表達我們對全球問題的關切，我們就越不需要追求虛妄的全球治理。

11 經濟成長的未來

為各國創造政策自主空間的全球安排，必須輔以善用這種空間的國內政策。這意味著奉行既能增強生產力又社會包容的經濟策略。目前各國內部和國際之間均出現顯著的經濟與技術雙元性，這種全球環境下什麼政策有效相當不確定。但好消息是我們不缺好主意。我們先來看開發中國家面臨的挑戰，然後再看先進經濟體。

開發中國家會領導世界經濟嗎？

全球經濟的未來愈來愈掌握在窮國手上。美國和歐洲眼下是受傷的巨人，因為自身的金融亂象和政治癱瘓而受創。在最好的情況下，歐美也勢將經歷多年的經濟低成長，面臨不平等加劇的問題，還可能出現社會衝突。

與此同時，其他地方多數洋溢著活力和希望。中國已經成為世界最大的經濟體，新興和開發中國家總共貢獻了全球超過一半的經濟產出。世人印象中經濟長期失敗的非洲，如今被麥肯錫稱為「前進的雄獅」（lions on the move）。

小說往往最能反映時代氣氛的變化，眼下也是這樣。史坦恩加特（Gary Shteyngart）二〇一〇年出版的喜劇小說《超級悲傷的愛情故事》（*Super Sad True Love Story*），頗能啟發我們思考未來可能出現的情況。[1]小說的時代設定在不久之後的未來，當時美國已淪落至財政崩潰和一黨專政的境地，而且再度捲入一場毫無意義的海外冒險——這一次是在委內瑞拉。企業裡的實際工作都是技術移民在做，常春藤名校為求生存用了亞洲一些大學的名字，美國經濟受制於中國的中央銀行，「與人民幣掛鉤的美元」取代常規貨幣，成為首選的安全資產。

但開發中國家真的可以撐起世界經濟嗎？許多人對這些國家的經濟前景非常樂觀，是因為假定它們可以延續之前一段時間的強勁表現。就許多方面而言，全球金融危機爆發前的十年，是開發中經濟體歷來最美好的時光。經濟成長遠非僅限於若干亞洲國家，而且絕大多數窮國出現一九五〇年代以來首見、經濟學家稱為「趨同」的現象——它們與富有國家的所得差距逐漸縮窄。

但這是一段順風順水的特殊時期。期間大宗商品價格高漲，對非洲和拉丁美洲國家特別有利。外部資金充裕，融資成本低廉。許多非洲國家在經歷了長期的內戰和經濟衰退之後觸底反彈。當然，期間先進國家多數也經歷了快速的經濟成長，世界貿易量因此創出空前的高峰。但在經歷了全球金融危機之後，情況已經有所不同。

先進國家經濟低成長原則上不一定妨礙窮國的經濟表現。經濟成長最終取決於供給面因素——對新技術的投資和取得。先進經濟體成長乏力時，窮國可採用的現存技術不會消失。因此，成長潛力取決於落後國家縮窄與技術前緣差距的能力，而非技術前緣本身前進的速度。

壞消息是：有關這種潛力何時實現以及趨同何時發生，我們仍未有充分的認識。我們還不清楚什麼類型的政策可以產生自我維持的成長。即使是明確的成功案例，也存在相互矛盾的解釋。有些人認為亞洲經濟奇蹟是拜比較自由的市場所賜，但也有人認為國家干預才是關鍵。成長加速但後繼無力的情況太常見了。

樂觀者則認為這次不一樣。他們認為一九九〇年代的改革（改善總體經濟政策、提高開放和民主程度）已經使開發中國家步入持續成長的軌道。許多分析師預測，擁有年輕人口、可以從國外取得低成本技術的窮國，將能輕鬆實現經濟成長。

我對相關證據的理解促使我持比較審慎的態度。開發中國家多數摒棄了導致通膨高漲的政策，而且改善了治理，這無疑值得慶祝。但這種進步基本上是增強這些經濟體抵禦衝擊和避免崩潰的能力。點燃和維持高成長還需要額外的條件，也就是以生產導向的政策促進已展開的結構變革和新經濟活動（尤其是製造業）的就業。仰賴資本流入或大宗商品榮景的成長往往是短暫的。真正的成長要求國家設計有效的獎懲制度，誘使民間部門投資於原本不會投資的產業，而且必須在這過程中盡可能減少貪腐，拿出足夠的能力完成任務。

參考歷史經驗，做得到這件事的國家未來仍將不多。我在前面討論過的過早去工業化現象將造成強大的阻力。因此，雖然因為總體經濟管理進步，經濟崩潰事件可能將減少，高成長很可能仍將是偶發和例外情況。整體而言，開發中國家的經濟表現可能將比以前好一些，但不會像樂觀者預期的那麼出色。

世界經濟眼前的大問題是：陷入經濟困境的先進國家，能否騰出空間給成長速度較快的開發中國家？後者的成長主要將來自發展製造與服務業，也就是傳統上由富有國家主導的產業。富國就業因此受到的影響將相當麻煩，尤其是在高薪工作不足的情況下。重大的社會衝突或將無法避免，進而危及支持經濟開放的政治力量。按照我之前提出的原則重新設計世界貿易規則，賦予富國和窮國足夠的政策空間，將是關鍵的一步。

結構轉型缺口

我們來看世上最窮的地區、撒哈拉以南非洲國家面臨的挑戰。長期以來，撒哈拉以南非洲地區被視為經濟絕望之地，但這些國家近年的經濟表現，是它們獨立初年以來最出色的。自然資源帶來可觀的財富是一個因素，但出色的表現並非僅限於自然資源豐富的國家。自一九九〇年代中以來，衣索比亞、盧安達和烏干達等國家的經濟就以東亞的速度成長。非洲的商業和政治領袖對非洲的前景非常樂觀。

問題是這種表現能否持續。迄今為止，驅動經濟成長的是外部資源（援助、債務減免或大宗商品榮景）的助力和以往最惡劣的一些政策扭曲得以消除。對國內商品與服務（主要是後者）的需求增加、公共投資增加和資源運用效率提升，促進了國內生產力。問題是未來的生產力成長從何而來並不清楚。

根本問題在於這些經濟體的結構轉型不夠有力。東亞國家是靠複製現今先進國家在工業革命之後的經歷，而且大幅縮短整個過程的時間，實現了快速的經濟成長。這些國家將它們的農民變成製造業工人，實現經濟發展多元化，並且出口愈來愈複雜的一系列商品。但眼下非洲並未普遍出現這種發展。一如迦納阿克拉的非洲經濟轉型研究中心的研究員指出，非洲正「快速成長，但轉型緩慢」。

理論上，非洲發展勞力密集型工業的潛力很大。例如一家中國製鞋公司就在衣索比亞設廠，而它付給當地工人的工資僅為它在中國所支付的十分之一。藉由內部培訓，它可以將衣索比亞工人的生產力提升至中國工人的一半或以上。它節省的勞動成本，足以抵銷在非洲做生意的額外成本，例如基礎設施不濟和官僚程序繁瑣造成的額外成本。

但總體數據令人擔心非洲的發展。非洲勞工找到製造業工作的比例低於一〇%，而且當中只有很少數人（低至十分之一）受雇於技術合格的現代正規企業。令人沮喪的是，雖然經濟快速成長，但這方面幾乎毫無進步。事實上，撒哈拉以南非洲地區現在的工業化程度還低於一九八〇年代。民間部門在現代工業上的投資，尤其是非資源可貿易工業（nonresource tradables）方面的投資，並未增加，至今仍不足以支撐持續的結構轉型。許多向來勞力密集的工業迅速數位化和自動化，將使非洲更難在製造業發展上有所成就。一旦鞋子可以用3D列印技術低成本製造，贏家將是德國之類的國家，而不是衣索比亞。

一如所有的開發中國家，非洲的農民正湧向城市。但格羅寧根成長與發展中心的研究指出，這些農民遷往城市之後並非進入現代製造業工作（那是東亞國家的情況），而是從事零售和物流之類的服務業。[2] 雖然這些服務業的生產力高於多數農業，它們在非洲並未積極應用先進技術，顯著落後於世界先進水準。

盧安達是很受重視的非洲成功案例：自一九九五年以來，該國GDP年均成長率高達九・六％（期間人均所得年均成長五・二％）。國際糧食政策研究所的刁新申指出，盧安達的經濟成長靠非貿易的服務業帶動，尤其是營建、運輸以及住宿與餐飲。投資主要仰賴公共部門，而公共投資以外國援助款為主要財源。外來援助導致盧安達貨幣實質升值，該國製造業和其他可貿易產業因此面對更大的困難。

這不是要否定盧安達在減少貧困方面取得的進展，而這種進展反映該國在衛生、教育和整體政策環境方面的改革成績。這些進步無疑提高了盧安達的所得潛力。但治理和人力資本進步未必會轉化為經濟活力。盧安達和其他非洲國家欠缺的是一些現代可貿易產業——它們可以成為國內的生產力成長引擎，幫助國家實現經濟發展潛力。

由微型企業、家戶生產（household production）和非正式經濟活動構成的非正式部門在非洲經濟中扮演重要的角色，吸收不斷增加的城市勞動力，並且發揮社會安全網的作用。但證據顯示，非正式部門無法提供非洲最需要的生產活力。研究顯示，極少微型企業可以成長為正規企業，而經營有成的成熟企業也確實通常不是從小型非正規企業發展起來的。

樂觀者表示，非洲結構轉型的好消息尚未呈現在總體經濟數據上。他們有可能是對的。但如果他們錯了，非洲未來數十年可能將面臨一些嚴重的困難。

撒哈拉以南非洲地區一半的人口年齡不足二十五歲。世界銀行的資料顯示，該地區每年有五百萬人年滿十五歲，「從童年步入成年」。世界銀行估計，因為有利的結構轉型步伐緩慢，未來十年間，每四名非洲年輕人只有一個人可以找到常規的受薪工作，而當中只有一小部分可以在現代企業的正式部門工作。

撒哈拉以南非洲地區長達二十年的經濟擴張提高了當地年輕人對好工作的期望，但當地提供好工作的能力卻未能顯著增強。這種情況容易產生社會抗議和政治動盪。規劃經濟時簡單地假定近年的成長將可持續，將加重這種問題。非洲的政治領袖或許必須設法使人們降低期望，同時致力提高結構轉型的速度和促進社會包容。

開發中國家回歸基本面

就開發中經濟體而言，成長的三個基本要素是：勞動力獲得技能和教育；改善制度和治理；從低生產力活動轉向高生產力活動的結構轉型（以工業化為典型）。東亞式快速成長往往需要長達數十年的大幅結構轉型，以教育和制度方面穩定進步作為縮窄與先進經濟體差距的長期基礎。

因為過早去工業化，專注發展若干出口導向製造業的傳統道路已經走不通。開發中國家因此必須比較倚重教育和制度這些較長期的基本要素。它們確實可以創造成長——而且長期而言，它們是不可或缺的。但它們最多只能創造二至三％的人均所得成長，不是東亞那種七至八％的成長速度。

比較一下印度和中國。中國的成長靠著蓋工廠，然後將工廠填滿一群沒受過多少教育的農民。這種轉型立即提高了生產力。印度的比較優勢則是在相對技術密集的服務業（例如資訊科技服務），只能吸收該國以非技術勞工為主的勞動力很小的一部分。印度勞工的平均技能水準將需要花費數十年，才可以提升至顯著推高國家整體生產力的水準。因此，印度經濟的中期成長潛力遠低於中國最近數十年的表現。顯著增加基礎建設支出和推動政策改革會有幫助，但效果有限。

另一方面，在經濟成長的龜兔賽跑中當烏龜也有好處。仰賴整個經濟體穩定累積技能和改善治理的國家或許沒辦法成長得很快，但它們可能比較穩定，比較不容易爆發危機，最終比較有可能達到先進經濟體的水準。中國的經濟成就無可否認，但它至今仍是共產黨壟斷政治權力的威權國家。因此，中國面臨的政治和體制轉型挑戰遠大於印度，長期投資人面對的不確定性也因此大得多。

過去十五年間，成本低廉的外部資金、大量的資本流入和大宗商品榮景幫助掩蓋了新興市場的許多缺陷，促進了新興經濟體的成長。展望未來幾年，世界經濟環境將不再那麼有利。我們將因此比較容易區分兩類新興市場國家：一類真正增強了自身的經濟和政治基本條件，一類在過去一段時間主要是受惠於一些錯誤的敘事和投資人對新興市場的強烈興趣。

開發中國家應該為世界做什麼

二〇〇一年，高盛公司的歐尼爾（Jim O'Neill）創造了著名的「金磚四國」（BRIC）一詞，將全球最大的四個開發中經濟體——巴西、俄羅斯、印度、中國——納入其中。[3] 將近二十年後，這四個國家幾乎只有一個共同點：它們是全球最大的十五個經濟體（以經購買力調整的美元衡量）當中僅有的非經合組織（OECD）成員國。

這四個國家的經濟結構非常不同：俄羅斯和巴西仰賴大宗商品，印度仰賴服務業，中國則仰賴製造業。巴西和印度是民主國家，中國和俄羅斯則絕對不是。而一如奈伊（Joseph Nye）寫道，俄羅斯是衰落中的超級大國，中國正崛起，巴西和印度也是國力向上（但沒有中國那麼顯著）。

然後金磚四國加上南非，變成了「金磚五國」（BRICS）。現實模仿幻想的奇事接著發生了：這五個國家自行成立一個群組，定期開會，並且提出政策倡議。他們至今最雄心勃勃之舉是二〇一四年成立一家開發銀行。

這家「新開發銀行」致力促進基礎建設。金磚五國的領袖表示，開發中國家的基建投資受限於「長期融資和外國直接投資不足」。他們承諾為新開發銀行提供一大筆初始資本，金額將「足以使該行能有效地為基建計畫融資」。二〇一三年在南非德爾班宣佈的另一舉措，是建立一千億美元的應急準備金，以應付「短期流動性壓力」。[4]

全球最大的幾個開發中經濟體定期對話，並且提出共同的倡議，這當然是好事。儘管如此，它們選擇以基建融資作為第一個重要合作計畫，卻是令人失望。這種做法反映一種一九五〇年代的經濟發展觀念，而它早就被一種比較先進的觀念取代──新觀念認識到，限制經濟發展的因素相當多樣（從治理不善到市場失靈皆在其中），各因素在不同的國家各有不同的重要性。甚至可能有人認為，全球經濟現今的問題之一是跨境融資太多而非太少。

世界需要金磚五國為它做的不是成立又一家開發銀行，而是在現今重要的全球問題上發揮更大的領導作用。世界約一半的人口和大部分的未開發經濟潛力就在金磚五國。如果全球社會未能正視它面對的嚴重問題（從必須建立強健的全球經濟架構到氣候變遷問題），金磚五國將付出最慘重的代價。但是，在二十國集團（G20）或世界貿易組織之類的國際論壇，這些國家至今扮演的角色不但欠缺想像力，還相當畏縮。它們堅持自身立場時，基本上都是追求狹隘的本國利益。

世界經濟迄今的運作，一直仰賴一套源自西方先進國家的理念和制度。美國給了我們基於自由主義和規則的多邊主義；該制度有許多缺陷，但這些缺陷突顯了體制大致遵循的崇高原則。歐洲給了我們民主價值觀、社會團結，以及歐盟——儘管歐盟目前遇到很多問題，它是過去一個世紀最值得欽佩的制度建設壯舉。但這些舊強國既欠缺正當性，也沒有能力將現行全球秩序延續至未來。

新興強國必須展現它們的立場，讓世人看到它們將宣揚和傳播的價值觀。它們必須建立自己的新全球經濟願景，不能只是抱怨權力結構不對稱。令人遺憾的是，我們目前還不清楚它們是否有意願超越自身的短期利益，為處理全球的共同挑戰出力。

中國、印度和巴西等國家因為自身的發展經驗，十分抗拒市場基本教義觀念，很自然地主張世界經濟中要有制度多樣性和務實的實驗精神。它們可以基於這種經驗，提出一種新的全球敘事，強調實體經濟而非金融運作，政策多樣性而非法規調和，各國享有政策空間而非承受外來的束縛，社會包容而非技術菁英主義。它們必須停止乞求，表現得像真正的領袖，明白這個道理：其他國家，包括先進國家，面對許多挑戰，有時必須實行優先照顧本國而非全球經濟的政策。它們也必須維護過去六十年來對世界經濟貢獻良多的支柱原則：不歧視和多邊主義。

說到底，金磚五國要發揮領導作用，必須以身作則。中國和俄羅斯在人權方面的表現，以及它們對政治異見的鎮壓，都與全球領導地位不相容。這些威權國家若想在國際上提出任何道德主張，必須先在國內自我改革。

公共投資的復興

基礎設施（道路、水壩、發電廠）方面的公共投資是經濟成長不可或缺的驅動力，這觀念一直對窮國的政策制定者有強大的影響力。二戰之後的開發援助計畫正是受該觀念驅動，當時世界銀行和雙邊捐助者輸送很多資源給新獨立的國家，資助它們的大型基礎建設計畫。該觀念也促使中國帶頭成立亞洲基礎設施投資銀行，希望藉此填補亞洲據稱高達八兆美元的基建缺口。中國龐大的一帶一路計畫既是希望將該國日強的國力延伸至國外，也是希望維持該國經濟的高速成長。

這種公共投資驅動的成長模式往往被戲稱為「資本基本教義派」（capital fundamentalism），早就被經濟發展專家視為過時的觀念。自一九七〇年代以來，經濟學家一直建議政策制定者別再那麼重視公共部門、物質資本和基礎設施，轉為重視私營市場、人力資本（技能和訓練），以及治理與制度改革。所有跡象均顯示，經濟發展策略因此已全面改變。

但是，只要觀察在全球經濟近年吹逆風之際仍高速成長的國家，我們會發現，公共投資發揮了很大的作用。

在非洲，衣索比亞是過去十年最令人驚奇的成功故事。自二〇〇四年以來，該國經濟年均成長超過一〇%，在扶貧和公共衛生方面均取得顯著成就。與許多非洲國家不同的是，衣索比亞資源貧乏，因此並未受惠於大宗商品榮景。該國的表現，也與世界銀行和其他捐助者通常建議的經濟自由化和結構改革措施沒什麼關係。

高成長是公共投資大增的結果：世界銀行的資料顯示，衣索比亞公共投資從一九九〇年代初相當於GDP的五%，大增至二〇一一年的一九%，比例高居全球第三位。衣索比亞政府大舉投資建設道路、鐵路、發電廠，並建立農業推廣系統，在該國貧窮人聚集的農村地區顯著提升了生產力。支出一部分靠外國援助，一部分靠一些非正統政策——例如金融壓迫（financial repression）——來將私人儲蓄導向政府。

在印度，高成長如今也靠總投資大增支持，目前投資約為GDP的三分之一。投資增加主要是拜民間部門所賜，因為自一九八〇年代初以來，商界所受的束縛得以逐漸鬆開。不過，公共部門也繼續發揮重要的作用。隨著民間投資和總要素生產力成長近年衰退，政府被迫介入。如今印度的成長動能是靠基礎建設公共投資協助維持。印度政府首席經濟顧問蘇巴曼尼恩表示：「我認為阻礙經濟成長的兩個部門是民間投資和出口。這正是為什麼我們要靠公共投資填補缺口。」[5]

拉丁美洲方面，玻利維亞是礦產出口國當中，極少數能在大宗商品市場眼下的週期性衰退中免受重挫的國家。在經濟近乎停止成長的拉丁美洲，玻利維亞成長率估計可保持在四%或以上。這與公共投資大有關係。該國總統莫拉萊斯（Evo Morales）視公共投資為玻利維亞經濟的引擎。自二〇〇六年以來，總公共投資對國民所得的比例已倍增有餘，從二〇〇五年的六%升至二〇一四年的一三%，而政府打算在未來數年進一步提高該比例。

我們知道，一如大宗商品榮景，公共投資增加往往慘淡收場。隨著這種投資的經濟和社會報酬衰退，資金枯竭，接著就可能爆發債務危機。IMF一項研究發現，增加公共投資的努力在產生一些初步的正面作用之後，往往後繼乏力。[6]但實際結果很大程度上取決於各地的具體情況。公共投資可以在頗長一段時間裡增強一個經濟體的生產力，例如十年或更長的時間——

衣索比亞顯然就是這樣。它也可以促進民間投資，而若干證據顯示，印度近年就是這樣。[7]

公共投資的潛在好處並非僅限於開發中國家。事實上，如今可以藉由增加公共投資得到最多好處的，可能是北美和西歐的先進經濟體。在經歷了大衰退之後，這些經濟體可以藉由增加公共支出做很多好事，包括促進需求和就業、修復殘破的基礎設施，以及加強研發，尤其是綠色科技的研發。

在政策辯論中，這種主張往往遇到反對，理由包括財政平衡和總體經濟穩定很重要。但公共投資不同於其他類型的公共支出，例如替公務員薪資和社會移轉支付埋單的支出。公共投資有助我們累積資產而非消耗資產。只要相關資產的報酬率高於資金成本，公共投資其實可以增強政府的資產負債情況。

衣索比亞、印度或玻利維亞的實驗最終結果如何，我們目前還不清楚。一國的經驗是否適用於其他國家，我們應審慎分析。不過，它們仍為其他國家（包括已開發國家）提供了有用的案例，因為全球經濟環境可能將變得更不利，而各國均需要尋找成長策略。

已開發國家的包容型成長

已開發國家需要一些新觀念，以便走上包容型經濟成長的道路（可能比開發中國家更需要新觀念，因為後者總是可以仿效過去成功的做法）。因為川普當選美國總統，政策面無疑將出現一些新動向。但我撰寫本文時，所有跡象均顯示，川普將把我們引入歧途，並使我們的問題變得更難解決。

川普甚至還沒上任，他那種有問題的經濟策略就已充分展現出來。當選後短短數週，川普已宣稱取得一項勝利。他軟硬兼施，成功說服冷暖氣業者開利（Carrier）維持它在印第安納州的運作，「救了」約一千名美國人的工作。他隨後參觀開利的工廠時警告其他美國企業，如果它們將工廠搬到海外並將產品運回美國銷售，他將對這些商品課徵高額關稅。

川普也透過他的推特帳戶，不斷發表類似的評論。福特公司決定留住肯塔基州生產林肯汽車的工廠，不將它搬到墨西哥，川普也公開邀功。他還威脅通用汽車，說如果該公司繼續從墨西哥進口雪佛蘭科魯茲汽車而非在美國生產，他將課徵進口關稅。川普也批評國防承包商成本超支，特別是在多個不同的場合抨擊航空航天巨頭波音和洛克希德・馬丁（Lockheed Martin）生產的飛機太昂貴。

川普的政策風格顯然與之前多任總統截然不同：它非常個性化，很難捉摸，也具有特殊性。它仰賴威脅和欺凌，喜歡吹噓，也常誇大實際成績。它是一種在推特上演的公開奇觀，會嚴重腐蝕民主規範。

經濟學家傾向認為政府與企業應該維持相對疏遠的關係。官員應該與私營企業保持距離，以免他們變得腐敗和偏袒特定企業。在美國，這是一項寶貴的原則——可惜在現實中，違反它的情況比遵守它的來得多。就舉最明顯的例子：過去三十年間，金融大亨發揮了無可否認的影響力，決定了美國政府政策的面貌。

不過，美國許多成就的背後，也有類似的企業與政府之間的密切互動。美國經濟發展的歷史，是公共部門與私營部門務實和密切地合作，而非兩者遵守僵硬的規範或臂距原則。一如具歷史觀念的經濟學家和政策分析師如柯恩（Stephen Cohen）、德隆（Brad de Long）和林德（Michael Lind）提醒我們，美國繼承了漢彌爾頓（編按：此指美國第一任財政部長亞歷山大・漢彌爾頓）傳統，聯邦政府為私營企業提供它們需要的投資、基礎建設、資金和其他方面的支援。[8]

美國的技術創新有賴美國企業家和發明家的創造力，但具體的政府方案如貸款援助或政府採購也貢獻良多。一如哈佛商學院教授勒納（Josh Lerner）指出，美國活力最強的一些科技公司，包括蘋果和英特爾，在公司股票上市前曾獲得政府的財務援助。[9] 電動車製造商特斯拉（Tesla）和太陽能電池業者Solyndra受惠於同一個政府貸款擔保計畫，前者很成功，後者在眾所矚目的情況下宣告破產。

一如Solyndra的例子顯示，政府的許多嘗試失敗了。但是，最終的檢驗標準是一併考慮成功與失敗的案例，看整個投資組合的社會報酬是否為正數。這種綜合評估較為罕見。但一項分析顯示，美國政府在能源效率方面的投資確實產生了正數淨報酬。有趣的是，多數收益源自三個規模較小的專案。[10]

美國是個「發展型國家」（developmental state）的事實，社會學家布洛克（Fred Block）和凱勒（Matthew Keller）的分析或許是最好的。他們表示，公共討論往往受主流市場基本教義派意識形態影響，掩蓋了美國是「發展型國家」的事實。他們描述了一個「由公共資助實驗室組成的去中心化網絡」和各種各樣的資助方案（例如小型企業創新研究計畫）如何與私營企業合作，協助它們將產品商業化。[11] 他們及其同事記錄了聯邦政府和各州政府在支援技術創新（無論是生物科技、綠色科技還是奈米科技）仰賴的協作網絡方面發揮的廣泛作用。[12]

這種以公共部門與私營部門緊密協調合作為基礎的產業政策，當然是東亞經濟政策制定的標誌。如果沒有中國政府的幫助和指導，我們很難想像中國可以轉型為製造強國，而且其出口導向模式可以成功。諷刺的是，那些稱讚中國從全球化中得益的人，往往擔心美國政府可能模仿中國的做法，明確奉行產業政策。

當然，與中國不同的是，美國號稱是民主國家。而民主國家的產業政策必須透明、問責和制度化。政府與私營企業的關係必須小心掌握分寸。政府機構與私營企業的關係必須密切到政府能夠獲取有關技術和市場實況的必要資訊，例如了解製造業（如汽車業）流失職位的根本原因何在，以及政府可以為此做什麼。但與此同時，兩者的關係不能密切到政府官員被私營企業控制了，又或者出現另一種極端情況：政府官員對私營企業頤指氣使。

這正是川普那種產業政策不及格的原因。一方面是川普任命的關鍵財經官員顯示，他無意切斷政府與華爾街和大型金融機構的關係。另一方面，他「推特治國」的做法顯示，他無意建立完善的產業政策所需要的對話制度和各種必要的保障機制。

因此，我們可以預期川普政府的產業政策將在群帶關係與恃強凌弱之間搖擺，對美國勞工和整個經濟體都沒什麼好處。

綠色產業政策

地球的未來取決於世界經濟能否迅速轉型至基於潔淨技術的「綠色成長」，也就是轉為採用大幅減少排放溫室氣體的生產方式。但是，因為化石燃料獲得補貼，而且沒有必要的賦稅處理全球氣候變遷的外部性，碳排放至今仍存在嚴重的錯誤定價。

在此情況下，政府提供補助以促進綠色科技（風能、太陽能、生質能源、地熱能，以及燃料電池方面的技術）的發展，具有雙重必要性。首先，補助可以鼓勵業界先驅投資於不確定、高風險的計畫，而這些計畫的研發努力可以產生巨大的社會學習價值。第二，補助某程度上可以抵銷碳定價錯誤對技術變革方向的影響。這兩個因素構成相輔相成的理由，可以說明為什麼如果各國政府培育和支持綠色科技，整個世界將變得比較美好。

事實上，無論是在先進經濟體還是新興經濟體，政府對綠色產業的支持已變得十分積極。環顧這些經濟體，我們可以看到令人眼花撩亂的許多政府方案，它們致力鼓勵人們使用再生能源和促進綠色科技投資。雖然針對碳排放充分收費是處理氣候變遷問題好得多的方法，多數國家的政府看來寧願利用補助和法規提高再生能源投資的營利能力。而它們這麼做，似乎往往是為了在全球競爭中助本國產業一臂之力。

我們通常認為這種競爭動機具有損人利己的性質。站在全球的角度，傳統產業的市占率競爭是一種零和遊戲：一國投入資源提高它在全球的市占率，其他國家必定有損失。但是，在綠色成長的脈絡下，各國促進本國綠色產業的發展，反而對全球有益，即使各國出於狹隘和商業的動機。在跨境外溢效應不利於針對碳排放課稅和補貼潔淨產業技術研發的情況下，出於競爭考量促進綠色產業的發展是好事而非壞事。

反對產業政策的人仰賴兩個論點。首先是政府未能掌握必要的資訊，因此無法正確地選出應該支持的公司或產業。第二是一旦政府開始支持這個或那個產業，就會鼓勵人脈雄厚的公司和遊說團體進行尋租和政治操控。在美國，近年的Solyndra案例顯然涉及這兩個問題：這家太陽能電池製造商在獲得美國政府提供逾五億美元的貸款擔保之後宣告破產。

在現實中，有關政府欠缺全知能力的第一個論點基本上無關緊要，有關政治影響的第二個問題則可以靠適當的制度設計克服。良好的產業政策並不仰賴政府的全知能力或辨識贏家的能力。失敗本來就該是設計良好的產業政策的一部分。

雖然現在要斷定美國政府的貸款擔保計畫是否成功還太早，如果不考慮該計畫顯然成功的許多案例、只看Solyndra一案，顯然無法得出正確的評價。電動車公司特斯拉二〇〇九年獲得四・六五億美元的貸款擔保，公司股價隨後大漲，如今已是一家模範公司。二〇〇一年針對美國能源部能源效率計畫的初期評估顯示，這些計畫的淨效益達到三百億美元——二十二年間投入約七十億美元（一九九九年的幣值），結果產生這種效益，報酬可說是非常好。[13]有趣的是，多數效益源自營建業三個規模較小的專案。

明智的產業政策需要能夠識別錯誤和相應修正政策的機制。明確的目的、可測量的目標、緊密的監督、恰當的評估、設計良好的規則，以及專業精神，可以提供有用的制度保障。雖然現實中這些要求不容易做到，它們還是比預先看出誰是贏家容易得多。

相對於現實中常見的偷偷摸摸暗中執行的產業政策，自覺執行、設計上考慮到潛在陷阱的明確產業政策，比較可能克服典型的資訊和政治障礙。

綠色產業政策也有可能造成損害，那就是如果各國採取的策略不是補助本國產業，而是針對外國的綠色產業課稅或限制市場准入。太陽能電板的例子頗有警世意義。中國與歐美有關太陽能電板的貿易爭端備受關注。好在這是例外而不是常規。相對於補助本國產業，限制貿易的措施至今發揮的作用相當小。

在現實中，我們不大可能奉行純粹的綠色產業政策，也就是不大可能直接專注於綠色科技的開發和普及，不受競爭、商業、就業或重商主義動機影響。相對於替代能源或潔淨技術，間接但政治上突出的目標（例如「綠色就業」）很可能仍將是推動產業政策比較吸引人的平台。

站在全球的角度，國家之間的競爭動機促成補貼戰，會比造成關稅戰好得多。前者將擴大潔淨技術的全球供給，後者則會限制供給。我們迄今得到的主要是前者，但沒有人能保證這種趨勢可以延續下去。

從福利國家到創新國家

一個幽靈，扼殺就業的科技幽靈，正在世界經濟上頭遊蕩。我們處理這個難題的方式，將決定世界的市場經濟和民主政體的命運，一如歐洲對十九世紀末、二十世紀初社會主義運動興起的反應，決定了隨後的歷史進程。

在之前那個例子中，各國政府化解了威脅——馬克思預言的社會底層革命，辦法包括擴大人民的政治與社會權利，規範市場，建立福利國家體制以提供社會保險和各式的移轉支付，以及緩和總體經濟的起伏。結果，這些做法重塑了資本主義，使它變得比較包容，並且使勞工成為體制的利害關係人。

今天的技術革命要求我們進行類似規模的體制重塑。機器人技術、生物技術、數位技術和其他領域不斷出現的發明應用可以帶來許多好處，而且就在我們周遭，很容易看到。許多人認為世界經濟可能即將迎來又一波新技術爆發潮。問題是這些新技術多數可以節省勞力。它們將以機器和高技術操作人員取代那些中低技術勞工。

當然，有一些低技術工作無法輕易自動化。舉一個常見的例子，負責大樓清潔維護的工友就無法以機器人取代——至少目前還不行。但極少工作真的不受技術創新威脅。例如即使是工友，隨著工作場所數位化，不再需要那麼多工人，人為產生、需要清理的垃圾也將減少。

機器人和機器做原本由人類負責的工作，這種世界並非只能是高失業率的世界。但它一定是這樣的世界：生產力提升產生的好處，大部分落入新技術和相關機器的擁有者手中。大部分勞工如果不是失業，就是必須忍受低薪。

事實上，類似情況在先進國家已經持續了至少四十年。技能和資本密集的技術是一九七〇年代末以來不平等加劇的罪魁禍首。所有跡象均顯示，這種趨勢很可能將持續下去。它將導致不平等惡化至史上空前的程度，可能引發嚴重的社會和政治衝突。

但這並非無可避免。只要發揮創意思考，做點制度改造，我們可以再一次拯救資本主義免於自我毀滅。

關鍵是認清一個事實：顛覆現狀的新技術會同時產生巨大的社會得益和私人損失，而這些得益和損失可以重新組合，使所有人都受惠。一如之前的資本主義重塑，國家可以發揮重要的作用。

想想新技術是如何發展出來的。每一個潛在的創新者都可能獲得巨大的利益，但也承受巨大的風險。如果新技術成功，創新者得到巨大的利益，整個社會也是。如果新技術失敗，那是創新者運氣不佳。在眾多新構想中，最終只有少數幾個在商業上成功了。

在新的創新時代即將來臨之際，這種風險特別高。在此情況下，創新努力要達到對社會有利的水準，就需要願意承受高風險的魯莽創業者，又或者充裕的風險資本供給。

先進經濟體的金融市場利用多種管道提供風險資本，包括創投基金、股票市場，以及私募股權之類。但是，沒有理由說國家不應該在這方面扮演更重要的角色，促成更多的技術創新，並且將利益直接輸送給整個社會。一如馬祖卡托（Mariana Mazzucato）指出，國家已經在資助新技術方面發揮了重要作用。[14] 網際網路和iPhone使用的許多關鍵技術，是政府資助的研發計畫和美國國防部一些專案外溢的結果。但政府往往不涉入這些成功技術的商業化過程，結果是利潤全部落入相關企業及其私人金主的口袋。

要求新技術的利益與公眾分享，有一種更廣泛的理由：無論是否直接獲得政府資助，私營部門的創新發明都仰賴公共部門的廣泛支援——道路和其他公共基礎設施，公立教育和大學，智慧財產規則，確保契約得以執行的法律制度，總體經濟和金融穩定，全都有賴政府提供。將矽谷最聰明的一群人放在南蘇丹，他們將很難維持一樣的生產力——或者一樣富有。

想像一下政府設立一批專業管理的公共創投基金，投資在許多不同的新技術上，並取得股份，所需資金則由在金融市場發行債券支應。這些基金將根據市場原則運作，必須向主管機關定期提供財務資料（尤其是在整體報酬率跌破某個門檻時），但除此之外將是自主的。替公共創投基金設計適當的制度可能相當困難。有關這種基金的運作可以如何免受日常政治壓力干擾，我們可以參考中央銀行的運作模式。

如此一來，社會透過其代理機構——政府——將成為新一代技術和機器的共同擁有者。公共創投基金從新技術商業化中分到的利潤，將以社會創新紅利的形式分給一般公民。人民除了從勞動市場賺到錢，還可以靠這種紅利補充收入。他們將能縮短工作時間——馬克思的夢想終於有望實現：技術進步使個人可以「早上打獵，下午捕魚，傍晚養牛，晚餐之後批判世事」。

福利國家體制是在二十世紀將資本主義民主化的創新發明。二十一世紀的挑戰要求我們轉向「創新國家體制」。福利國家體制的致命弱點，是它必須要課徵頗重的稅，但對刺激創新能力的投資缺乏補償。上述的創新國家體制則可以兼顧公平和鼓勵創新的誘因。

反思民主制度

民主規範從西方先進國家傳播至全球所有其他地方，或許是全球化最重大的好處。但是，民主制度並非一切安好。現今民主國家的政府表現不佳，它們的前途大有疑慮。在先進國家，民眾的不滿主要在於政府沒有能力制定有效的經濟政策促進成長和包容。在開發中世界的新興民主國家，民眾還有一種不滿：政府未能保障公民權利與政治自由。

真正的民主國家結合多數統治（majority rule）與尊重少數群體權利的原則，需要兩套制度。第一套是**代表**的制度，例如政黨、議會和選舉規則，其目的是引出民意，並將民意轉化為政策行動。第二套是**約束**的制度，例如司法和媒體，相關機構致力維護言論自由之類的基本權利，防止政府濫用權力。沒有法治的選舉很容易製造出多數人暴政（tyranny of majority）。

這種民主制度許多人稱為「自由民主體制」，是在民族國家出現和工業革命造就群眾動員和動盪之後才流行起來。因此，我們不該驚訝，這種制度在老牌民主國家出現的危機，反映民族國家本身承受的壓力。

民族國家受到的攻擊既來自下層，也來自上層。經濟全球化的力量損害國家經濟政策的效力，也削弱社會包容仰賴的移轉支付和再分配等傳統機制。政策制定者常以全球經濟產生的

（真實和想像的）競爭壓力，替他們對民眾要求置若罔聞開脫。而他們必須實行不受歡迎的政策如財政緊縮時，也以那些壓力為理由。後果之一是極端主義團體在歐洲崛起，以及民粹主義政客（例如川普）得勢。

與此同時，加泰隆尼亞和蘇格蘭等地的分離主義運動挑戰其所屬民族國家的正當性，尋求獨立建國。無論是做得太多還是太少，民族國家的政府都面臨代表性危機。

在許多開發中國家，問題在於約束制度失靈。在這些國家，靠選舉勝利上台的政府往往變得腐敗和貪權。這些人複製他們所取代的菁英主義政權的做法，壓制媒體和公民自由，閹割（或控制）司法系統。結果是這些國家淪為「不自由的民主體制」或「競爭性威權體制」。[15] 近年比較為人所知的例子包括委內瑞拉、土耳其、埃及和泰國。

既然民主制度未能滿足民眾在經濟或政治方面的期望，許多人尋找威權主義出路或許就不足為奇。許多經濟學家喜歡的做法，是將經濟政策交給技術官僚機構，以免政策受「群眾的愚蠢」影響。因為設立了獨立的中央銀行和財政規則，歐盟可說是在這條路上顯著領先。在印度，許多商人羨慕中國，希望印度的領袖處理改革難題時，可以像中國領導人那麼果斷大膽——也就是希望他們可以專制一些。在埃及和泰國等國家，軍方干政被視為終止民選領袖不負責任行為的必要權宜措施。

這些專制反應加深民主問題，終將自我挫敗。在歐洲，經濟政策需要增強民主正當性，而非相反。這件事有兩種方式可以做到：顯著強化歐盟層面的民主審議和問責，或擴大個別成員國的政策自主空間。換句話說，歐洲面臨加強政治聯盟或削弱經濟聯盟的抉擇。只要它不作出選擇，民主都將受到損害。

在開發中國家，軍方干政損害民主的長期前景，因為這妨礙民主「文化」的養成。所謂民主文化，是指非軍方群體之間保持克制、願意妥協的習慣。只要軍方是政治上的最終仲裁者，非軍方群體的策略就會以軍方為焦點，而非彼此重視。

有效的約束制度不會一夜之間出現。看起來掌權者也絕對不想建立這種制度。但如果我有可能因為選舉失利而下台而反對派將接掌權力，約束制度將可以保護我免受未來的掌權者濫權傷害，同樣，這種制度現在可以保護其他人免受我濫權傷害。因此，不自由的民主體制逐漸轉為自由民主體制的一個先決條件，是國家有望長期維持實質的政治競爭。

樂觀者認為，隨著新的技術和治理模式令以民族國家為中心的民主制度變得像馬車那麼過時，上述問題全都可以解決。悲觀者則認為，不自由的國家如中國和俄國在世界舞台上奉行現實政治原則（realpolitik rules），相對它們將對民主國家發起的挑戰，前述問題次要得多。無論如何，民主制度要有未來，都必須重新振作起來。

12 笨蛋，問題在政治！

隨著世界經歷英國脫歐、川普當選和其他衝擊，經濟學家和政策制定者逐漸意識到，他們嚴重低估了現行全球化形式的在政治上的脆弱程度。大眾正以多種相互重疊的形式展開反抗：包括重申地方與國族身分認同，要求加強民主控制和問責，抵制中間路線政黨，以及不信任菁英和專家。

這種反彈是可預料的。包括我在內，一些經濟學家都確實警告過，推動經濟全球化超過制度——那些用來規範、穩定與正當化市場的制度——的界限，會有嚴重後果。整整二十年前，我就寫道，國際經濟過度整合可能導致各國國內嚴重分裂。[1] 推動貿易和金融超全球化，希望藉此創造無縫整合的世界市場，確實會撕裂各國國內社會。早在二十年前，我們就不難看到，不願意為全球化時代的不安全感和不平等提供補救方案的主流政客，將為提出簡單方案的煽動家創造政治空間。當年那些人是佩羅（Ross Perot）和布坎南（Patrick Buchanan），如今則是川普和雷朋之流。

左派退位

比較令人驚訝的是，全球化迄今引起的政治反應，具有明確的右翼傾向。在歐洲，新崛起的勢力主要是國族主義和本土主義民粹派，左派勢力僅在少數地方如希臘和西班牙有所增強。在美國，右翼煽動家川普取代了共和黨原本的主流勢力，而左派的桑德斯在總統競選中未能擊敗中間派的希拉蕊·柯林頓。

一如逐漸浮現的新建制共識不情願地承認，全球化加劇了階級分裂：一個階級掌握利用全球市場獲利所需要的技能和資源，另一個階級則沒有這種條件。所得與階級分裂向來傾向有利於政治左派（與基於人種、族群或宗教的身分認同分裂不同）。那麼，為什麼左派無法對全球化發起重大的政治挑戰？

原因之一，是移民已經蓋過了全球化的其他「衝擊」。先進國家的民眾感受到的移民威脅——來自文化傳統截然不同的窮國的移民和難民大量湧入——加劇了身分認同分裂，而極右派政客最有條件利用這種分裂。因此，從川普到雷朋，右派政客在他們重中國族身分認同的訊息中加入大量的反穆斯林暗示，也就並不令人驚訝。

拉丁美洲民主國家的情況顯然不同，頗能說明問題。全球化對這些國家主要是造成貿易和外國投資衝擊，而不是移民衝擊。在這些國家，全球化的意思等同華盛頓共識政策和金融開放。來自中東或非洲的移民仍然有限，在政治上不受關注。因此，在巴西、玻利維亞、厄瓜多和受災最嚴重的委內瑞拉，民粹反彈有利於左派。

希臘和西班牙的情況也類似，它們是歐洲右翼復興潮中的兩個主要例外。在希臘，政治上的主要隱憂是歐洲機構和ＩＭＦ強制要求的財政緊縮政策。在西班牙，直到最近，移民主要是來自文化與西班牙相似的拉丁美洲國家。在這兩個國家，極右派欠缺他們在其他國家找到的溫床。

但拉丁美洲和南歐的經驗揭露了左派一個可能更嚴重的弱點：他們未能提出明確的方案重塑資本主義和全球化，滿足二十一世紀的需求。從希臘的激進左翼聯盟（Syriza）到巴西的工黨，左派未能在改良型政策（如所得移轉）之外，提出經濟上明智和政治上受歡迎的構想。

左派經濟學家和技術官僚必須為此負大部分責任。他們不但對提出重塑資本主義和全球化的方案沒有貢獻，還太輕易地屈服於市場基本教義派，支持其核心原則。更糟的是，他們在緊要關頭領導了超全球化運動。

對全球經濟來說，歐盟、經合組織和IMF將資本（尤其是短期資本）自由流動確立為標準政策，可說是最近數十年最重要的決定。一如艾儒蔚（Rawi Abdelal）指出，在一九八〇年代末和一九九〇年代初帶頭為此努力的不是自由市場理論家，而是與法國社會黨關係密切的法籍技術官僚，例如歐盟執委會的狄羅（Jacques Delors）和經合組織的沙夫蘭斯基（Henri Chavranski）。[2] 同樣的，在美國，帶頭放寬金融管制的是桑默斯這些技術官僚，他們與比較傾向凱因斯學派的民主黨關係密切。

一九八〇年代初，法國總統密特朗的凱因斯主義實驗失敗，社會黨的技術官僚看來因此斷定專注管好國內經濟已不再可能，而且除了金融全球化，沒有真正可行的其他出路。他們認為最好的出路是制定整個歐洲或全球適用的規則，否則只能任由德國或美國等強國將它們的規則強加在其他國家身上。

好消息是左派的知識真空如今正獲得填補，我們再無任何理由相信以「別無選擇」（編按：no alternatives，語出英國首相柴契爾的名言"There is no alternatives."）為名的暴政。左派從政者愈來愈沒有理由不利用經濟學方面「可敬的」學術火力。

以下只是當中幾個例子：阿德瑪蒂（Anat Admati）和強森（Simon Johnson）倡導根本的

銀行業改善，避免出現「大到不能倒」的問題。皮凱提（Thomas Piketty）和阿特金森（Tony Atkinson）提出一系列的政策處理國家層面的不平等問題，包括課徵財富稅，以及制定規則使技術創新對勞工比較友善。馬祖卡托（Mariana Mazzucato）和張夏準就如何利用公共部門促進包容創新（inclusive innovation）發表了許多洞見。德隆（Brad Delong）、薩克斯（Jeffrey Sachs）和桑默斯（就是前面提到的那個桑默斯！）主張推動公共部門在基礎建設和綠色經濟方面的長期投資。史迪格里茲和歐坎波（José Antonio Ocampo）主張改革全球經濟以增強開發中國家的影響力，可補本書建議之不足。這裡面已經有足夠的材料可以建構一套有系統的左派經濟對策。[3]

右派與左派的一個關鍵差異是：右派利用社會分裂加深（「我們」與「他們」更加對立）的機會壯大自己，而左派的努力如果成功，則是靠改革克服這些分裂。因此也就出現這種弔詭的情況：早年左派一波又一波的改革（凱因斯主義、社會民主、福利國家體制）除了拯救資本主義免於自我毀滅之外，實際上也令左派的改革變得多餘。在左派未能有力回應時代挑戰的情況下，民粹主義者和極右派團體大有機會進一步得勢。他們將一如過往，帶領世界走向更嚴重的分裂和更頻繁的衝突。

憤怒的政治

歷史從不完全重演，但歷史教訓仍然重要。我們不能忘記，第一個全球化時代在第一次世界大戰之前的數十年間達到頂峰，最終造成比我們現在所經歷的更嚴重的政治反彈。

費登（Jeffry Frieden）認為，在金本位制度的鼎盛時期，主流政治人物因為優先照顧國際經濟關係，不得不貶低社會改革和國族身分認同的重要性。[4] 在兩次世界大戰之間的時期，世人對此的反應有兩種致命的形式：社會主義者和共產主義者選擇了社會改革，法西斯主義者則選擇重申國族身分認同。這兩條路都是令世界從全球化走向經濟封閉（以及慘痛得多的後果）。

現在對全球化的反彈很可能不會那麼嚴重。雖然也造成重大損失，大衰退和歐元危機導致的混亂比大蕭條輕微得多。先進民主國家已經建立了廣泛的社會安全網（包括失業保險、養老年金和家庭福利），而且雖然近年遭遇挫折，這些制度仍得以保留。世界經濟如今也有一些能產生作用的國際機構，例如IMF和世界貿易組織——這是二戰之前沒有的。全球價值鏈也有強大的商業遊說團體主張繼續整合，連川普這種本能的保護主義者也將發現，這股力量難以壓倒。最後還有相當重要的一點：真正極端主義的政治運動，例如法西斯主義和共產主義，基本上已聲名狼藉。

儘管如此，超全球化的經濟與社會凝聚力之間的衝突是真實的；主流政治菁英忽略這種衝突，最終可能受到慘痛的教訓。商品、服務和資本市場國際化令社會分裂為兩類人：一類是可以利用全球化獲利的世界主義、專業、高技能群體，一類是其他人。兩種政治分裂在這過程中加劇：一種是與國族、族群或宗教有關的身分認同分裂，一種是與社會階級有關的所得分裂。民粹主義者的吸引力源自其中一種分裂。右翼民粹主義者如川普利用身分認同政治。左翼民粹主義者如桑德斯則強調貧富之間的鴻溝。

無論是哪一種民粹主義，都有明確的「他者」可以作為遷怒的對象。你幾乎入不敷出嗎？是中國人偷走了你的工作。你覺得犯罪猖獗很煩嗎？是墨西哥人和其他移民將他們的幫派衝突帶到我們國家。恐怖主義？啊，當然是穆斯林造成的。政治腐敗？我們的政界靠大型金融業者資助，你還能期望什麼？與主流政治菁英不同的是，民粹主義者可以輕易指出誰是該為民眾疾苦負責的罪魁禍首。

當然，建制派政客受打擊，是因為他們一直掌權，結果出現了種種問題。但他們也受他們的中間路線敘事束縛。這種敘事令人聞到無為和無助的味道：它將工資停滯和不平等加劇歸咎於我們無法控制的技術力量；它認為全球化是不可阻擋的，而奉行支撐全球化的規則是無可避免的；它提出的補救措施是投資在教育和技能訓練上，無法快速見效，在最好的情況下也需要多年時間才有成果。

事實上，今天世界經濟的現況，是過去各國政府所做的明確決定的產物。各國並未停留在《關稅暨貿易總協定》，進而建立抱負大得多、對各國的干預也大得多的世界貿易組織，是一個選擇。同樣道理，未來我們是否接受超大型貿易協定如《跨太平洋夥伴協定》（TPP）和《跨大西洋貿易與投資夥伴協定》（TTIP），也是一個選擇。

放寬金融管制、追求完全自由的資本跨境流動是各國政府的選擇；在經歷了大規模的全球金融危機之後維持這些政策大致不變，同樣是政府的選擇。而一如已故的阿特金森在他有關不平等的傑作中提醒我們，即使是技術變革也並非不受政府的作為影響：政策制定者可以做很多事來影響技術變革的方向，並確保技術變革可以促進就業和公平。[5]

民粹主義者的吸引力在於他們表達了被排斥者的憤怒。他們提出宏大敘事之餘，也提出具體的解決方案——即使這些方案可能誤導人，也往往相當危險。主流從政者必須提出予人希望的認真解決方案，否則將無法收復失地。他們不應該再躲在技術變革或無法抵擋的全球化後面，必須拿出魄力，認真考慮大幅改革本國與全球經濟的運作方式。

如果全球化橫衝直撞十分危險是一個歷史教訓，資本主義具有可塑性就是另一個歷史教訓。是小羅斯福總統的「新政」、福利國家體制以及（布列敦森林體制下）受控制的全球化最終賦予市場導向的社會新生機，創造出二戰之後的繁榮。這些成就不是源自對現行政策小修小補，而是有賴根本重新設計制度。如果沒有比較勇敢的宏大構想，我們可能將發現，現行共識產生的美好事物——特別是自由、民主的秩序——將被它離譜的一面引發的反彈徹底摧毀。

所有從政者，不論黨派主張，都必須警惕這種危險。

致謝

我要感謝各家出版商容許本書收錄我原本替它們撰寫的文章。Kenneth Murphy值得特別鳴謝：他是Project Syndicate的總編輯，我在本書收錄的PS專欄文章他都看過，並且負責編輯工作，讓這些文章的品質大幅提升。

Wylie Agency的Andrew Wylie和Jacqueline Ko巧妙和高效地將書稿導向正確的方向。普林斯頓大學出版社的Joe Jackson可說是編輯的典範。他溫柔地鞭策我對書稿下更多功夫，超出我原本的預期——很高興他有這麼做。也因為他的努力和建議，大幅提升了這本書的品質。我在甘迺迪政府學院的助理，Jessica De Simone則在書稿整理過程中提供了寶貴的協助。

我很幸運，可以身處哈佛大學甘迺迪政府學院如此令振奮的環境：這裡的學生使我充滿活力，教職員同事則使我保持專注。特別感謝前院長David Ellwood：他沒有放棄爭取我重回學院，最終促成了這件事。

一如既往，我最需要感謝的是我太太Pınar，某個意義上，她的意見總是對的。

rodrik-2016 -02?barrier= accessreg;

"Can Macron Pull It Off?" (PS, May 2017), https://www.project-syndicate.org/commentary/macron-germany-eurozone-fiscal-union-by-dani-rodrik-2017-05.

其他文章來源包括：

"Who Needs the Nation State?" (*Economic Geography* 89[1], January 2013: 1–19);

"The Future of Democracy in Europe" (in Luuk van Middelaar and Philippe Van Parijs, eds, *After the Storm: How to Save Democracy in Europe*, Tielt (Belgium): Lannoo, 2015);

"The Elusive Promise of Structural Reform" (first published in *The Milken Institute Review*, Second Quarter, 2016);

"Is Liberal Democracy Feasible in Developing Countries?" (first published in *Studies in Comparative International Development*, 50th Anniversary Issue, 2016. Courtesy of Springer.);

"Work and Human Development in a Deindustrializing World" (originally an occasional paper for the Human Development Report 2015

"Work for Human Development" published by United Nations Development Programme in December 2015. More information at: hdr.undp.org);

"Economics: Science, Craft, or Snake Oil?" (first published in *The Institute Letter*, Institute for Advanced Study, Fall 2013);

"When Ideas Trump Interests: Preferences, World Views, and Policy Innovations" (first published in *The Journal of Economic Perspectives* 28[1], Winter 2014: 189–208);

"It's Time to Think for Yourself on Free Trade" (*Foreign Policy*, January 27, 2017), http://foreignpolicy.com/2017/01/27/its-time-to-think-for-yourself-on-free-trade/.

"From Welfare State to Innovation State" (PS, January 14, 2015), https://www.project-syndicate.org/commentary/labor-saving-technology-by-dani-rodrik-2015-01?barrier=accessreg;
"The Return of Public Investment" (PS, January 13, 2016), https://www.project-syndicate.org/commentary/public-infrastructure-investment-sustained-growth-by-dani-rodrik-2016-01;
"The Politics of Anger" (PS, March 9, 2016), https://www.project-syndicate.org/commentary/the-politics-of-anger-by-dani-rodrik-2016-03;
"A Progressive Logic of Trade" (PS, April 13, 2016), https://www.project-syndicate.org/commentary/progressive-trade-logic-by-dani-rodrik-2016-04?barrier= accessreg;
"Innovation Is Not Enough" (PS, June 9, 2016), https://www.project-syndicate.org/commentary/innovation-impact-on-productivity-by-dani-rodrik-2016-06?barrier=accessreg;
"The Abdication of the Left" (PS, July 11, 2016), https://www.project-syndicate.org/commentary/anti-globalization-backlash-from-right-by-dani-rodrik-2016-07;
"How Much Europe Can Europe Tolerate?" (PS, March 14, 2017), https://www.project-syndicate.org/commentary/juncker-white-paper-wrong-question-by-dani-rodrik-2017-03?barrier=accessreg;
"The Myth of Authoritarian Growth" (PS, August 2010), https://www.project-syndicate.org/commentary/the-myth-of-authoritarian-growth?barrier=accessreg;
"It's Too Late for Compensation" (PS, April 2017), https://www.project-syndicate.org/commentary/free-trade-losers-compensation-too-late-by-dani-rodrik-2017-04;
"The Trade Numbers Game" (PS, February 2016), https://www.project-syndicate.org/commentary/tpp-debate-economic-benef its-by-dani-

www.project-syndicate.org/commentary/dani-rodrik-warns-that-agreement-among-economists-can-create-an-illusion-of-certain-knowledge?barrier=accessreg;
"Good and Bad Inequality" (PS, December 11, 2014), https://www.project-syndicate.org/commentary/equality-economic-growth-tradeoff-by-dani-rodrik-2014-12?barrier=accessreg;
"Economists vs. Economics" (PS, September 10, 2015), https://www.project-syndicate.org/commentary/economists-versus-economics-by-dani-rodrik-2015-09?barrier=accessreg;
"Straight Talk on Trade" (PS, November 15, 2016), https://www.project-syndicate.org/commentary/trump-win-economists-responsible-by-dani-rodrik-2016-11?barrier=accessreg;
"Ideas over Interests" (PS, April 26, 2012), https://www.project-syndicate.org/commentary/ideas-over-interests?barrier=accessreg;
"The Right Green Industrial Policies" (PS, July 11, 2013), https://www.project-syndicate.org/commentar y/the-right-green-industrial-policies-by-dani-rodrik?barrier=accessreg;
"Rethinking Democracy" (PS, June 11, 2014), https://www.project-syndicate.org/commentary/dani-rodrik-examines-the-root-causes-of-political-malaise-in-advanced-and-developing-countries?barrier=accessreg;
"A Class of Its Own" (PS, July 10, 2014), https://www.project-syndicate.org/commentary/dani-rodrik-explains-why-the-super-rich-are-mistaken-to-believe-that-they-can-dispense-with-government?barrier=accessreg;
"How the Rich Rule" (PS, September 10, 2014), https://www.project-syndicate.org/commentary/dani-rodrik-says-that-widening-inequality-drives-economic-elites-toward-sectarian-politics?barrier=accessreg;

syndicate.org/commentary/no-more-growth-miracles-by-dani-rodrik?barrier=accessreg;
"The Growing Divide Within Developing Economies" (PS, April 11, 2014), https://www.project-syndicate.org/commentary/dani-rodrik-examines-why-informal-and-traditional-sectors-are-expanding--rather-than-shrinking?barrier= accessreg;
"Back to Fundamentals in Emerging Markets" (PS, August 13, 2015), https://www.project-syndicate.org/commentary/emerging-market-growth-by-dani-rodrik-2015-08?barrier=accessreg;
"Economists and Democracy" (PS, May 11, 2011), https://www.project-syndicate.org/commentary/economists-and-democracy?barrier=accessreg;
"Saif Qaddafi and Me" (PS, April 12, 2011), https://www.project-syndicate.org/commentary/saif-qaddafi-and-me?barrier=accessreg;
"Milton Friedman's Magical Thinking" (PS, October 11, 2011), https://www.project-syndicate.org/commentary/milton-friedman-s-magical-thinking?barrier=accessreg;
"Free Trade Blinders" (PS, May 9, 2012), https://www.project-syndicate.org/commentary/free-trade-blinders? barrier=accessreg;
"The New Mercantilist Challenge" (PS, January 9, 2013), https://www.project-syndicate.org/commentary/the-return-of-mercantilism-by-dani-rodrik?barrier=accessreg;
"The Tyranny of Political Economy" (PS, February 8, 2013), https://www.project-syndicate.org/commentary/how-economists-killed-policy-analysis-by-dani-rodrik?barrier=accessreg;
"In Praise of Foxy Scholars" (PS, March 10, 2014), https://www.project-syndicate.org/commentary/dani-rodrik-on-the-promise-and-peril-of-social-science-models?barrier=accessreg;
"The Perils of Economic Consensus" (PS, August 14, 2014), https://

syndicate.org/commentary/china-market-economy-status-debate-by-dani-rodrik-2016-05?barrier=accessreg;
"No Time for Trade Fundamentalism" (PS, October 14, 2016), https://www.project-syndicate.org/commentary/protectionism-for-global-openness-by-dani-rodrik-2016-10?barrier=accessreg;
"Don't Cry over Dead Trade Agreements" (PS, December 8, 2016), https://www.project-syndicate.org/commentary/no-mourning-dead-trade-agreements-by-dani-rodrik-2016-12?barrier=accessreg;
"Will Greece Make It?" (PS, June 10, 2011), https://www.project-syndicate.org/commentary/will-greece-make-it?barrier=accessreg;
"Europe's Next Nightmare" (PS, November 9, 2011), https://www.project-syndicate.org/commentary/europe-s-next-nightmare?barrier=accessreg;
"The Truth About Sovereignty" (PS, October 8, 2012), https://www.project-syndicate.org/commentary/why-economic-integration-implies-political-unification-by-dani-rodrik?barrier=accessreg;
"Europe's Way Out" (PS, June 12, 2013), https://www.project-syndicate.org/commentary/saving-the-long-run-in-the-eurozone-by-dani-rodrik?barrier=accessreg;
"Reforming Greek Reform" (PS, February 13, 2015), https://www.project-syndicate.org/commentary/greek-exports-reform-by-dani-rodrik-2015-02?barrier=accessreg;
"Greece's Vote for Sovereignty" (PS, July 7, 2015), https://www.project-syndicate.org/commentary/greece-referendum-nationalism-democracy-by-dani-rodrik-2015-07?barrier=accessreg;
"The Poverty of Dictatorship" (PS, February 9, 2011), https://www.project-syndicate.org/commentary/the-poverty-of-dictatorship?barrier=accessreg;
"No More Growth Miracles" (PS, August 8, 2012), https://www.project-

文章來源

丹尼・羅德里克撰寫的Project Syndicate (PS)專欄文章包括：

"New Rules for the Global Economy" (PS, January 10, 2011), https://www.project-syndicate.org/commentary/new-rules-for-the-global-economy?barrier=accessreg;

"National Governments, Global Citizens" (PS, March 12, 2013), https://www.project-syndicate.org/commentary/how-to-globalize-a-national-authority-by-dani-rodrik?barrier=accessreg;

"The False Economic Promise of Global Governance" (PS, August 11, 2016), https://www.project-syndicate.org/commentary/global-governance-false-economic-promise-by-dani-rodrik-2016-08?barrier=accessreg;

"What the World Needs from the BRICS" (PS, April 10, 2013), https://www.project-syndicate.org/commentary/the-brics-and-global-economic-leadership-by-dani-rodrik?barrier=accessreg;

"Global Capital Rules" (PS, December 13, 2012), https://www.project-syndicate.org/commentary/the-imf-s-timid-embrace-of-capital-controls-by-dani-rodrik?barrier=accessreg;

"The Muddled Case for Trade Agreements" (PS, June 11, 2015), https://www.project-syndicate.org/commentary/regional-trade-agreement-corporate-capture-by-dani-rodrik-2015-06?barrier=accessreg;

"Fairness and Free Trade" (PS, May 12, 2016), https://www.project-

Chang, *Economics: The User's Guide*, Penguin, London, 2014; J. Bradford DeLong and Lawrence H. Summers, "Fiscal Policy in a Depressed Economy," *Brookings Papers on Economic Activity*, Spring 2012; Jeffrey D. Sachs, *Building the New American Economy: Smart, Fair, and Sustainable*, Columbia University Press, New York, 2017; José Antonio Ocampo, *Development Cooperation in Times of Crisis*, Columbia University Press, New York, 2012; Joseph E. Stiglitz, *The Stiglitz Report: Reforming the International Monetary and Financial Systems in the Wake of the Global Crisis*, New Press, New York, 2010.

4 Jeffry Frieden, "Will Global Capitalism Fail Again?" Bruegel Essay and Lecture Series, Brussels, n.d. http://scholar.harvard.edu/files/jfrieden/files/GlobalCapFallAgainWebversion.pdf?m=1360041998.

5 Anthony B. Atkinson, *Inequality*.

of DOE R&D on Energy Efficiency and Fossil Energy, Board on Energy and Environmental Systems, Division on Engineering and Physical Sciences, 2001, http://www.nap.edu/catalog/10165.html.

11 Fred Block and Matthew R. Keller, "Where Do Innovations Come From? Transformations in the U.S. Economy, 1970–2006," in *Knowledge Governance: Reasserting the Public Interest*, L. Burlamaqui, A. C. Castro, and R. Kattel, eds., Anthem Press, 2011.

12 Fred Block and Matthew R. Keller, *State of Innovation: The U.S. Government's Role in Technology Development*, Paradigm Publishers, New York, 2011.

13 National Research Council, *Energy Research at DOE*.

14 Mariana Mazzucato, *The Entrepreneurial State: Debunking Public vs. Private Sector Myths*, Public Affairs Press, New York, 2015.

15 參見 Fareed Zakaria, "The Rise of Illiberal Democracy," *Foreign Affairs*, November/December 1997；以及 Steven Levitsky and Lucan A. Way, *Competitive Authoritarianism: Hybrid Regimes After the Cold War*, Cambridge University Press, Cambridge and New York, 2010。

12 笨蛋，問題在政治！

1 Dani Rodrik, *Has Globalization Gone Too Far?* Institute for International Economics, Washington, DC, 1997.

2 Rawi Abdelal, "Writing the Rules of Global Finance: France, Europe, and Capital Liberalization," *Review of International Political Economy*, vol. 13(1), February 2006: 1–27.

3 Anat Admati and Martin Hellwig, *The Bankers' New Clothes: What's Wrong with Banking and What to Do about It*, Princeton University Press, Princeton and Oxford, 2013; Simon Johnson and James Kwak, *White House Burning: The Founding Fathers, Our National Debt, and Why It Matters to You*, Vintage Books, New York, 2012; Thomas Piketty, *Capital in the Twenty-First Century*, Harvard University Press, Cambridge, MA, 2014; Anthony B. Atkinson, *Inequality: What Can be Done?* Harvard University Press, Cambridge, MA, 2015; Mariana Mazzucato, *The Entrepreneurial State: Debunking Public vs. Private Sector Myths*, Public Affairs Press, New York, 2015; Ha-Joon

11 經濟成長的未來

1 Gary Shteyngart, *Super Sad True Love Story: A Novel*, Random House, New York, 2011.

2 Gaaitzen de Vries, Marcel Timmer, and Klaas de Vries, "Structural Transformation in Africa: Static Gains, Dynamic Losses," University of Groningen Growth and Development Centre, GGDC Research Memorandum 136, http://www.ggdc.net/publications/memorandum/gd136.pdf. 亦參見 Xinshen Diao, Margaret McMillan, and Dani Rodrik, "The Recent Growth Boom in Developing Economies: A Structural-Change Perspective," Harvard University, unpublished paper, January 2017.

3 Jim O'Neill, "The World Needs Better Economic BRICs," *Global Economic Paper Series*, November 30, 2001.

4 "Statement by BRICS Leaders on the Establishment of the BRICS-Led Development Bank," Durban, South Africa, March 27, 2013.

5 "Arvind Subramanian on what is holding back investments in India," *Rediff Business*, October 1, 2015, http://www.rediff.com/business/report/arvind-subramanian-on-what-is-holding-back-investments-in-india/20151001.htm.

6 Andrew M. Warner, "Public Investment as an Engine of Growth," International Monetary Fund Working Paper, August 2014, https://www.imf.org/external/pubs/ft/wp/2014/wp14148.pdf.

7 Girish Bahal, Mehdi Raissi, and Volodymyr Tulin, "Crowding-Out or Crowding-In? Public and Private Investment in India," International Monetary Fund Working Paper, December 2015, https://www.imf.org/external/pubs/ft/wp/2015/wp15264.pdf.

8 參見 Stephen S. Cohen and J. Bradford DeLong, *Concrete Economics: The Hamilton Approach to Economic Growth and Policy*, Harvard Business Review Press, Boston, MA, 2016；以及 Michael Lind, *Land of Promise: An Economic History of the United States*, HarperCollins, New York, 2012。

9 Josh Lerner, *The Boulevard of Broken Dreams*, Princeton University Press, Princeton and Oxford, 2009.

10 National Research Council, *Energy Research at DOE: Was It Worth It? Energy Efficiency and Fossil Energy Research 1978 to 2000*, Committee on Benefits

9 全球合作的幻影

1 Nouriel Roubini, "Globalization's Political Fault Lines," *Project Syndicate*, July 4, 2016, https://www.project-syndicate.org/commentary/globalization-political-fault-lines-by-nouriel-roubini-2016-07?barrier=accessreg.

2 Harold James, "Rethinking Labor Mobility," *Project Syndicate*, January 3, 2017, https://www.project-syndicate.org/commentary/displaced-workers-globalization-mobility-by-harold-james-2017-01?barrier=accessreg.

3 Dani Rodrik, "Why Do More Open Economies Have Bigger Governments?" *Journal of Political Economy*, vol. 106(5), October 1998: 997–1032.

4 Stefanie Walter, "Globalization and the Welfare State: Testing the Microfoundations of the Compensation Hypothesis," *International Studies Quarterly*, vol. 54(2), June 2010: 403–426.

5 Lawrence Mishel, "Tired of Economists' Misdirection on Trade," Economic Policy Institute, April 26, 2016, http://www.epi.org/blog/tired-of-economists-misdirection-on-globalization/.

6 Kenneth F. Scheve and Matthew J. Slaughter, "A New Deal for Globalization," *Foreign Affairs*, July/August 2007: 35.

7 機制如下：貿易自由化提高了該國出口商品的全球供給量，那些商品的國際市場價格因此下跌。出口類似商品的其他國家因此在貿易條件方面受到負面影響。

10 全球經濟新規則

1 Dani Rodrik, *The Globalization Paradox: Democracy and the Future of the World Economy*, W. W. Norton, New York, 2011.

2 15 年的期限 2016 年底屆滿。美國和歐盟均已拒絕承認中國是市場經濟體。

3 最近的一個例子可參考 Stanley Reed and Keith Bradsher, "China's Steel Makers Undercut Rivals as Trade Debate Intensifies," *New York Times*, May 3, 2016, https://mobile.nytimes.com/2016/05/04/business/international/chinas-steel-makers-undercut-rivals-as-economy-slows.html? referer=https://t.co/uUtRw9xuEt。

Model of the Product Life," *American Economic Review*, vol. 80(5), December 1990: 1077–1091; Philippe Aghion and Peter Howitt, *Endogenous Growth Theory*, MIT Press, Cambridge, MA, 1998.
13 Daron Acemoglu and James A. Robinson, "Economics versus Politics: Pitfalls of Policy Advice," NBER Working Paper 18921, March 2013.
14 Leighton and López, *Madmen*.
15 Leighton and López, *Madmen*: 134.
16 Leighton and López, *Madmen*: 178.
17 Jesper B.Sørensen and Toby E. Stuart, "Aging, Obsolescence, and Organizational Innovation," *Administrative Science Quarterly*, vol. 45(1), March 2000: 81–112.
18 Richard R. Nelson and Sidney G. Winter, "Evolutionary Theorizing in Economics," *Journal of Economic Perspectives*, vol. 16(2), Spring 2002: 23–46.
19 Leighton and López, *Madmen*: 155–56.
20 James Leitzel, *The Political Economy of Rule Evasion and Policy Reform*, Routledge, London and New York, 2003.
21 Leitzel, *Political Economy of Rule Evasion*: 23.
22 Mark Blyth, "Powering, Puzzling, or Presuading? The Mechanisms of Building Institutional Orders," *International Studies Quarterly*, vol. 51, 2007: 762.
23 Franklin D. Roosevelt, "Address at Oglethorpe University," May 22, 1932.
24 Kurt Weyland, "Toward a New Theory of Institutional Change," *World Politics*, vol. 60(2), 2008: 281–314.
25 Paul J. DiMaggio and Walter W. Powell, "The Iron Cage Revisited: Institutional Isomorphism and Collective Rationality in Organizational Fields," *American Sociological Review*, vol. 48(2), 1983: 147–160.
26 Matt Andrews, *The Limits of Institutional Reform in Development*, Cambridge University Press, 2013.
27 Sharun Mukand and Dani Rodrik, "In Search of the Holy Grail: Policy Convergence, Experimentation, and Economic Performance," *American Economic Review*, vol. 95(1), March 2005: 374–383.
28 Acemoglu and Robinson, "Economics vs. Politics."
29 Acemoglu and Robinson, "Economics vs. Politics": 174.

8 政策創新的經濟學

1 Dani Rodrik, "The Political Economy of Trade Policy," in *Handbook of International Economics*, G. Grossman and K. Rogoff, eds., vol. 3, Amsterdam, North-Holland, 1995.

2 Daron Acemoglu and James A. Robinson, "Economic Backwardness in Political Perspective," *American Political Science Review*, vol. 100(1), 2006: 115–131. 亦見 Daron Acemoglu, "Why Not a Political Coase Theorem? Social Conflict, Commitment, and Politics," *Journal of Comparative Economics*, vol. 31(4), 2003: 620–652.

3 Raquel Fernandez and Dani Rodrik, "Resistance to Reform: Status Quo Bias in the Presence of Individual-Specific Uncertainty," *American Economic Review*, vol. 81(5), December 1991.

4 Acemoglu and Robinson, "Economic Backwardness," 126–128.

5 Lawrence J. Lau, Yingyi Qian, and Gerard Roland, "Reform Without Losers: An Interpretation of China's Dual-Track Approach to Transition," *Journal of Political Economy*, vol. 108(1), 2000: 120–143.

6 以下文章引述：Robert P. Inman and Daniel L. Rubinfeld, "Federal Institutions and the Democratic Transition: Learning from South Africa," *Journal of Law, Economics, & Organization*, vol. 28(4), 2011: 784。

7 Inman and Rubinfeld.

8 Dani Rodrik, "The Rush to Free Trade in the Developing World: Why So Late? Why Now? Will It Last?" in *Voting for Reform: Democracy, Political Liberalization, and Economic Adjustment*, S. Haggard and S. Webb, eds., Oxford University Press, New York, 1994.

9 I. M. Destler, American Trade Politics, 4th ed., Peterson Institute, Washington, DC, 2005.

10 Wayne Leighton and Edward López, *Madmen, Intellectuals, and Academic Scribblers: The Economic Engine of Political Change*, Stanford University Press, Stanford, CA, 2013, p. 147.

11 Michael Walzer, "The Problem of Dirty Hands," *Philosophy & Public Affairs*, vol. 2(2), Winter 1973: 174.

12 Paul S. Segerstrom, T. C. A. Anant, and Elias Dinopoulos, "A Schumpeterian

Development Path," unpublished paper, 2012: 17–18.

19 參見 Theodore W. Schultz, *Transforming Traditional Agriculture*, Yale University Press, New Haven, CT, 1964; Anne O. Krueger, "Trade Policy and Economic Development: How We Learn," *American Economic Review*, vol. 87(1), March 1997: 1–22.

20 這例子是 Avinash Dixit 與 Jörgen Weibull 提供的，他們證明即使有合理的貝氏修正（Bayesian updating），在事先觀念不同的情況下，相同的信號可能擴大事後觀念的差異。參見 Dixit and Weibull, "Political Polarization," *Proceedings of the National Academy of Sciences of the United States*, vol. 104(18), 2007: United States 7353。

21 Daron Acemoglu 等人證明，如果對接收到的信號有不同的理解，信念的差異未必會消失，差異甚至可能不會逐漸縮窄。參見 Daron Acemoglu, Victor Chernozhukov, and Muhamet Yildiz, "Fragility of Asymptotic Agreement under Bayesian Learning," unpublished paper, February 2009。

22 例如參見 Arthur T. Denzau and Douglass C. North, "Shared Mental Models: Ideologies and Institutions." *Kyklos*, vol. 47(1), 1994: 3–31; Mark Blyth, "Ideas, Uncertainty, and Evolution," in *Ideas and Politics in Social Science Research*, D. Béland and R. H. Cox, eds., Oxford University Press, New York, 2010.

23 Rohini Pande, "Can Informed Voters Enforce Better Governance? Experiments in Low-Income Democracies," *Annual Review of Economics*, vol. 3, September 2011: 215–237.

24 Johnson and Kwak, *13 Bankers*.

25 Calomiris and Haber, *Fragile by Design*.

26 Mark S. Mizruchi, *The Fracturing of the American Corporate Elite*, Harvard University Press, Cambridge, MA, 2013.

27 James Surowiecki, "Moaning Moguls," *The New Yorker*, July 7, 2014, http://www.newyorker.com/magazine/2014/07/07/moaning-moguls.

28 有關經濟學概念可以如何塑造政治的精彩討論，參見 Edward López and Wayne Leighton, *Madmen, Intellectuals, and Academic Scribblers: The Economic Engine of Political Change*, Stanford University Press, Stanford, CA, 2012。

University Press, 1999; John Gerard Ruggie, "What Makes the World Hang Together? Neo-Utilitarianism and the Social Constructivist Challenge," *International Organization*, vol. 52(4), October 1, 1998: 855–885; Mark Blyth, *Great Transformations: Economic Ideas and Institutional Change in the Twentieth Century*, Cambridge University Press, 2002; Colin Hay, "Ideas and the Construction of Interests," in *Ideas and Politics in Social Science Research*, D. Béland and R. H. Cox, eds., Oxford University Press, 2011.

11 Daniel Béland and Robert Henry Cox, *Ideas and Politics in Social Science Research*, 10.

12 Robert Howse, "Thucydides and Just War: How to Begin to Read Walzer's Just and Unjust Wars," *European Journal of International Law*, vol. 24, 2013; Jack L. Goldsmith and Eric A. Posner, *The Limits of International Law*, Oxford University Press, Oxford and New York, 2005.

13 Alberto Alesina and Howard Rosenthal, *Partisan Politics, Divided Government, and the Economy*, Cambridge University Press, 1995.

14 例如參見 Alberto Alesina, Guido Cozzi, and Noemi Mantovan, "The Evolution of Ideology, Fairness and Redistribution," *Economic Journal*, vol. 122(565), 2012: 1244–1261; Stefano Della Vigna and Ethan Kaplan, "The Fox News Effect: Media Bias and Voting," *Quarterly Journal of Economics*, vol. 122(3), 2007: 1187–1234; and David Yanagizawa-Drott, "Propaganda and Conflict: Theory and Evidence from the Rwandan Genocide," *Quarterly Journal of Economics*, vol. 129(4), November 2014.

15 George Akerlof and Rachel Kranton, "Economics and Identity," *Quarterly Journal of Economics*, vol. 115(3), 2000: 715–753; George Akerlof and Rachel Kranton, "Identity and the Economics of Organizations," *Journal of Economic Perspectives*, vol. 19(1), 2005: 9–32.

16 Martin Gilens and Benjamin I. Page, "Testing Theories of American Politics: Elites, Interest Groups, and Average Citizens," *Perspective on Politics*, vol. 12(3), September 2014: 564–581.

17 Arlie Russell 的著作 *Strangers in Their Own Land: Anger and Mourning on the American Right* (New Press, New York, 2016) 出色地描述了路易斯安那州貧窮保守白人的觀念世界。

18 Pratap Bhanu Mehta and Michael Walton, "India's Political Settlement and

Tirole "The Politics of Government Decision Making: A Theory of Regulatory Capture," *Quarterly Journal of Economics*, vol. 106, 1991: 1089–1127.

2 Anne O. Krueger, "The Political Economy of the Rent-Seeking Society," *American Economic Review*, vol. 64(3), June 1974: 291–303; Gene Grossman and Elhanan Helpman, "Protection for Sale," *American Economic Review*, vol. 84(4), 1994: 833; Dani Rodrik, "The Political Economy of Trade Policy," in *Handbook of International Economics*, G. Grossman and K. Rogoff, eds., Amsterdam, North-Holland, 1995.

3 Robert H. Bates, *Markets and States in Tropical Africa*, University of California Press, Berkley, CA, 1981; Daron Acemoglu and James A. Robinson, "Economic Backwardness in Political Perspective," *American Political Science Review*, vol. 100(1), 2006: 115–131; Daron Acemoglu and James A. Robinson, *Why Nations Fail: The Origins of Power, Prosperity, and Poverty*, Crown, New York, 2012.

4 Charles W. Calomiris and Stephen H. Haber, *Fragile by Design: The Political Origins of Banking Crises and Scarce Credit*, Princeton University Press, Princeton, NJ, 2014; Simon Johnson and James Kwak, *13 Bankers: The Wall Street Takeover and the Next Financial Meltdown*, Pantheon Books, New York, 2012; Luigi Zingales, "Presidential Address: Does Finance Benefit Society?" *Journal of Finance*, vol. 70(4), August 2015: 1327–1363.

5 Grossman and Elhanan Helpman, "Protection for Sale," *American Economic Review*, vol. 84(4), 1994.

6 Mancur Olson, "Dictatorship, Democracy, and Development," *American Political Science Review*, vol. 87(3), September 1993: 567–576; Daron Acemoglu and James A. Robinson, "Economic Backwardness in Political Perspective."

7 Jon Elster, "Rational Choice History: A Case of Excessive Ambition," *American Political Science Review*, vol. 94(3), 2000: 685–695.

8 Scott Atran and Jeremy Ginges, "Religious and Sacred Imperatives in Human Conflict," *Science*, vol. 336, 2012: 855.

9 Amartya Sen, *Identity and Violence: The Illusion of Destiny*, W. W. Norton, New York, 2007.

10 參見 Alexander Wendt, *Social Theory of International Politics*, Cambridge

List of 12 Economic Concepts," *Business Insider*, April 17, 2014, http://www.businessinsider.com/thomas-sargent-shortest-graduation-speech-2014-4.
12 Jonathan D. Ostry, Andrew Berg, and Charalambos G. Tsangarides, "Redistribution, Inequality, and Growth," International Monetary Fund Discussion Note, February 2014.
13 Nora Lustig, Luis F. Lopez-Calva, and Eduardo Ortiz-Juarez, "Deconstructing the Decline in Inequality in Latin America," Tulane Economics Working Paper Series, Working Paper 1314, April 2013.
14 James Manyika, et al., *Digital America: A Tale of the Haves and Have-Mores*, McKinsey Global Institute Report, December 2015.
15 Robert J. Gordon, *The Rise and Fall of American Growth: The U.S. Standard of Living since the Civil War*, Princeton University Press, Princeton, NJ, 2016.
16 Tyler Cowen, "Economic Development in an 'Average is Over' World," Working Paper, April 8, 2016.
17 Margaret McMillan, Dani Rodrik, and Íñigo Verduzco-Gallo, "Globalization, Structural Change, and Productivity Growth, with an Update on Africa," *World Development*, vol. 63, 2014: 11–32.
18 Dietrich Vollrath, "More on Decomposing US Productivity Growth," Blog, May 11, 2016, https://growthecon.com/blog/More-Decomp/.
19 Ricardo Hausmann, Dani Rodrik, and Andres Velasco, "Growth Diagnostics," in *The Washington Consensus Reconsidered: Towards a New Global Governance*, J. Stiglitz and N. Serra, eds., Oxford University Press, New York, 2008.
20 Isaiah Berlin, *The Hedgehog and the Fox: An Essay on Tolstoy's View of History*, Weidenfeld & Nicolson, London, 1953.
21 Daniel Drezner, *The Ideas Industry*, Oxford University Press, New York, 2017.

7 「思想」的經濟分析

1 George J. Stigler, "The Theory of Economic Regulation," *Bell Journal of Economics and Management Science*, vol. 2(1), Spring 1971: 3–21; Sam Peltzman, "Toward a More General Theory of Regulation," *Journal of Law and Economics*, vol. 19(2), 1976: 211–240; Jean-Jacques Laffont and Jean

Times, Opinion Pages, March 13, 2013, https://krugman.blogs.nytimes.com/2013/03/13/night-of-the-living-alesina/。

6 危險的共識

1 Justin Wolfers, "What Debate? Economists Agree the Stimulus Lifted the Economy," *New York Times*, July 29, 2014, https://www.nytimes.com/2014/07/30/upshot/what-debate-economists-agree-the-stimulus-lifted-the-economy.html?_r=0.

2 Greg Mankiw, "News Flash: Economists Agree," Greg Mankiw's Blog, February 14, 2009, http://gregmankiw.blogspot.com/2009/02/news-flash-economists-agree.html.

3 Dani Rodrik, *One Economics, Many Recipes: Globalization, Institutions, and Economic Growth*, Princeton University Press, Princeton, NJ, and New York, 2007.

4 Dani Rodrik, "Diagnostics Before Prescription," *Journal of Economic Perspectives*, vol. 24(3), Summer 2010: 33–44.

5 Kaushik Basu, "Two Policy Prescription for the Global Crisis," *Project Syndicate*, April 23, 2013, https://www.project-syndicate.org/commentary/lessons-from-the-world-bank-imf-spring-meetings-by-kaushik-basu.

6 Paul Krugman, "How Did Economists Get It So Wrong?" *New York Times*, September 2, 2009, http://www.nytimes.com/2009/09/06/magazine/06Economic-t.html.

7 Paul Romer, "My Paper 'Mathiness in the Theory of Economic Growth,'" May 15, 2015, https://paulromer.net/mathiness/.

8 Carol Tavris, "How Homo Economicus Went Extinct," *Wall Street Journal*, May 15, 2015, https://www.wsj.com/articles/how-homo-economicus-went-extinct-1431721255.

9 Luigi Zingales, "Does Finance Benefit Society?" *Journal of Finance*, vol. 70(4), 2015: 1327–1363.

10 Jorge Luis Borges, "On Exactitude in Science, A Universal History of Infamy," 1946.

11 Rob Wile, "The Greatest Graduation Speech Ever Given Is This Bullet-Point

5 模型裡的經濟學家

1 這也是我的著作《經濟學好厲害：如果沒有誤用的話》（*Economics Rules: The Rights and Wrongs of the Dismal Science*）的主題。

2 Dani Rodrik, *The Globalization Paradox: Democracy and the Future of the World Economy*, W. W. Norton, New York, 2011.

3 Peter A. Petri and Michael G. Plummer, "The Economic Effects of the Trans-Pacific Partnership: New Estimates," PIIE Working Paper 16-2, January 2016.

4 Jeronim Capaldo and Alex Izurieta, with Jomo Kwame Sundaram, "Trading Down: Unemployment, Inequality and Other Risks of the Trans-Pacific Partnership Agreement," Global Development and Environment Institute Working Paper no. 16-01, Tufts University, Medford, MA, January 2016.

5 *Market Access and Sectoral Issues, in Assessing the Trans-Pacific Partnership*, PIIE Briefing 16-1, vol. 1, February 2016: 3.

6 David H. Autor, David Dorn, and Gordon H. Hanson, "The China Shock: Learning from Labor-Market Adjustment to Large Changes in Trade," *Annual Review of Economics*, vol. 8, 2016: 205–240.

7 參見 Steven Rattner 在彼得森研究所的評論引起的回應：Steven Rattner "What's Our Duty to the People Globalization Leaves Behind?" *New York Times*, Opinion Pages, January 26, 2016, https://www.nytimes.com/2016/01/26/opinion/whats-our-duty-to-the-people-globalization-leaves-behind.html?_r=2.

8 Fabrice Defever and Alejandro Riaño, "China's Pure Exporter Subsidies," Centre for Economic Performance Discussion Paper No. 1182, London School of Economics and Political Science, December 2012.

9 最初那篇論文是 Carmen M. Reinhart and Kenneth S. Rogoff, "Growth in the Time of Debt," NBER Working Paper No. 15639, January 2010。

10 Thomas Herndon, Michael Ash, and Robert Pollin, "Does High Public Debt Consistently Stifle Economic Growth? A Critique of Reinhart and Rogoff," *Cambridge Journal of Economics*, vol. 38(2), 2014: 257–279.

11 Alberto F. Alesina and Silvia Ardagna, "Large Changes in Fiscal Policy: Taxes Versus Spending," NBER Working Paper No. 15438, October 2009.

12 保羅・克魯曼堅持批評主張財政緊縮的陣營，他針對艾雷希納與安達娜論文的評論見 Paul Krugman, "Night of the Living Alesina," *New York*

的論據：Daron Acemoglu, Suresh Naidu, Pascual Restrepo, and James A. Robinson, "Democracy Does Cause Growth," NBER Working Paper No. 20004, March 2014。

8 Sharun Mukand and Dani Rodrik, "The Political Economy of Liberal Democracy," Harvard Kennedy School, March 2017, Figure 1.

9 Larry Diamond, "Facing Up to the Democratic Recession," *Journal of Democracy*, vol. 26(1), January 2015: 141–155.

10 Fareed Zakaria, "The Rise of Illiberal Democracy," *Foreign Affairs*, November/December 1997.

11 Mukand and Rodrik, "Political Economy of Liberal Democracy."

12 例如參見 Carles Boix, *Democracy and Redistribution*, Cambridge University Press, New York, 2003；Daron Acemoglu and James A. Robinson, "Foundations of Societal Inequality," *Science*, vol. 326(5953), 2009: 678–679；以及 Ben W. Ansell and David J. Samuels, *Inequality and Democratization: An Elite-Competition Approach*, Cambridge University Press, 2014。

13 T. H. Marshall, "Citizenship and Social Class," in Jeff Manza and Michael Sauder, eds., *Inequality and Society*, W. W. Norton, New York, 2009.

14 Richard J. Goldstone, "The South African Bill of Rights," *Texas International Law Journal*, vol. 32(3), Summer 1997.

15 Edmund Fawcett, *Liberalism: The Life of an Idea*, Princeton University Press, Princeton, NJ, and London, 2014, p. 144.

16 Gerhard Lehmbruch, "A Non-Competitive Pattern of Conflict Management in Liberal Democracies: The Case of Switzerland, Austria and Lebanon," International Political Science Association, Seventh World Congress, Brussels, September 18–23, 1967.

17 *Report on Tunisia*, Freedom House, 2011, https://freedomhouse.org/report/freedom-world/2011/tunisia.

18 Samuel P. Huntington, *Political Order in Changing Societies*, Yale University Press, New Haven, CT, 1968, p. 5.

19 Lehmbruch, "Non-Competitive Pattern."

20 Paul Collier, *Wars, Guns and Votes*, HarperCollins, New York, 2009, chapter 9.

thomas-piketty-macron-c-est-l-europe-d-hier-19-02-2017-2105950_3121.php#section-commentaires.

11 "Emmanuel Macron proposes Nordic economic model for France," *Financial Times*, February 23, 2017, https://www.ft.com/content/3691a448-fa1d-11e6-9516-2d969e0d3b65.

12 "Merkel rules out eased eurozone spending rules to help Macron," *Financial Times*, May 8, 2017, https://www.ft.com/content/2d3004a2-33ee-11e7-bce4-9023f8c0fd2e.

13 "Macron calls for radical reform to save euro," *Financial Times*, September 24, 2015, https://www.ft.com/content/6d327720-62c5-11e5-a28b-5022 6830d644.

14 Peter Foster, "Jean-Claude Juncker Faces Dissent Over EU's 'Five Pathways to Unity' Survival Blueprint after Brexit," *The Telegraph*, March 1, 2017, http://www.telegraph.co.uk/news/2017/02/28/jean-claude-juncker-faces-dissent-eu-survival-blueprint/.

4 工作、工業化與民主

1 Dani Rodrik, "Unconditional Convergence in Manufacturing," *Quarterly Journal of Economics*, vol. 128(1), February 2013: 165–204.

2 Jaana Remes and Luis Rubio, "The Two Mexicos," *Project Syndicate*, April 1, 2014, https://www.project-syndicate.org/commentary/jaana-remes-and-luis-rubio-take-issue-with-flattering-headlines-heralding-a-new-emerg ing-market-success-story.

3 Dani Rodrik, "Premature Deindustrialization," *Journal of Economic Growth*, vol. 21, November 2015: 1–33.

4 James C. Scott, *Two Cheers for Anarchism*, Princeton University Press, Princeton, NJ, and Oxford, 2012: 91–92.

5 Dani Rodrik, "Institutions for High-Quality Growth: What They Are and How to Acquire Them," *Studies in Comparative International Development*, vol. 35(3), Fall 2000.

6 Dani Rodrik, *One Economics, Many Recipes*, Princeton University Press, Princeton, NJ, 2007.

7 一般認為民主造就較高成長的證據是薄弱的，但以下文章提出了有力

3 歐盟的掙扎

1 Olivier Blanchard and Daniel Leigh, "Growth Forecast Errors and Fiscal Multipliers," IMF Working Paper, January 2013.

2 Olivier Blanchard, "Greece: Past Critiques and the Path Forward," IMF Blog, July 9, 2015, https://blog-imfdirect.imf.org/2015/07/09/greece-past-critiques-and-the-path-forward/.

3 Jan Babecký and Nauro F. Campos, "Does Reform Work? An Econometric Survey of the Reform-Growth Puzzle," *Journal of Comparative Economics*, vol. 39(2), 2011: 140–158. 近年結果類似的一項研究可參見 Pasquale Marco Marrazzo and Alessio Terzi, "Wide-Reaching Structural Reforms and Growth: A Cross-Country Synthetic Control Approach," unpublished paper, Harvard, CID, April 2017。

4 Steven N. Durlauf, Paul A. Johnson, and Jonathan R. W. Temple, "Growth Econometrics," Working Paper no. 61, Vassar College Economics, October 2004, https://economics.vassar.edu/docs/working-papers/VCEWP61.pdf.

5 Zsolt Darvars, "Is Greece Destined to Grow?" *Bruegel*, June 15, 2015, http://bruegel.org/2015/06/is-greece-destined-to-grow/.

6 Ricardo Hausmann, Lant Pritchett, and Dani Rodrik, "Growth Accelerations," *Journal of Economic Growth*, vol. 10(4), 2005: 303–329.

7 此論點詳見 Arvind Subramanian and Dani Rodrik, "From 'Hindu Growth' to Productivity Surge: The Mystery of the Indian Growth Transition," *IMF Staff Papers*, vol. 52(2), 2005。本段餘下部分是基於那篇文章。

8 Ricardo Hausmann, Dani Rodrik, and Andrés Velasco, "Growth Diagnostics," in *The Washington Consensus Reconsidered: Towards a New Global Governance*, J. E. Stiglitz and N. Serra, eds., Oxford University Press, New York, 2008.

9 Theodore Pelagidis, "Why Internal Devaluation is Not Leading to Export-Led Growth in Greece," *Brookings Online*, September 12, 2014, http://www.brookings.edu/blogs/up-front/posts/2014/09/12-internal-devaluation-export-growth-greece-pelagidis.

10 "Pour l'économiste Thomas Piketty: Macron, c'est 'l'Europe d'hier'," *Le Point*, February 20, 2017, http://www.lepoint.fr/presidentielle/pour-l-economiste-

25 以下敘述是根據 Keith Hampton, "Netville: Community on and Offline in a Wired Suburb," in *The Cybercities Reader*, S. Graham Routledge, ed., London, 2004: 256–262，取自 Dani Rodrik, *The Globalization Paradox*。

26 Bernardo S. Blum and Avi Goldfarb, "Does the Internet Defy the Law of Gravity?" *Journal of International Economics*, vol. 70(2), 2006: 384–405.

27 Charles Duhigg and Keith Bradsher, "How the U.S. Lost Out on iPhone Work," *New York Times*, January 21, 2012, http://www.nytimes.com/2012/01/22/business/apple-america-and-a-squeezed-middle-class.html?pagewanted=all.

28 Edward Leamer, "A Flat World, a Level Playing Field, a Small World After All, or None of the Above? A Review of Thomas L. Friedman's *The World is Flat*," *Journal of Economic Literature*, vol. 45(1), 2007: 83–126.

29 Kevin Morgan, "The Exaggerated Death of Geography: Learning, Proximity, and Territorial Innovation Systems," *Journal of Economic Geography*, vol. 4, 2004: 3–21.

30 Josiah Ober, "Wealthy Hellas," Presidential Address, Transactions of the American Philological Association, vol. 140, 2010: 241–286.

31 Elie Kedourie, *Nationalism*, 47.

32 Kelvin Lancaster, *Consumer Demand: A New Approach*, Columbia University Press, New York, 1971; Avinash K. Dixit and Joseph E. Stiglitz, "Monopolistic Competition and Optimum Product Diversity," *American Economic Review*, vol. 27, 1977: 217–238.

33 Michael P. Devereux, Ben Lockwood, and Michela Redoano, "Do Countries Compete Over Corporate Tax Rates?" *Journal of Public Economics*, vol. 92(5), June 2008: 1210–1235. 有關開發中經濟體，參見 S. M. Ali Abbas and Alexander Klemm, with Sukhmani Bedi and Junhyung Park, "A Partial Race to the Bottom: Corporate Tax Developments in Emerging and Developing Economies," IMF Working Paper WP/12/28, Washington, DC, January 2012。

34 Dani Rodrik, "Is Global Equality the Enemy of National Equality?" HKS Working Paper, January 2017.

35 "'Mrs. May, We Are All Citizens of the World,' Says Philosopher," BBC News, October 29, 2016.

12 John Agnew, "Putting Politics into Economic Geography," in *The Wiley-Blackwell Companion to Economic Geography*, T. J. Barnes, J. Peck, and E. Sheppard, eds., Wiley-Blackwell, Malden, MA, 2012.

13 Dani Rodrik, *The Globalization Paradox: Democracy and the Future of the World Economy*, W. W. Norton, New York, 2011.

14 Anne Marie Slaughter, *A New World Order*, Princeton University Press, Princeton, NJ, 2004.

15 John Ruggie, "Reconstituting the Global Public Domain——Issues, Actors, and Practices," *European Journal of International Relations*, vol. 10, 2004: 499–531; Frederick Mayer and Gary Gereffi, "Regulation and Economic Globalization: Prospects and Limits of Private Governance," Business and Politics, vol. 12(3), 2010: 1–25.

16 Joshua Cohen and Charles F. Sabel, "Global Democracy?" *International Law and Politics*, vol. 37, 2005: 779.

17 Peter A. Hall and David Soskice, *Varieties of Capitalism: The Institutional Foundations of Comparative Advantage*, Oxford University Press, Oxford, UK, 2001.

18 Roberto Mangabeira Unger, *Democracy Realized: The Progressive Alternative*, Verso, New York, 1998.

19 Richard Freeman, "Labor Market Institutions Around the World," Discussion Paper No. 844, London School of Economics, Centre for Economic Performance, London, January 2008.

20 Elie Kedourie, *Nationalism*, 46.

21 Alexander Gerschenkron, *Economic Backwardness in Historical Perspective*, Belknap Press of Harvard University Press, Cambridge, MA, 1962.

22 Alberto Alesina and Enrico Spolaore, *The Size of Nations*, MIT Press, Cambridge, MA, 2003.

23 Anne-Célia Disdier and Keith Head, "The Puzzling Persistence of the Distance Effect on Bilateral Trade," *Review of Economics and Statistics*, vol. 90(1), 2008: 37–48.

24 Matias Berthelon and Caroline Freund, "On the Conservation of Distance in International Trade," *Journal of International Economics*, vol. 75(2), July 2008: 311.

Is Baloney," *New York Times*, January 20, 2017, https://www.nytimes.com/2017/01/20/opinion/theresa-mays-global-britain-is-baloney.html?_r=0; Bagehot, "May's revolutionary conservatism," *Economist*, October 8, 2016, http://www.economist.com/news/britain/21708223-britains-new-prime-minister-signals-new-illiberal-direction-country; Philip Murphy, "Theresa May's rejection of Enlightenment values," Letters Section, *The Guardian*, October 9, 2016, https://www.theguardian.com/politics/2016/oct/09/theresa-may-rejection-of-enlightenment-values.

2 Leon Trotsky, "Nationalism and Economic Life," *Foreign Affairs*, vol. 12, 1933: 395.

3 Peter Singer, *One World: The Ethics of Globalization*, Yale University Press, New Haven, CT, 2002, p. 12.

4 Amartya Sen, *The Idea of Justice*, Harvard University Press, Cambridge, MA, 2009, p. 143.

5 James A. Anderson and Eric van Wincoop, "Trade Costs," *Journal of Economic Literature*, vol. 42, 2004: 691–751.

6 Stanley Hoffman, "Obstinate or Obsolete? The Fate of the Nation-State and the Case of Western Europe," *Daedalus*, vol. 95(3), 1966: 862–915.

7 Raymond Vernon, "Sovereignty at Bay: The Multinational Spread of US Enterprises," *Thunderbird International Business Review*, vol. 13(4), 1971: 1–3.

8 Dani Rodrik, "Is Global Equality the Enemy of National Equality?" HKS Working Paper, January 2017.

9 François Bourguignon and Christian Morrisson, "Inequality Among World Citizens: 1820–1992," *American Economic Review*, vol. 92, 2002: 727–744.

10 Charles Tilly, *Coercion, Capital, and European States, AD 990–1992*, Blackwell, Cambridge, MA, 1992; Ernest Gellner, *Nations and Nationalism*, Cornell University Press, Ithaca, New York, 1983; Steven Pinker, *The Better Angels of our Nature: Why Violence Has Declined*, Viking, New York, 2011; Elie Kedourie, *Nationalism*, 4th ed., Blackwell, New York, 1993; Benedict Anderson, *Imagined Communities: Reflections on the Origin and Spread of Nationalism*, revised ed., Verso, London, 2006.

11 Elie Kedourie, *Nationalism*, 7 引述。

4 Zack Beauchamp, "If You're Poor in Another Country, This Is the Scariest Thing Bernie Sanders Has Said," *Vox*, April 5, 2016, http://www.vox.com/2016/3/1/11139718/bernie-sanders-trade-global-poverty.
5 Dani Rodrik, "Growth Strategies," in *Handbook of Economic Growth*, P. Aghion and S. Durlauf, eds., vol. 1A, North-Holland, 2005: 967–1014.
6 Dani Rodrik, "Mexico's Growth Problem," *Project Syndicate*, November 13, 2014, https://www.project-syndicate.org/commentary/mexico-growth-problem-by-dani-rodrik-2014-11?barrier=accessreg.
7 Dani Rodrik, *The Globalization Paradox: Democracy and the Future of the World Economy*, W. W. Norton, New York, 2011.
8 有關「世界經濟的三難困局」之討論，首見於 Dani Rodrik, "How Far Will International Economic Integration Go?" *Journal of Economic Perspectives*, Winter 2000。在我的著作 *The Globalization Paradox* 中，我從歷史的角度加以闡述。
9 Jeffry A. Frieden, *Global Capitalism: Its Rise and Fall in the Twentieth Century*, W. W. Norton, New York, 2007.
10 Dani Rodrik, "Premature Deindustrialization," *Journal of Economic Growth*, vol. 21, 2015: 1–33.
11 Carl J. Green, "The New Protectionism," *Northwestern Journal of International Law & Business*, vol. 3, 1981: 1.
12 John Gerard Ruggie, "International Regimes, Transactions, and Change: Embedded Liberalism in the Postwar Economic Order," *International Organization*, vol. 36(2), Spring 1982: 379–415.
13 "IMF Sees Subdued Global Growth, Warns Economic Stagnation Could Fuel Protectionist Calls," IMF News, October 4, 2016, http://www.imf.org/en/News/Articles/2016/10/03/AM2016-NA100416-WEO.

2 民族國家的角色

1 John Rentoul, "Theresa May's conference speech: What she said... and what she really meant," *The Independent*, October 5, 2016, http://www.independent.co.uk/voices/theresa-may-conference-speech-what-she-said-what-she-meant-john-rentoul-a7346456.html; Roger Cohen, "Theresa May's 'Global Britain'

註釋

1 在全球化與國家之間

1 有關 NAFTA，參見 Shushanik Hakobyan and John McLaren, "Looking for Local Labor-Market Effects of NAFTA," *Review of Economics and Statistics*, vol. 98(4), October 2016: 728–741。有關中國貿易衝擊，參見 David H. Autor, David Dorn, and Gordon H. Hanson, "The China Shock: Learning from Labor-Market Adjustment to Large Changes in Trade," *Annual Review of Economics*, vol. 8, October 2016: 205–240。Hakobyan and McLaren 發現，NAFTA 令最受影響的產業工資漲幅相對於其他產業減少 17 個百分點。Autor 等人記錄了受嚴重打擊的社區承受的巨大和持久的工資和就業影響——而且它們在其他方面並未相應得益。

2 最近一項學術研究充分利用現代貿易理論，產生的估計是 NAFTA 的總得益相當於美國的「福祉」（welfare）增加 0.08%。NAFTA 對貿易量的影響則大得多：美國來自墨西哥的進口增加了一倍。（Lorenzo Caliendo and Fernando Parro, "Estimates of the Trade and Welfare Effects of NAFTA," *Review of Economic Studies*, vol. 82(1), 2015: 1–44.）同樣有趣的是，美國那微小的 0.08%得益有整整一半並非源自效率上的進步，而是因為貿易條件（terms of trade）改善。也就是說，Caliendo and Parro 估計，相對於美國出口的商品，美國進口商品的世界價格（world prices）下跌了。這種得益不是因為效率提升，而是拜其他國家（在 NAFTA 的例子中主要是墨西哥和加拿大）貢獻的所得移轉所賜。這種得益的代價是由其他國家承受。

3 Christina Starmans, Mark Sheskin, and Paul Bloom, "Why People Prefer Unequal Societies," *Nature: Human Behaviour*, vol. 1, April 2017: 82.

Beyond 20
世界的啟迪

貿易的取捨：
邁向更好的全球化，我們如何重塑世界經濟新秩序？

Straight Talk on Trade: Ideas for a Sane World Economy

作者	丹尼・羅德里克（Dani Rodrik）
譯者	許瑞宋
執行長	陳蕙慧
總編輯	張惠菁
責任編輯	吳鴻誼
行銷總監	陳雅雯
行銷企劃	尹子麟、余一霞、張宜倩
封面設計	盧卡斯工作室
內頁排版	宸遠彩藝
社長	郭重興
發行人兼出版總監	曾大福
出版	衛城出版／遠足文化事業股份有限公司
發行	遠足文化事業股份有限公司
地址	23141 新北市新店區民權路 108-2 號九樓
電話	02-22181417
傳真	02-22180727
法律顧問	華洋法律事務所 蘇文生律師
印刷	呈靖彩藝有限公司
初版	2021 年 5 月
定價	430 元

國家圖書館出版品預行編目(CIP)資料

貿易的取捨：邁向更好的全球化,我們如何重塑世界經濟新秩序?/丹尼.羅德里克(Dani Rodrik)著；許瑞宋譯. -- 初版. -- 新北市：衛城出版, 遠足文化事業股份有限公司, 2021.05
面；公分. --（Beyond 20）
譯自：Straight talk on trade : ideas for a sane world economy

ISBN 978-986-06253-7-0（平裝）

1.自由貿易 2.全球化 3.國際競爭

558.5 110005876

歡迎團體訂購，另有優惠，請洽 02-22181417，分機 1124、1135

ACRO POLIS 衛城出版

Email acropolismde@gmail.com
Facebook www.facebook.com/acrolispublish

● 親愛的讀者你好，非常感謝你購買衛城出版品。
我們非常需要你的意見，請於回函中告訴我們你對此書的意見，
我們會針對你的意見加強改進。

若不方便郵寄回函，歡迎傳真回函給我們。傳真電話—— 02-2218-0727

或上網搜尋「衛城出版FACEBOOK」
http://www.facebook.com/acropolispublish

● 讀者資料

你的性別是 □ 男性 □ 女性 □ 其他

你的職業是 ______________________ 你的最高學歷是 ______________________

年齡 □ 20 歲以下 □ 21-30 歲 □ 31-40 歲 □ 41-50 歲 □ 51-60 歲 □ 61 歲以上

若你願意留下 e-mail，我們將優先寄送______________________衛城出版相關活動訊息與優惠活動

● 購書資料

● 請問你是從哪裡得知本書出版訊息？（可複選）
□ 實體書店 □ 網路書店 □ 報紙 □ 電視 □ 網路 □ 廣播 □ 雜誌 □ 朋友介紹
□ 參加講座活動 □ 其他 __________

● 是在哪裡購買的呢？（單選）
□ 實體連鎖書店 □ 網路書店 □ 獨立書店 □ 傳統書店 □ 團購 □ 其他 __________

● 讓你燃起購買慾的主要原因是？（可複選）
□ 對此類主題感興趣
□ 覺得書籍設計好美，看起來好有質感！
□ 議題好熱，好像很多人都在看，我也想知道裡面在寫什麼
□ 其他 __________
□ 參加講座後，覺得好像不賴
□ 價格優惠吸引我
□ 其實我沒有買書啦！這是送（借）的

● 如果你覺得這本書還不錯，那它的優點是？（可複選）
□ 內容主題具參考價值 □ 文筆流暢 □ 書籍整體設計優美 □ 價格實在 □ 其他 __________

● 如果你覺得這本書讓你好失望，請務必告訴我們它的缺點（可複選）
□ 內容與想像中不符 □ 文筆不流暢 □ 印刷品質差 □ 版面設計影響閱讀 □ 價格偏高 □ 其他 __________

● 大都經由哪些管道得到書籍出版訊息？（可複選）
□ 實體書店 □ 網路書店 □ 報紙 □ 電視 □ 網路 □ 廣播 □ 親友介紹 □ 圖書館 □ 其他 ______

● 習慣購書的地方是？（可複選）
□ 實體連鎖書店 □ 網路書店 □ 獨立書店 □ 傳統書店 □ 學校團購 □ 其他 __________

● 如果你發現書中錯字或是內文有任何需要改進之處，請不吝給我們指教，我們將於再版時更正錯誤

____
____
____
____
____

請沿虛線剪下

廣　告　回　信
臺灣北區郵政管理局登記證
第 1 4 4 3 7 號

請直接投郵•郵資由本公司支付

23141
新北市新店區民權路108-2號9樓

衛城出版 收

● 請沿虛線對折裝訂後寄回，謝謝！

ACRO POLIS 衛城出版

Beyond

20

世界的啟迪